基于 核心素养 的
学校变革系列

钟启泉 著

学校的变革
Innovation of Schools

华东师范大学出版社·上海

图书在版编目（CIP）数据

学校的变革/钟启泉著.——上海：华东师范大学出版社,2019
ISBN 978-7-5675-9253-7

Ⅰ.①学… Ⅱ.①钟… Ⅲ.①教育改革-研究-中国 Ⅳ.①G521

中国版本图书馆 CIP 数据核字(2019)第 095782 号

学校的变革

著　　者	钟启泉
责任编辑	师　文
责任校对	邱红穗
装帧设计	卢晓红

出版发行	华东师范大学出版社
社　　址	上海市中山北路 3663 号　邮编 200062
网　　址	www.ecnupress.com.cn
电　　话	021-60821666　行政传真 021-62572105
客服电话	021-62865537　门市(邮购)电话 021-62869887
地　　址	上海市中山北路 3663 号华东师范大学校内先锋路口
网　　店	http://hdsdcbs.tmall.com/

印 刷 者	上海锦佳印刷有限公司
开　　本	787 毫米×1092 毫米　1/16
印　　张	17.75
字　　数	245 千字
版　　次	2019 年 7 月第 1 版
印　　次	2023 年 7 月第 4 次
书　　号	ISBN 978-7-5675-9253-7/G·12117
定　　价	49.00 元

出版人　王　焰

(如发现本版图书有印订质量问题,请寄回本社客服中心调换或电话 021-62865537 联系)

总　序　展望学校教育的变革

21世纪是教育决定社会、经济、文化之未来的时代。随着全球化与后产业革命的推展,学校教育的价值与意义重新受到审视。作为公共教育的基础教育需要从求"量"的时代转向求"质"的时代。这就是说,革新学校教育的内容、教学的方式与学校体制,借以实现"公平而有质量的教育",成为摆在我们面前的紧迫课题。

可以说,当今国际教育界涌动的"核心素养"(core competencies)的教育思潮就是旨在回应这种挑战的教育战略。无论是欧盟的"关键能力"(key competency)、美国的"21世纪型能力"(21st century skills),还是我国的"核心素养",都在不同程度上刷新了学力观,体现了对新的课程设计与教学范式的诉求。归纳起来,大体表现出如下的趋势:(1)倡导"整体的人"的发展——求得广泛的社会公益目标与个人目标相统一的"核心素养"。学校课程的愿景与其说是让学生习得单纯的知识,不如说是勾画了学生作为"整体的人"的人格发展与学力发展的面貌。(2)从"聚焦知识"到"聚焦素养"的转向——课程设计与教学范式的重点从教学内容,亦即从聚焦"知识"转向聚焦"能力·基于素养"的养成。基于"核心素养"的学校变革谋求上述两种聚焦的统一。(3)从关注"概念的理解"转向关注"学科素养"与"跨学科素养"——倡导在特定的学科教学中凝练"关键概念"(key concepts)和提炼"大观念"(big idea),突出"跨学科"的学习,借以实现"能动学习"。而这种"能动学习"涵盖了三个基轴,即"深度学习"、"主体性学习"、"对话性学习"。(4)强调"终身学习"的重要性与学生的"主体性"所必需的"元认知能力"。课程的框架与教学的标准应当指向学会"4C",即"批判性思维"(critical thinking)、"沟通"(communication)、"协同"(collaboration)、"创造性"(creativity)。(5)广义的课程可从四个侧面——文本的课程、教师实施的课程、学生习得的课程、经受评价的课程来加以把握,并求得彼此的联动。实践证明,这是一种有效的课程制度。(6)教师是学校变革的主体。教师的学习是同教学实践息息相关的学习,作为"协同学习"过程的课堂研究乃是造就教师成为"学习的专家"所不可或缺的。

学校变革是一个系统工程。基于"核心素养"的学校变革涵盖了如下基本环节:核心素养—课程标准(学科素养/跨学科素养)—单元设计—课时计划与实施—学习评价,这些环节是彼此关联、环环相扣的。基于"核心素养"的学校变革系列丛书,试图针对我国的教育现实及其发展愿景,展望学校变革中的实践性、理论性、政策性的课题,围绕改革实践中令人困惑的教育现实问题,展开理论探讨,提供种种思路。本系列丛书由三卷组成:《教育的挑战》,旨在把脉教育转型的大势,勾勒我国学校教育变革的图像;《课程的逻辑》,旨在寻求课程发展的逻辑,梳理我国基于标准的课程设计与教学范式的改革课题;《学校的变革》,旨在瞄准学校变革的重心,对新的学力论与学习论展开阐述。可以说,本系列丛书是我国改革开放四十多年来教育学术交流的历史见证,也展现了一个教育学人四十多年来教育科学研究的心路历程。

我国要从"教育大国"走向"教育强国",唯一的路径就是实现学校教育的转型——从"应试教育"转型为"素质教育"。"应试教育"的毁灭是势所必然的,"素质教育"的创生同样也是势所必然的,这是时代发展的潮流。不过,"应试教育"在我国根深蒂固,这种转型必然是一个艰难而漫长的新旧教育势力角力的过程。只要我们义无反顾地坚守变革的愿景,我国的学校教育变革的实践就一定能够迸发出耀眼的火花。可以相信,我国学校教育的转型获得成功之日,即是中国教育奇迹诞生之时。毫无疑问,新世纪我国学校教育变革的实践经验一定会超越自身的国度,而拥有世界性的意义。期待我国学校教育的变革能够创造出中国的教育传奇,为国际教育界提供中国的教育经验。

目 录 | Contents

引言 瞄准学校变革的重心 / 1

上编 核心素养与学习模型的研究

1 基于核心素养的课程发展：挑战与课题 / 3
　一、核心素养的界定：课程发展的新阶段 / 3
　二、把握学校课程的整体结构 / 13
　三、单元设计：撬动课堂转型的一个支点 / 22
　四、表现性评价：21世纪型的学习评价 / 28

2 从学习科学看"有效学习"的本质与课题
　——透视课程理论发展的百年轨迹 / 36
　一、人类学习的本质及其样式 / 38
　二、活动学习理论与"有效学习"的模型 / 47
　三、从"有效学习"模型引出的课程发展方略与教学设计原理 / 57

中编 "有效学习"：学校变革的主题

3 颠覆"常识"的新常识
　——学习科学为课堂转型提供实证依据与理论基石 / 69
　一、学习科学研究带来了哪些新常识 / 69

二、"全员参与"的教学哲学与教学原则　／76

4　"学的课程"：寻求学校课程的重建　／85
　　一、"学的课程"的缘起及其分析框架　／85
　　二、基于"学的课程"的教学目标设计　／90
　　三、基于"学的课程"的教学组织设计　／96

5　学科教学的发展及其课题
　　——把握"学科素养"的一个视角　／101
　　一、学科教学与"能力·素养"的历史发展　／101
　　二、现代学科教学的诉求与特质　／108
　　三、学科群：把握"学科素养"的一个视角　／114

6　从"纸质教材"到"数字教材"
　　——网络时代教材研究的课题与展望　／122
　　一、教材的概念与教材研究的视点　／122
　　二、教材的演进与"实践共同体"的建构　／129

7　"练习"的再认识：批判与辩护　／137
　　一、练习的概念　／137
　　二、练习的复权　／143
　　三、练习的法则　／148
　　四、练习的开发　／154

8　走向人性化的课程评价　／158
　　一、课程评价：一套概念装置　／158
　　二、人性化课程评价：一幅改革愿景　／160
　　三、人性化课程评价：一种质性描述　／166

四、人性化课程评价：一场文化变革　/ 169

下编　教师教育：寻求观念与体制的同步变革

9　凯洛夫教育学批判
——兼评"凯洛夫教育学情结"　/ 177
一、凯洛夫教育学形成的社会背景及其本质特征　/ 178
二、"文化—历史学派"的崛起与凯洛夫教育学批判的意义　/ 192

10　维果茨基学派儿童学研究述评　/ 208
一、维果茨基的"发展—教育论"　/ 210
二、维果茨基学派儿童学研究的发展　/ 221
三、维果茨基学派儿童学研究的现代意义　/ 232

11　教学实践模式与教师的实践思维
——兼评"特殊教学认识论"　/ 240
一、教学实践模式的演进：从行为主义到建构主义　/ 240
二、社会建构主义教学实践模式下教师实践思维的意义、特征与课题　/ 246

12　为了未来教育家的成长
——论我国教师教育课程创新的课题　/ 254
一、教育家的成长与教师教育课程的创新　/ 254
二、为我国教师教育课程的创新奠定基石　/ 258

原出处一览　/ 270

引 言　瞄准学校变革的重心

从世界范围来看,历来的学校教育是以固守学科知识的传递作为优先课题的。不错,"学校知识"大多是从作为"人类知识遗产的宝库"中选取出来的学术、科学、技术、艺术之类的精华而集成的。学校教育的一个主要课题就是"传承人类优秀的文化遗产"。不过,倘若把学校课程的功能单纯地视为传承文化遗产,因而把学校的课程与教学仅仅局限于传授知识、技能本身的意涵,那显然是过分偏颇的见解。学生习得知识技能本身决不是最终目的,学生不是以储存庞大的知识作为目的的存储器,也不是背负沉重包袱的骡马。我们所期许的是,学生习得的任何知识、技能,能够在其人生途程中充分地得以运用,并且借此促进其基础学力与健全人格的成长。然而,在我国"知识本位"的课程与教学中,认为只要是学生习得了作为文化遗产所积淀下来的、拥有普适价值的知识与技能,就自然而然地能够在其日后的生活中出色地解决问题。因此,作为课程与教学设计的方略就是,基于文化遗产的体系,选取重要的知识、技能,尽可能大量地、有效地、正确地加以传授——出于这种逻辑背景,在"知识本位"的教学中要确认教学的成果,只要追究"知道什么"就足够了。就是说,"知道什么"本身是有充分价值的,是能够自动地保障"学会怎样解决问题"的。正因为此,"知识本位"的课程与教学成为我国学校和教师最大的关注点。这种"知识本位"的教育逻辑是有悖于素质教育的诉求的。

学校教育从"知识本位"向"素养本位"的转型,是知识社会时代世界教育发展的共同趋势。这就意味着,"知识本位"的教育逻辑应当让位于"素养本位"的教育逻辑。"知道什么"不等于"问题解决能力"。面对急剧变革的 21 世纪社会,学校教育在要求学生掌握知识的基础上,更看重培育他们在现实生活中灵活运用所学知识的能力,亦即培育"21世纪型能力"。当今国际教育界汹涌奔腾的"核心素养"的教育思潮,就是这种新时代教育诉求的集中体现。所谓"关键能力"不仅是单纯的知识、技能,而且更是运用包括知识、技能、态度在内的种种心理和社会的资源,在特定的情境中应对复杂课题的一种能力。所谓"21世纪型能力"涵盖了4个范畴10种技能——思维的方法(创造性与革新性、批判性思维、问题解决与决策、学习能力、元认知);活动的方法(沟通与协同活动);活动的工具(信息素养及信息沟通技术素养);社会中生存的方法(社区与国际社会的市民性、人生与生涯设计、个人与社会的责任)。[①]"核心素养"是一个整体性的概念,融汇了"知识、技能、态度·价值·伦理"三个基本要素。基于"核心素养"的学校变革所期许的"知识"不是呈现碎片化的堆积状态,而是一个系统、一种结构。它不是死的,而是活的;不是聚焦理解了的知识,而是有体验支撑的、能够运用的知识。这种知识是能够汇集并编码种种见解,能借助语言去思考、理解的智慧;是每一个人能够基于证据和根据,作出自己回答的智慧;也是能够基于反思,拓展语言范围,用于问题解决的智慧。这就是"21世纪型能力"。

"21世纪型能力"的培育需要有"21世纪型学习"的支撑。所谓"学习"终究是探究的过程,它不是单纯知识的习得与积累,而是从既有知识出发建构全新的知识。知识的发现与创造正是"学习"的本质。按照"情境学习"的说法,"真正的学习"可以界定为"文化实践的参与"。所谓"学习"不是学习者个人在头脑中获得特定的知识、技能,不是同具体的情境分割的、抽象原理的东西。当儿童感到学校中的学习丧失了意义与目的的时候,即便是成人认为的"将来必需的知识",他们也不会主动地学习。我们需要倡导"情境学习",创造儿童自身发现其价值与意义的学习环境,亦即创造学习的境脉。但在传

---

① P. Griffin, B. McGaw & E. Care.21世纪型能力:学习与评价的新模式[M].三宅なほみ,主译.京都:北大路书房,2014:43—72.

统的学校教育中,这种境脉关系被切断、被解体了,学习的境脉被损害了。要把视为个人主义的"学习"实践变为共同体的实践,就得有以学校为中心的"学习共同体"的创造,这种学校变革本质上就是旨在有助于儿童"自我发现"的学习的境脉的创造。学习是三种对话的实践,"学习,可以比喻为从已知世界到未知世界之旅。在这个旅途中,我们同新的世界相遇,同新的他人相遇,同新的自我相遇;在这个旅途中,我们同新的世界对话,同新的他人对话,同新的自我对话。因此,学习的实践是对话的实践。学习,不仅引导我们从独白的世界走向对话的世界,而且通过这种对话性实践,为我们开辟了构筑起'学习共同体'的可能性。"[1]这种对话性实践是超越二元论的:它强调知识的主观与客观、知识的接受与发现、知识的解构与建构、知识的抽象性与具体性、知识的明言与默会等诸多关系的统一。我们需要寻求学校的课程与教学的革命性转变,从"知识本位"的教育逻辑,转向寻求以"关键能力"为中心的学习,从而使得我们的每一个学生形成新时代期许的"核心素养"。

  我国的学校教育正处于从"量"的发展的时代转向"质"的发展的时代。学校变革的根本原理是寻求"优质与平等"的兼得,"优质"的追求与"平等"的追求不是二元对立的。基于"核心素养"的学校变革的本领就在于,培育每一个儿童成为学习的主人公。不过,不容忽视的一点是,我国学校教育的危机——学校教育的"质"的危机与儿童学习的"质"的危机。我国的学校教育离真正的"素质教育",即"21世纪型学习"的象征——"探究学习"与"协同学习",尚有一大段距离。我们需要瞄准学校变革的重心,倡导学校的"学习共同体"的建设,借以求得教育内容、教学范式与学校体制的全方位的刷新。本卷系基于"核心素养"的学校变革系列丛书(全三卷)的第三卷,分上编"核心素养与学习模型的研究"、中编"'有效学习':学校变革的主题"和下编"教师教育:寻求观念与体

---

[1] 佐藤学.学习的快乐——走向对话[M].钟启泉,译.北京:教育科学出版社,2004:1.

制的同步变革"三编,共计12章组成,试图从国际教育界"学习论"演进的视角,以"新能力说"为中心,瞄准新时代学校变革面临的一些前瞻性的理论与实践的课题,展开理论探讨,旨在为我国学校的变革提供一些借鉴。

学校的变革
Innovation of Schools

上编

核心素养与学习模型的研究

1 基于核心素养的课程发展：挑战与课题

学校改革的核心环节是课程改革,课程改革的核心环节是课堂改革,课堂改革的核心环节是教师专业发展——这就是"内涵发展"的内涵。进一步可以说,"内涵发展"的政策指向就在于每一个学生的学力提升与人格陶冶,这就引出了核心素养(core competencies)的话题:如何描述新时代新型人才的形象,如何解读新时代期许的"学力"与"学习"。一句话,如何基于核心素养促进我国学校课程的发展。

一、核心素养的界定：课程发展的新阶段

（一）核心素养：课程发展的DNA

核心素养旨在勾勒新时代新型人才的形象,规约学校教育的方向、内容与方法。所谓核心素养指的是,同职业上的实力与人生的成功直接相关的,涵盖了社会技能与动机、人格特征在内的统整的能力。可以说,这不仅牵涉到"知晓什么",而且关乎在现实的问题情境中"能做什么"的问题。换言之,在学校的课程与教学中,基础的、基本的知识"习得"与借助知识技能的"运用"培育思考力、判断力、表达力,应当视为"飞机的双翼",同样需要得到重视。这样,核心素养的核心既不是单纯的知识技能,也不是单纯的兴趣、动机、态度,而在于重视运用知识技能,解决现实课题所必需的思考力、判断力、表达力及其人格品性。这意味着,要求学生能够运用各门学科的内容进行思考、判断,并且需要通过记录、概括、说明、论述、讨论之类的语言性

活动来进行评价。学校课程与学科教学指向学会思考的"协同"、"沟通"、"表现"的活动,而不再仅仅局限于"读、写、算"技能的训练。可以说,核心素养是课程发展的DNA。

21世纪是知识社会的时代,在知识社会里,知识的习得与再现,电子计算机也能做到,然而,"创造性"学力的育成却不仅仅是知识的习得与再现的"记忆型"学力,而必须是能动的"思考型"学力。时代要求学校的课程与教学必须随着时代的变革而变革。晚近发达国家的教育目标于是出现在了学科的知识技能之上,明确学科教育固有的本质特征的动向。在这里,强调了"批判性思维"、"决策能力"、"问题解决"、"自我调整"之类的高阶认知能力,"沟通与协作"之类的社会技能,以及"反省性思维"、"自律性"、"协作性"、"责任感"之类的人格特征与态度。正因为此,核心素养的研究受到国际教育界的高度关注。

经济合作与发展组织(OECD)基于"关键能力的界定与选择"的研究(2006年)倡导"核心素养"或"关键能力"(key competency)的概念,就是一个典型(如图1-1所示)。它由三种能力构成:其一,使用工具进行沟通的能力(使用语言符号及文本沟通互动的能力,使用知识与信息沟通互动的能力,使用技术沟通互动的能力)。其二,在异质集体交流的能力(构筑与他者关系的能力,团队合作的能力,处理

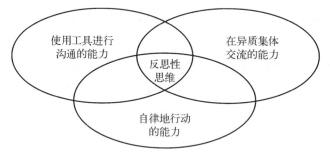

图1-1 "关键能力"的框架[①]

---

① 田中义隆.21世纪型能力与各国的教育实践[M].东京:明石书店.2015:20.

与解决冲突的能力)。其三,自律地行动的能力(在复杂的大环境中行动与决策的能力,设计与实施人生规划、个人计划的能力,伸张自己的权益、边界与需求的能力)。[1]

这里的"关键能力"概念不仅是单纯的知识技能,而是包括了运用知识、技能、态度在内的心理的社会的资源,来应对特定的境脉中复杂课题(要求)的能力。"关键能力"涵盖了三个范畴:其一,运用社会的、文化的、技术的工具进行沟通互动的能力(个人与社会的相互关系);其二,在多样化的社会集团中形成人际关系的能力(自己与他者的相互关系);其三,自律地行动的能力(个人的自律性与主体性)。居于这种"关键能力"框架核心的是个人的反思性思维与行动的能力。这种"反思性思维"不仅是指能够应对当下的状况,反复地展开特定的思维方式与方法,而且是指具备应变的能力、从经验中学习的能力、立足于批判性立场展开思考与行动的能力。其背景是应对以"变化"、"复杂性"与"相互依存"为特征的未来世界的必要性。

美国的企业界与教育界共同提出的"21世纪型能力"(21st Century Skills)的概念(2010年),则是在学科内容的知识之上,加上了在21世纪社会里生存所必需的高阶认知能力——"学习与革新:4C",即"批判性思维"(critical thinking);"沟通"(communication);"协同"(collaboration)与"创造性"(creativity)。在核心学科(3Rs)及21世纪课题的基础上强调"信息、媒体、技术的能力","生活与生存的能力"(如图1-2所示)。[2]这个框架图说明,作为学生的成就,必须形成如下四种能力——核心学科(3Rs)及21世纪课题(诸如全球认识,金融、经济、服务、创业的素养,公民素养,健康素养,环境素养);学习与革新(4C)能力;信息、媒体、技术的能力;生活与生存的能力。而作为这些能力形成的支撑系统是:(1)标准与评价;(2)课程与教学;(3)专业性提升;(4)学习环境。学校课程的一个关键课题,"不在于习得孤寡的、碎片的、僵化的、垄断的知识,而在于建构通用的、综合的、无界的、分享的知识"。[3]

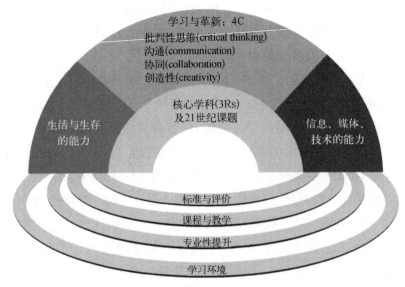

图 1-2　21 世纪的"学习"与支援系统①

从布卢姆(B. S. Bloom)弟子安德森(L. W. Anderson)修订的"修订版教育目标分类学"(2001 年)来看,教育目标是由金字塔的基底起始向塔顶发展的,是由"① 记忆、② 理解、③ 运用、④ 分析、⑤ 评价、⑥ 创造"6 个层次构成的(如图 1-3 所示)。[4]起始的①、②、③是"低阶认知能力",而后的④、⑤、⑥是"高阶认知能力"。这个金字塔告诉我们:"低阶认知能力"与"高阶认知能力"不是二元对立的,"高阶认知能力"是从"低阶认知能力"上发展起来的,然而,只停留于"低阶认知能力"是不可能在未来社会中立足的。生存于 21 世纪的人们应当立足于基础知识,获得高阶认知能力,并且借助丰富的知识与思维能力,能够发现意义,建构并运用知识。美国的"21 世纪型能力"就这样在"低阶认知能力"的基础上强调了"高阶认知能力"的培育。

日本国立教育研究所也提出了"21 世纪型能力"的框架(2013 年):从作为"生存能力"的智、德、体所构成的素质与能力出发,要求

---

① 田中义隆.21 世纪型能力与各国的教育实践[M].东京:明石书店,2015:23.

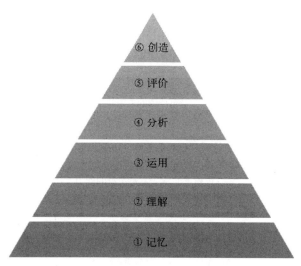

图 1-3　低阶与高阶认知能力的关系①

在凝练"学科素养"与能力的同时，以"思考力"为核心，与支撑"思考力"的"基础力"（语言力、数理力、信息力）以及运用知识技能的"实践力"，构成三层结构（如图 1-4 所示）。[5]可以发现，日本"21 世纪型能力"的界定既反映了国际核心素养研究的走向，也体现了其独树一帜的"学力模型"研究的积累。日本的"学力"一般界定为"通过学习获得的能力"或"作为学业成就表现出来的能力"，作为教育科学界定的"学力"概念[6]强调了如下几点：（1）"学力"是人通过后天的学习而获得的。（2）构成其媒介的是借助重建了人类与民族的文化遗产（科学、技术、艺术的体系）的"学科"与"教材"；借助有意图、有计划、有系统的教学活动，而获得的人的能力及其特性。（3）作为人类能力的"学力"是同学习者的主体的、内在的条件不可分割的；是在同人类诸多能力及其特性的整体发展的有机关联中形成起来的。（4）因此，"学力"是在其客体侧面（作为学习对象的教学内容）与主体侧面（学习主体的兴趣、动机、意志等）的交互作用中，以其"能动的力量"，作为主体性、实践性的人的能力而形成起来的。

---

① 翻转课堂研究会.翻转课堂改变教育未来[M].东京：明石书店，2014：39.

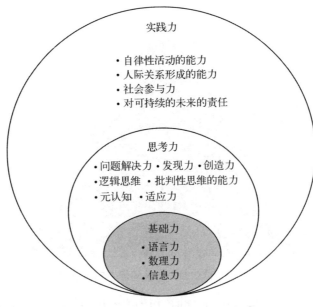

图 1-4 "21 世纪型能力"的框架①

我国界定的"核心素养"是指"学生在接受相应学段的教育过程中逐步形成起来的适应个人终身发展与社会发展的人格品质与关键能力"。这是符合世界潮流的,也是我国课程发展的必然诉求。"核心素养"的界定是学校教育从"知识传递"转向"知识建构"的信号,标志着我国学校的课程发展进入了新的阶段。

不过,基于核心素养的课程发展需要有一个明晰界定的概念框架。事实上,国际教育界具体的界定作业一般是建立在如下共识的基础上展开的:(1)作为教育目标明确地界定能够应对社会变化的素养与能力。(2)教育目标必须以诸如"问题解决能力"之类的与"21世纪生存能力"直接挂钩的形式,把教育目标加以结构化。(3)素养与能力的培育必须由体现了学科本质的教学来支撑。这样看来,我国核心素养及其形成的概念框架或许可以设想成由4层构成的同心圆结构:(1)核心层:价值形成。知识、技能是受制于价值

---

① 森敏昭.21世纪学习的创造[M].京都:北大路书房,2015:133.

观的,所谓"价值观"指的是每一个人的人格,由信念、态度、行为等塑造而成。因此,诸如信仰、责任、尊重、宽容、诚实、协作等价值的形成,应当置于核心素养的核心地位。(2)内层:关键能力。诸如信息处理能力、反省思维能力、沟通协同能力、革新创造能力等。(3)中层:学习领域。诸如语言学科群、数理学力群、人文科学与艺术学科群、跨学科领域。(4)外层:支持系统。即体制内外的政策性、技术性支持系统。

这种界定可以凸显两个特色:其一,强调"基础性"——基础教育不是成"家"的教育,而是成"人"的教育,是养成有社会责任感、有教养的公民的教育。其二,强调"能动性"——基础教育不能满足于"低阶认知能力",需要在"低阶认知能力"的基础上发展"高阶认知能力",亦即强调了未来取向的"能动的学力"并不是学习之结果的"静态"的学力,而是"动态"的发展过程。

(二)核心素养界定的双重性:可能性与危险性

国际教育界历来看重的是,如何培育能够在"经济竞争"中取胜的人力资源。不过晚近的研究越来越认识到,把教育目标单纯归结为促进"劳动力"的成长有极大的片面性,因此转而探讨如何从未来的"社会形象"出发去界定作为一个"社会人"应有的素质要求。这就是当下各国的学校教育之所以聚焦核心素养的背景。在这里,我们需要思考如何通过现代社会本质特征的揭示,来描绘新人的形象[7]:其一,现代社会的劳动市场大幅度地提升了唯有人才可能做到的创造性工作(问题发现、研究、设计的高阶思维能力;同异质的他者进行合作、交际与经营的复杂沟通能力)的需求。其二,在后现代社会里,人不是单纯的经济动物,需要超越经济竞争的人才形象的描绘,思考作为"社会人"的形象——项目型的协同式问题解决与知识创造,网络与集体的构筑与自律性运营,围绕论争性社会问题的决策与社会参与的活动,以及扎实的科学素养与公民教养。尽管世界各国在概念的表述上不尽一致,诸如"核心素养"、"关键能力"、"21世纪型能力",但是万变不离其宗的无非是强调了新时代的学力与学习面临转型的挑战。核心素养的研究不可能毕其功于一役,它需要与时俱进的多领域、多层次研究领域的支撑,诸如"人格构成及其发展研究"、"学力模型"研究、"学校愿景"研究,等等。

核心素养的界定一方面意味着课程发展的新的可能性,另一方面也隐含着一定的危险性。核心素养为我们提供了学校课程发展的思想武器:一方面,它为我们荡涤应试教育的污泥浊水提供了有力的理论支撑;另一方面,又为我们寻求新时代学校课程的创造性实践提供了清晰的指引。核心素养作为学校课程的灵魂,有助于学科固有的本质特征以及"学科素养"的提炼,有助于学科边界的软化以及"学科群"或"跨学科"的勾连,有助于学科教育学的重建;也可能为一线教师整体地把握学校课程,打破分科主义,消解碎片化的以知识点为中心的灌输,提供视野和机会。

这里需要区分"核心素养"与"学科素养"两者之间的区别与关系。"不同于一般'核心素养'的理论阐述,在经营学、心理学和教育学领域,多用于指称人的职业生活上的能力之际,该术语涵盖了两种意涵。其一,不是指理论化、系统化的知识,而是指相应于具体职岗情境而运用的一连串具体知识技能的习得,谓之'关键能力';其二,与此相反,指的是构成理论性和系统性的知识基础的一连串知识、态度、思维方式等的'基础能力'"。[8]如果说,核心素养是作为新时代期许的新人形象所勾勒的一幅蓝图,那么,各门学科则是支撑这幅蓝图得以实现的"构件",它们各自拥有其固有的本质特征及其基本概念与技能,以及各自学科所体现出来的认知方式、思维方式与表征方式。核心素养的界定应当具有唯一性、渗透性、整合性等特点。"核心素养与学科素养之间的关系是全局与局部、共性与特性、抽象与具象的关系,这是因为在学校课程的学科之间拥有共性、个性与多样性的特征。"[9]因此,在核心素养牵引下的"学科素养"界定作业需要有如下三个视点的交集——学科素养的独特性、层级性与学科群。倘若允许各门学科自立门户,张扬各自所谓的"学科核心素养",那就无异于允许这两个自相矛盾的说辞同时成立,在逻辑上便不具整合性,结果造成了"多核心",而"多核心"无异于"无核心"。各门学科之间的边界不应当是刚性的、僵化的,而应是软性的、互通的。因此,在核心素养的前提下强调学科素养是天经地义的。超越了这个底线,无异于否定了核心素养本身,丧失了灵魂。一个严重的后果是容易导致分科主义思潮泛滥。为了规避基于核心素养的课程发展的危险性,需要在如何实质性地形成每一个学生的现代社会所期许的学力与学习方面,秉持如下的原则。

第一,不同学科群聚焦的学科素养有所不同。诸如,语言学科群,聚焦语言能力;数理学科群,聚焦认知方略与问题解决能力;艺术学科群,聚焦艺术表现力与鉴赏力;等等。学科素养的界定不能陷入行为主义或新行为主义的泥沼。因此与其着力于"建构"学科素养的范畴,不如重视"引出"素养的新人形象和社会中活动的面貌。"关键能力"之类的"素养"的描述犹如 X 光透视照片,不过是从社会需要的"劳动力"与"社会人"的具体面貌出发显现出大体的骨骼而已。在这里重要的不是一般地叩问"××力",而是探讨如何勾勒未来社会的面貌与新人形象。在现代社会与未来社会的讨论中,关注所求的具体境脉与活动方式,在这种活动方式中,叩问各门学科的知识内容的框架与思考方式应当被置于怎样的位置。在此基础上,重新思考各门学科的目标与内容,再去设定学科应当有的课题与活动。

第二,"学科课程"是学校课程的重要组成部分,但不是全部。它需要一线教师在"核心素养—课程标准(学科素养/跨学科素养)—单元设计—学习评价"这一连串环环相扣的链环中聚焦核心素养展开运作,亦即需要围绕学校教育应当做、能够做的事情,思考学校课程所要保障的"学力"内涵,同时思考学校课程应有怎样的整体结构。现代社会所期许的学力与学习不是单纯借助学校及学科教学能够实现的,比如,"关键能力"强调的关于"合作与自律的社会能力"就是一个明显的例子,从现代社会所期许的"新人形象"的视点出发,思考社会活动实践的积累也是现代学校改革回避不了的问题。在学科课程与课外活动中可能拥有或者超越受挫与失败的经验，是有助于儿童的能力、进取心与责任感的培育的。要保障这种学习机会，从教师方面而言，就得有守望儿童受挫与失败的心态，这一点，倘若没有家庭与社区对学校与教师的信赖，是不可能产生的。具备这种有形无形的条件十分重要。

第三，核心素养不是直接由教师教出来的，而是在问题情境中借助问题解决的实践培育起来的。比如，语文的阅读能力和写作能力不是靠语文教师教出来的，而是在阅读实践与写作实践中培育起来的。因此，与其直接训练思维能力、社会能力之类的素养与能力，不如优先设定有助于学生自发地产生思维与沟通互动的课题及其情境的设计。"运用知识"、"创新知识"——这些现代社会期许的高阶认知能力的培育是同跨学科、超学科的综合实践活动之类的课程相关的。传统的学校教育专注于儿童的知识技能的机械训练，而未能经历可信、可靠的"真正的学习"（authentic learning，或译"真实性学习"），就从学校毕业了。然而，运用知识、创新知识的能力是难以借助教学训练来获得的。学习者的这种实力是在需要尝试、需要思维和沟通的必然性的某种问题境脉中通过合作性的"协同学习"才能培育起来的，比较、类推之类的诸多普遍性的思维能力，唯有经历了反思性思维之时，才能提炼出来。培育思维能力重要的在于，如何才能创造"引发思考的情境和深入思考的必然性"。思维能力唯有当思维活动产生之时，学习者才能作为一种经验，得以体悟。换言之，唯有通过"真正的学习"，该领域的知识内容及其思考力乃至寻求该领域的"本质"（真、善、美）的态度，才能一体化地培育起来。

倘若借用《红楼梦》中的一副对联——"世事洞明皆学问，人情练达即文章"来表述，那么，"世事洞明"的学问功底（智商）与"人情练达"的人格修炼（情商）的融合，正是我们所要追寻的核心素养的基本内涵的一种概括。

二、把握学校课程的整体结构

(一) 学校课程结构化的视点

核心素养的形成本身是学校课程的一个目标,同时也是达成其他目标的手段。因此,世界上众多国家都将核心素养引进学校课程中,摸索新的教育实践。基于核心素养的课程发展直面的第一个挑战是把握学校课程的整体结构。

所谓学校课程一般是指,从学习者的角度,在学校教师的指导下学习者实际拥有的教育经验及其活动的整体。这就意味着,学校需要编制并实施因应学习者的发展,凭借学校自身及周围的生态,在规定的课时内,组织目标、内容及其处置方式,综合地、系统地显示具体的教育目标、教材、时间、场所、指导、学校、媒体、评价而展开的一种教育计划。这种计划是"作为必要的、明晰的要素而使学习者汲取知识、赋予世界以意义所必要的一种捷径"。[10]那么,如何把握学校课程的整体结构,借以保障每一个学习者的知识建构与人格建构,并有助于落实现代社会所期许的核心素养的养成,这就牵涉到学力与学习的分类及其结构化的问题了。在这方面,基于心理学的核心素养研究应当是大有可为的。一系列的人格心理学、认知科学、教育神经科学、教学心理学的研究,可以为明晰学校课程的整体结构、学科素养与跨学科素养,以及"心理逻辑"、"学科逻辑"与"教学逻辑",提供必不可少的思想养分。

国际教育界大体采取了两种视点,来帮助一线教师把握学校课程的整体结构。第一种视点,能力的要素。关键能力的界定旨在显示普遍适用的一种素质与能力的框架,这种框架是借助相对独立于学科内容的范畴而构成的能力要素的概念。第二种视点,能力的层级。作为能力分类的先驱性业绩,布卢姆等人开发的"教育目标分类学"就是一个典型。[11]例如,"理解欧姆法则"目标中的"理解",可以有多种多样的解释。诸如,"记住公式"(记忆水准);"能说明电流、电压、阻抗之间的相互关系"(理解水准);"能把欧姆法则运用于生活情境"(运用水准)。布卢姆是根据特定学科内容的学习深度的质的差异来进行分类的(能力层级的概念)。这种界定并不是脱离了学科内容而作为教育目标来设定的。这样,在教育目标中探讨"能力"概念的问题之时,涵盖了两种情形:能力的要素与能力的层级。不过,事实上这两种情形往往是难解难分的。一方面,例如,"运用"的概念往往意味着"能力的层级"(学力的品质),另一方面,在同"知识"、"态度"一道表述的场合,诸如,"在问题解决中能够运用既有知识,解决课题的思考力、判断力、表达力",这里又意味着"能力的要素"。所以,我们可以从能力的要素的角度来梳理学校课程的整体结构,也可以从能力的层级的角度来梳理所期许的素质与能力的内涵。

(二) 从构成要素的维度把握学校课程的整体结构

"学习的实践是'建构世界'(认知性、文化性实践)、'探索自我'(伦理性、存在性实践)和'结交伙伴'(社会性、政治性实践)相互媒介的三位一体的实践。"[12]学习活动总是以某种形式,涵盖了学习者同客体世界、同他者、同自身这三个基轴的对话。反复这种对话的结果是,在个体身上形成某种认知内容(知识)、认知方法(能力)。这里的"能力",可以依据对话的三个基轴——同客观世界的认知性对话,同他者的社会性对话,同自身的伦理性对话——来加以结构化。进而以共同体的规范与文化所规定的形式,在某些情意方面也受到影响。倘若从"要素维度"展开课程结构的分析,那么,可以发现整个课程结构大体由两个领域(学习活动的层级)组成。[13]

第一领域,学科课程的领域(学科框架中的学习):(1) 知识的习得与巩固(知晓)——包括事实性知识与认知性技能(记忆与再现、机械训练与熟练)的掌握,以及自我效能感的形成。(2) 知识意义的理解与凝练(理解)——包括概念性知识与方略、认知性技能(解释、关联、结构化、比较与分类、归纳性与演绎性推理)的掌握与社会性技能

(协同学习与知识的合作建构)的形成,以及基于内在价值的内发性动机、对学科的兴趣与爱好等。(3)知识的有意义运用与创造(运用)——包括原理性与方法论知识的掌握,问题解决、决策、假设性推理、审美表现,以及基于项目的对话(沟通)与协作的形成,基于活动的社会性关联的内发动机、能倾、态度与思考习惯的形成。

第二领域,活动课程的领域(立足于跨学科的综合实践活动与超学科的学校例行活动,由学习者自主决定与重建的学习框架的学习):(1)自律的课题设定与探究(元认知系统)——包括自律地设定课题、持续地探究、信息的收集与处理、自我评价、基于项目的对话(沟通)与协作的形成,以及扎根于自身意愿与愿景的内发性动机的形成。(2)社会关系的自治性组织与重建(行为系统)——包括共同体及其文化意识、共同体运营的方法论的掌握,人际关系与交际、规则与分工、领导能力与经营、纷争的处理与共识的形成,以及扎根于社会责任与伦理意识的社会性动机、道德价值观与立场的确立。

课程开发的基础在于"单元设计"。在跨学科的"活动课程"的单元设计中要有效地求得多样而均衡的实践技能的培育,就得精心组织"探究"(explore)、"表达"(express)、"交流"(exchange)的活动,这就是"3E活动"的构成,这种课程开发在国外积累了丰富的经验。日本学者梳理了学校教育中基于"21世纪型能力"而开发的"综合学习"的六种模型——(1)调查研究单元模型;(2)综合表现单元模型;(3)社会参与单元模型;(4)企划实践单元模型;(5)合作交流单元模型;(6)自我实现单元模型。作为跨学科学习的单元设计具有如下特征:(1)以作业与制作活动为中心展开学习;(2)主动展开项目的规划、运作与评价;(3)具有"问题意识"与"目标意识",实现学习者自身的想法;(4)展开"社会参与"与作品创作的设计活动;(5)通过体验,掌握综合的知识、技能与态度。整个单元学习的每一步活动系列都体现了儿童作为学习主体,借助丰富的信息与体验,致力于实践课题的探究。这里"社会参与"与"实践活动"成为活动课程设计的关键词。[14]

（三）从质性分析的维度把握学力与学习活动的层级性

在知识社会的学校教育中要培育学生成为知识建构的主体,首要条件是必须明确"知识"具有哪些种类与特征,学生需要形成怎样的"学力",因而教师需要组织怎样的教学活动。根据教育目标分类学的研究,某门学科的学习的深度（知识、学力与学习的品质）是可以分成不同层级的。

1."知识维度"的解析

安德森等人的修订版"教育目标分类学"对布卢姆从"知识维度"（knowledge dimension）展开的教育目标分类学进行了修正,形成了"知识的种类与认知过程的二维结构"（如表1-1所示）。[15]纵向表示不同类型的知识,横向表示怎样运用这些知识。这里的"二元结构"有助于一线教师的教学设计。另外,这个框架就知识维度而言,在初版基础上新添了"元认知知识"。在"具体→抽象"的组织原理下形成了"A.陈述性知识—B.概念性知识—C.程序性知识—D.元认知知识"的序列;就认知过程维度而言,修正了初版的"1.知识—2.领会—3.运用—4.分析—5.综合—6.评价"的序列,新建了"1.记忆—2.理解—3.运用—4.分析—5.评价—6.创造"的序列。修订版"教育目标分类学"建构的"二维框架"使得初版难以进行的分析有了可能。

表1-1　知识的种类与认知过程的二维结构①（L. W. Anderson,2001）

知 识 维 度	认知过程维度					
	1.记忆	2.理解	3.运用	4.分析	5.评价	6.创造
A.陈述性知识						
B.概念性知识						
C.程序性知识						
D.元认知知识						

① 秋田喜代美,坂本笃史.学校教育与学习心理学[M].东京:岩波书店,2015:71.

"知识维度"的明确与"认知过程维度"的明确是息息相关的。倘若组合"知识维度"的4个范畴与"认知过程维度"的6个范畴,机械地说,有可能显示24种(4×6=24)目标类型。不过,实际上特定的知识类型拥有易于同特定的认知过程相结合的性质。比如,"陈述性知识"同"记忆"、"概念性知识"同"理解"、"程序性知识"同"运用",拥有易于结合的性质。这样,"知识维度"一旦明确,"认知过程维度"也容易明确,从而有助于展开教育目标的分类。

以"能够读懂《麦克白》(莎士比亚四大悲剧之一)"这一目标为例。在初版"教育目标分类学"中,该目标的行为层面是明确的,诸如"能够读懂"就是指:能够背诵作品(知识);能够归纳要点(分析);能够评论作品的优劣(评价)。不过,目标内涵层面的分析是做不了的。相反,修订版"教育目标分类学"却可以使目标的内涵层面得以明确化。例如,通过《麦克白》课文的学习,让学生记住《麦克白》出场人物的名字和他们的台词(陈述性知识)。丰富"野心"、"悲剧英雄"、"讽刺"之类概念的表象,展开栩栩如生的作品鉴赏(概念性知识)。能够抓住梗概,把握出场人物之间的关系之类、习得一般文学作品的阅读技能(程序性知识),或者掌握元认知方略——不仅教授阅读技能,而且能够随时监控自己运用阅读技能的过程,在未能很好地运用的场合,会反思产生错误的原因(元认知知识)。[16]

2. "学习维度"的解析

马尔扎诺(R. J. Marzano)在1988年提出了"思维维度"(dimensions of thinking)的概念,涵盖了元认知,批判性、创造性思维,思维过程,核心的思维技能,内容领域的知识与思维的关系。当时他设想的思维教学的计划是,分别在各种思维术语中赋予独特含义,各自分散地进行思维训练,从而开发出了"思维技能的分类学",为研究者与实践者的单元设计提供了一份有关思维教学的知识与话语系统。

1992年,马尔扎诺从知识处理与思维系统的角度又提出了"学习维度"(dimensions of learning)的概念。"学习维度"的概念把"学习"分成了如下的维度(层次):第一维度,学习的态度与感受。大体可以分为对课堂氛围的态度、感受与课堂教学的课题。前者牵涉到来自教师与伙伴的接纳的感受,以及创造快乐而有序的课堂氛围。后者关系到对课堂教学中课题的意义与趣味的认识,体悟到自我效能感。第二维度,知识的习得与整合。习得的知识类型大体分为概念性知识与程序性知识。前者是有关变形虫、民主主义之类的事实与知识,后者是加法运算和图表阅读之类的步骤性知识。不同的知识类型要求不同的教学方法。第三维度,知识的拓展与凝练。习得与整合知识并不是终结,而是借助知识模块的新的划分或错误概念的修正,来拓展与凝练知识,学习者就能发展深刻的理解。学习者通过分析运用比较、分类、抽象化、归纳性推理、演绎性推理、支架构成、错误分析、见解分析等思维过程,可以掌握所学的东西。第四维度,知识的有意义运用。教授知识与技能的终极目的是使儿童在日常生活中能够运用这些知识,以决策、问题解决、发明、基于实验的探究、调查、系统分析等思维过程为中心,可以促进知识的有意义运用。第五维度,心智习惯。获得内涵性知识当然是重要的,但要成为优秀的学习者,重要的是发展有效的心智习惯,包括批判性思维、创造性思维与自我调整思维。

  图1-5表明了学习的五个维度之间的关系。[17]这五个维度不是彼此孤立、各自作用的,而是彼此紧密关联的。一切的学习都基于学习者"学习的态度与感受"(维度1)和有效的"心智习惯"(维度5)。它们处于其他维度的背景的地位,构成了学习得以形成的基础。诸如对学习内容有无兴趣、不同的学习态度决定了不同的学习效率与深度等。这样,在维度1和维度5的"底色"下,形成维度2、维度3、维度4紧密交错的学习过程。这个框架也表明了习得知识与培育思维能力之间的关系。首先,它反映了建构主义的知识观。"知识的习得与整合"(维度2)、"知识的拓展与凝练"(维度3)清晰地传递了"知识"是被建构的,而且是不断再建构的。其次,它表明三个维度(维度2、维度3、维度4)之间是包摄关系。仅仅聚焦知识习得的教学是难以培育高阶思维能力的,还必须展开以维度3和维度4的思维技能

的指导为轴心的学习活动,而知识的运用也往往会同时进行着知识的习得与凝练的过程。

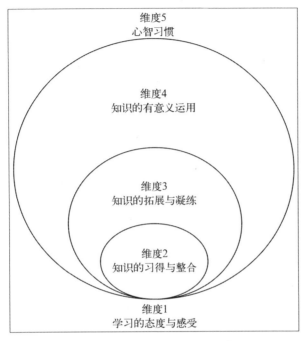

图 1-5 "学习维度"的框架①

马尔扎诺进一步划分了表达这种单元设计流程的三种模型——(1)聚焦知识的模型。其特征是以全体学生必须追问的重要知识的教授为重点,要求维度 3 与维度 4 的思维过程的课题是作为知识习得的手段来运用的。(2)聚焦论点的模型。其特征是撷取有关该单元一般性论题的论调与课题,有意义地运用知识。在这种运用中也加深了知识的理解。(3)聚焦学生探究的模型。其特征是,教师在决定深化理解知识的活动上有某种程度的决定权,但使用这些知识的课题则由学生自行选择,教师只在学生的课题选择及问题的深度上,做出指点。这三种模型主要是从强调维度的差异上来区分的,不存在哪一种

---

① 石井英真.现代美国学力形成论的展开[M].东京:东信堂,2011:158.

理想,也不以特定的顺序展开。例如,从重视知识到重视思考力,并不是把两者二元对立起来,指向后者,而是明确知识习得与思考力培育之间不可分割的关系,使得寻求培育思考力的教育实践更加多样化。[18]

(四) 如何看待学校课程的整体把握

学校课程的整体把握归根结底是如何把握学力与学习的课题,这里有两点值得注意。第一点,上面举了两种有代表性的视点,具体勾画了整体把握的大体思路。不过上述两种视点之间不存在绝对的鸿沟,两种视点往往是交融的。例如,日本学者石井英真提出了三大系统——认知系统、元认知系统、行为系统的解析,同时在认知系统的解析中对马尔扎诺的"学习维度"做了简约化的修正,得出了如图1-6所示的"认知系统'三重圆模型'",[19]即(1)知识的习得与巩固(知晓水准);(2)知识的意义理解(理解水准);(3)知识的有意义运用与创造(运用水准);来加以把握。

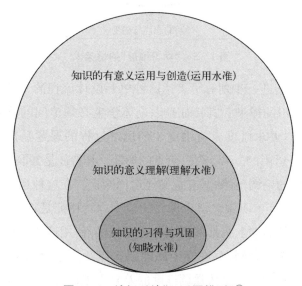

图1-6 认知系统"三重圆模型"①

---

① 石井英真.何谓新时代的学力与学习[M].东京:日本标准出版股份公司,2015:22.

石井英真用小数乘法的三道试题具体说明了所求问题与掌握水准之间的关系。"试题一：35×0.8＝（　　）。试题二：试用"35×0.8"编一道应用题。试题三：你想装修自己的房间,房间长4.2米,宽3.4米,高2.5米。你打算铺设地板,去商店看中了自己中意的瓷砖,这种瓷砖是边长为40厘米的正方形,每块550日元。请问铺设这个房间的地板总共需要多少钱?"——这是测量学生掌握程度的试题,不过,这些试题所要测得学力的质是不同的。试题一是旨在检测小数乘法的运算技能是否掌握的课题（知晓水准）;试题二是旨在考查能否把用小数乘法回答的生活情境加以表象化,理解运算含义的课题（理解水准）;试题三是对未经数学定式化的现实世界的问题,判断需要运用怎样的知识技能、抽取情境所必需的信息、动员既有知识逻辑去展开思考,考查学生知识技能的综合运用能力的课题（运用水准）。图1－6所示的"认知系统'三重圆模型'"显示了学力与学习品质的三个层级之间的相互关系。就是说,即便"知晓水准"的课题能解,"理解水准"的课题未必能解;即便"理解水准"的课题能解,"运用水准"的课题未必能解。况且,学力与学习的品质不同,相应的评价方法、时机掌握以及教学方法,也会不同。[20]

第二点,把握学校课程整体结构的"视点"、"维度"是不可穷尽的。比如,日本学者从"学力维度"的视点展开"学力"构成要素的分析,[21]也未尝不是一种思路。第一,生命维度——在主体与环境的交互作用中作为主体前进能量的冲动、好奇心、需求之类的基础性反应的能力;第二,社会维度——从第一维度发展而来,通过社会交互作用习得文化而形成的以知识、技能、思考力为基础的能力;第三维度——知性探究维度,从第一、第二维度发展而来,是一种更高阶的凝练的知性探究能力。这种能力是以探究过程中从问题发现到问题解决的智慧操作能力为中心的,是同有别于生命维度的知性好奇心、兴趣、心智习惯等情意性心理特征密切相关的。

正如体检借助常规检查、血液化验和内脏透视可以把握人的身体健康状况一样,借助课程结构所隐含的"能力的要素"与"能力的层级"的分析,可以确立起检验学校课程发展状态的基本思路及其指标体系,也有助于一线教师更好地把握学校课程的整体结构。

三、单元设计:撬动课堂转型的一个支点

(一)单元设计的关键作用

基于核心素养的课程发展直面的第二个挑战是,借助单元设计的创造,撬动课堂的转型。

多年来,我国一线教师大多满足于"课时主义",并不理会"单元设计"。然而在"核心素养—课程标准(学科素养/跨学科素养)—单元设计—学习评价"这一环环相扣的教师教育活动的基本链环中,单元设计处于关键的地位。倘若离开了"单元"(学习的流程)这个课程设计与教学实施的基础单位,可能产生的第一个恶果是,那些开发出来的所谓的"学科"、"课程"不过是一堆垃圾而已,因为构成学科的基础单位就是"单元"。可能产生的第二个恶果是,纠缠于"课时主义"。离开了单元设计的课时计划归根结底不过是聚焦碎片化的"知识点"教学而已,因为教学的"三维目标"往往是跨课时乃至跨学期、学年的,不可能在一节课时里面得到实现。新课程改革使得我国的学校课程取得了前所未有的突破。但另一方面,很多学校往往"以不变应万变",它们的课程与课堂"基本不动",钟情于"知识点情结",把"课程标准"混同于"教学大纲"。另一些学校则是"乱说乱动",甚至撇开教育部的"课程标准",热衷于五花八门的所谓"校本课程"的开发,少则100多门,多则1200多门,颠倒了"国家课程"与"校本课程"的主次关系,本末倒置。[22]

教学中的"单元"是基于一定的目标与主题所构成的教材与经验的模块或单位。从单元设计的历史发展看,可以大体分为基于学术与艺术等人类文化遗产的、以系统化的学科为基础所构成的"教材单元"(学科单元),以及以学习者的生活经验作为基础所构成的"经验单元"(生活单元)。回顾单元的历史变迁,可以发现两种思考方式:

其一,重视应当理解、习得的知识模块的"教材单元";其二,基于儿童生活经验的活动模块优先的"经验单元"。"教材单元"与"经验单元"的构成方法自然有所不同:在"教材单元"的场合,是作为学科架内的模块式的学习内容来组织的;相反,在"经验单元"的场合,是借助师生的合作或者学习者自身,打破学科的框架,作为学习者自身的经验活动的模块来计划与组织的。在佐藤学看来,可以把"单元设计"概括为两种不同的单元编制[23]:"计划型课程"的单元编制是以"目标—达成—评价"方式来设计的;"项目型课程"的单元编制是以"主题—探究—表达"的方式来设计的。传统上,"单元"是作为"目标—达成—评价"的单位来组织的,但在活动课程中是以"主题—探究—表达"的方式,把"活动性、协同性、反思性学习"作为一个单元来组织。确实,"目标—达成—评价"能够有效地让儿童习得知识,求得达成度。但是,不能让学习者共同地探究课题,展开协同性、活动性学习,难以保障每一个学习者表现并反思学习成果的经验。后者的单元设计将成为世界课程发展的主流。从这个意义上说,抓住了单元设计,就抓住了撬动整个课堂转型的一个支点。

(二) 从单元设计到课时计划

传统学校教育中的教学主要把"知识的传递与再现"视为"学力"的中心,因此着力于课时计划就足够了。但在当今时代,这种历史使命业已终结,代之而起的是"通过教育内容的学习,启迪学习者的智慧,同时培育丰富的感悟,陶冶面向未来主体的生存的人格"。[24]这就需要有一个通盘的从单元设计到课时计划的实施计划。

从历史上看,学校教育中的教学是在"探究学习"与"程序学习"这两种教学谱系之间摇摆的。[25]"探究学习"原本是布鲁纳(J. S. Bruner)在《教育过程》中倡导的以"发现学习"为基础的教学模式,施瓦布(J. S. Schwab)对它做了补充完善,发展为"探究学习"。在探究学习中儿童的探究过程是一种精彩的信息处理过程。作为教学的策略,设定了如下的阶段:(1)问题的设定(信息处理目的的确认);(2)假设的设定与验证计划(决定信息收集的范围及其种类和性质);(3)验证过程(信息的批判性加工与创造);(4)结论的琢磨(决策)。"发现学习"与"探究学习"的源流是杜威(J. Dewey)倡导的基于"反省性思维"(reflective thinking)的"问题解决学习",旨在克服传统的现成学科知识的灌输与注入。这种"反省性思维"由五个阶段构成:(1)从实际生活的经验中形成问题;(2)观察调查问题,认清问题的症结所在;(3)收集解决问题所需之资料(数据、信息);(4)考虑各种解决方案,加以研究并做出假设;(5)实际应用并验证假设。[26]经历这种过程的学习,不再是把现成的固定的知识用以往静态的形式按照逻辑的顺序进行学习。知识,终究是在儿童出于直接的兴趣爱好,在所产生的现实问题的解决中作为解决的有效手段而习得的。而且,在这种学习中,重点被置于动态地把握社会现象,展开系统的、综合的思考而形成的解决能力上。因此,在这种学习中儿童自身的社会生活起作用的知识,是经历了探究的、逻辑的思考过程而获得的。从这个意义上说,它否定了学科内容的灌输式教学,确立起儿童作为学习主体展开探究性思维活动的教学逻辑。不过,在现实展开的问题解决学习中往往会产生轻视学科的学术系统性,偏向经验主义而带来的学力低落之类的弊端。同"探究学习"相对的是由斯金纳(B. F. Skinner)开发的"程序学习",这在20世纪60至80年代产生了巨大的影响。心理学的研究对于教学的影响,诸如奥苏贝尔(D. P. Ausebel)的"有意义学习"、加涅(R. M. Gagne)的"积累学习理论"、布卢姆吸纳了"形成性评价"的"精致学习"等,都是发扬心理学的见解所建构的教学理论,可以谓之"程序学习谱系"的教学模式。这种教学模式的特色是,在教学设计之际需要设定明确的教学目标,同时组织能够达到目标的教学过程。它们的共同特点是,强调学习者主体地展开思维,借以确凿地掌握教学内容。"探究学习"与"程序学习"两种教学谱系并不是二元对立的,前者有助于培育"问题解决能力",后者有助于形成掌握基础的、基本的教学内容。

世间不存在适合任何学习者的唯一的教学模式。如何在这种认识前提下,讲究教学的"战略"(strategy)与"策略"(tactics),[27]设计出有助于发挥各自特长的教学计划,应当成为整体规划学校课程计划中的一个重要课题。因为,教学战略是"单元设计"的基础。教学战略一旦明确,就可以根据教学展开的局面,采取具体的策略。没有明确的教学战略,就不可能击中教学的靶心。日本学者超越二元对立的思维方式,倡导汇合了"内容之知"、"方法之知"、"体验之知"的"教学战略":(1)重视知识内容(内容之知)的教学战略,即重视知识技能的习得与概念、法则的理解,或是特定的技术熟练。其最大目的是确凿地习得知识、技能,但不应局限于单纯的文化传承与传递,还必须面向学习者的主体性活动与科学探究精神的培育。(2)重视方法论知识(方法之知)的教学战略,即重视探究方法与探究精神,发现法则的方法,或者问题解决方法等"方法论知识"的战略。这种战略在于以"反省性思维"为基础,指导学习者如何直面现实的活生生的问题,组织怎样的活动(经验)。(3)重视"体验学习"(体验之知)的教学战略。这种战略重视学习者的生活与经验,或者跨越若干学科、超越学科的框架,整合广域的内容,设定主体性的课题展开探究,体现了"生活化、综合化"与"体验化、活动化"两大特色。[28]

(三)为了单元设计的创造

如前所述,"核心素养"或"关键能力"的提出意味着不能仅仅满足于学科内容的习得,而且要求形成某种"素质"与"学力"。这就产生了不仅从"结果",而且也从"过程"来把握"学习的价值"的视点。对于一线的学科教师而言,既然知识是一种建构的过程,那么,教师的教学工作就必须发挥支撑的功能——给予学习者在建构知识之时提供支架的作用,亦即意味着要求重视这样一个视点——不仅要从内容侧面把握学科的本质,而且要真正地逼近学习者的活动与思维过程的视点。秉持这样一个视点,就可以使得学校的课程与教学超越所谓的"愉快教学",进入问题层出不穷的"探究的快乐的教学"的境界。瞄准"真正的学力"(authentic achievement,或译"真实性学力")就可以使得学习者感悟到学习的意义与成就,这意味着教学模式的改进。倘若不能感悟到学习的意义,不能体悟到学科的本质性的乐趣,那么,对于学习者而言,一定是丧失了对于学科及其背后的世界与文化的兴趣,这是同学校学习的宗旨背道而驰的。寻求"真正的学习"不仅是现代社会的需求,也是因应当下学习者的需求的。

学习的主体终究是学习者。学校的教学从"教师中心"转向"学习者中心",实现"活动性、协同性、反思性教学",既不流于"网罗主义",也不流于"活动主义"。这是因为,"活动性、协同性、反思性教学"同知识技能的习得与巩固也有着密切的关系。低阶认知能力与高阶认知能力并不是二元对立的。思考力的培育同知识的习得存在不可分割的关系。没有知识,思维就不能展开。思考与表达的活动必然伴随某种知识的习得与理解。反之,知识倘若没有联结新知识与旧知识的能动的思考,也不可能获得。不与既有知识关联、不能把授受的知识加以内化,知识是不可能巩固的,只能脱落。知识是借助主体才得以解释与建构的,即便想灌输"知识",其实也是灌输不了的。我们必须认识到,知识的习得与巩固单靠活动与讨论是不能实现的,通过运用知识、表达知识,才是知识的习得与巩固的有效方法。为了单元设计的创造,需要把握以下三个着力点。

第一,寻求学习的境脉的真实性。重要的是设定具有综合既有的知识、技能展开思考的必然性,以及学习者乐于探究的思维课题。作为一种方法,我们需要的不是缺乏思考必然性的、不自然的"为了问题的问题",而是基于直面现实生活与社会中的情境,来设定问题的方法——课题的真实性的追求。这种课题对于学习者而言具有现实性,使得他们能够体悟到学习的意义与切实性。

第二,把探究过程还给学习者。探究的过程不是简单的问答与讨论,而是一种对话。教学的课题倘若仅仅局限于教师主导的讲解,或者仅仅列举有助于理解抽象性知识、技能的具体例子,是不可能形成真正的学科教学的。在知识的建构过程中最重要的是让学习者自身体验到假设生成的过程。一般而言,真实性的课题往往并不局限于一个正解,或者并非局限于定型化的解法。这就要求学习者在问题解决过程中,一方面思考运用怎样的知识才有效,并且收集必要的信息,另一方面,面对复杂的问题情境(境脉)展开扎扎实实的对话。在这种对话过程中运用众多的知识技能,确立若干层级的下位目标,有逻辑地展开问题的解决。真正的学科教学的过程意味着为儿童自身提供丰富的挑战学习的机会。从某种意义上说,挑战"运用水准"的思维过程就是挑战"没有正解的问题"的过程。

第三,创造课堂中的思维文化。在传统的课堂中,决定真理的权限在于教师和教科书,其本质是由教师传递现成的知识给学习者而已。导致的结果是,学习者必然去思考正确答案——倾心于教师与教科书设定的答案,这就是所谓的"正答主义"的学习观。为了消弭这种"正答主义"的学习观,就得瓦解教师与教科书中心的"关系性",建构学习者与教师一道直面教材(客体世界),共同探究真理地展开学科探讨的"关系性"。在这种"关系性"中,教学是在教师的帮扶之下,学习者同教材对话、同他者对话、同自我对话,展开知识的协同探究与建构的过程。在这里,学习者是知识的探讨者、建构者,从某种意义上说是研究者,而教师是作为前辈研究者同他们一道从侧面支持他们展开对话的促进者。"从开放性课题的设定到开放性结局的过程,教师发挥的作用不是'教',而是促进对话的提问,是得出结论之前给予充分思考的时间,是同学生平等地参与探究的一员"。[29]教材也不是毫无疑问地一概接纳,而是学习者与教师一道作为对话的客体世界,成为共同建构新知的源泉。这样,就变革了以教师与教科书为中心的课堂权力关系,矫正了课堂的规范与文化,从而促进学习者作为学习主体的反思性思维,形成深度学习的"思维文化"。

学习的实践是对话性实践。"学习,是同客观世界的相遇与对话,同他者的相遇与对话,同自我的相遇与对话"——这就是"对话学习的三位一体论"。[30]我国的中小学在应试教育的背景下,无论是教师抑或是学生都苦于"学习的异化"(教与学的异化),这种异化是从三个侧面产生的:其一是"教育对象(内容)的丧失",其二是"学习伙伴的丧失",其三是"学习意义的丧失＝自我的丧失"。[31]克服这三种异化的实践也就构成了"真正的学习"的三种对话性实践。归根结底,单元设计的创造就是对话性实践的创造。

四、表现性评价:21世纪型的学习评价

(一)21世纪型的学习评价的指向

基于核心素养的课程发展直面的第三个挑战是,探索以"表现性评价"(真实性评价)为代表的新型评价模式。

20世纪的评价是基于"学习即知识的习得"、"教育即知识的传递"的学习观与教育观,以测量教师传递给儿童"知识的量"为中心的"量化评价"。相反,重视"21世纪型的能力"、基于"知识建构"的学习观,重视真正的学习课题,诸如地球环境问题、能源问题、粮食问题、垃圾问题等现实社会的问题。倘若同样是采用"学力即习得知识的量"的"量化评价"来评价,那是困难的。再者,"真正的学习"重视"基于倾听关系"的"协同学习"。不过这种"协同学习"所不可或缺的"知识运用力"、"语言表达力",倘若同样是采用"学力即习得知识的量"的"量化评价"来评价,也是困难的。

20世纪的"教育评价"经历了一个历史演变过程:(1)教育测量时代。20世纪起初的30年(1900—1930年)是教育测量时代,普及了可靠性高的测量法——客观测验。(2)教育评价时代。接下来的30年(1930—1960年)是教育评价时代,开发了基于教育目标这一绝对的价值标准来进行评价的方法,使得客观性、可靠性高的学力测定有了可能。(3)矫正教育评价的时代。20世纪60年代以降产生了从根本上矫正教育评价意涵的新动向——开始尊重每一个儿童的个性与人权,倡导"诊断性评价"与"形成性评价",从而产生了诸多根本

变革评价方式的新尝试。进入 21 世纪,随着"21 世纪型能力"的倡导,自然产生了与之配套的"学习评价"模式的探索。[32]

那么,何谓因应学力层级的"质性评价"呢?新时代期许的"学力"与"学习"需要有相配套的学习评价模式。正如认知系统"三重圆模型"所表明的,在"知晓水准"的评价中,借助隐含有重要语句的问题和选择性问题之类的客观测验,以及简单的技能测验就够了,但在"理解水准"的评价中,要求能够运用学到的知识内容解决适当的问题。当然,学习者或者可以自由地描述自己的见解与解释,或者图示历史事件的因果关系,让学习者表达建构了怎样的表象(知识表象)应当是有效的。在日常的教学中让学习者一边思考一边借助笔记和作业单来保存思考的过程与回答的理由,对于把握每一个学习者的理解方式与困惑所在,也是有效的。尽管平日重视"理解水准"的教学,但往往在评价中仍然把重心置于"知晓水准"的教学上。"理解水准"的教学要求相应的"理解水准"的评价,这是不言而喻的。

基于核心素养的课程发展隐含着一以贯之的"真实性"(authenticity)诉求:"真实性学力—真实性学习—真实性评价"。"效率性"与"真实性"的对立结构往往在日常的教学活动中表现出来,教师和学生往往处于"是选择效率性的教学,还是寻求真实性的教学"的两难境地。解决这一棘手问题的难点在于:谁都拥有有效教学的意向,却几乎没有真实性教学的意向。无论教师和学生都并不拥有"如何才能实现'真实性'"的明确的图景与方法。在教育学研究中,"真正的学习"(真实性学习)是旨在克服学习的虚构性的学习,借助"对象性的恢复"来实现学习的"真实性"的一种追求。"真正的学习"强调体现了学科本质的对象化了的学习,在学习中重视同教材(资料、事实、现象)的对话,从而实现据此而展开的学习活动;同时意味着,这种学习在活动主体的内部获得了真实性的学习。显然,"真正的学习"是同一味追求"效率性"的原理相对立的。况且,"真正的学习"倘若没有高度凝练的、反思性的测验,其学习的成就是难以数值化的。不管怎样,在学习的"品质"中,"真正的学习"是当今最应当受重视的一个原理。这是因为,在这里隐含着"量"与"质"的之间的一种意味深长的关系:一味追求"量"的提升,是不可能求得"质"的提升的,"量"的提升本身也难以测量。然而,在寻求"质"的改革之中,随着这种"质"的提升,"量"的达成也能得以实现。[33]显然,在应试教育背景下一味追求碎片化知识的教学,是同新时代要求的优质教学背道而驰的。

(二)表现性评价:学习评价的新模式

作为"运用水准"的教学的评价可举"表现性评价"(performance assessment)为例。一般而言,所谓"表现性评价"可以界定为:从质性的角度,以能够产生思维必然性的某种情境的学习者的行为与作品(表现)为线索,对概念理解的深度与知识技能的综合运用进行的评价。[34]20世纪80年代以来,欧美国家凭借对儿童实施的客观测验的结果来评价教师与学校,引发了批判客观测验的浪潮,认为客观测验不能测出学习者真实的学力,诸多客观测验是在脱离现实世界的干燥无味的境脉中,叩问碎片化的知识技能的。不过,就像知道了交通法规却不能出色地驾驶或者实际上不懂得如何驾驶一样,实际上,学习者在学科教学中学得的知识、技能也未必知道如何去运用,"表现性评价"于是应运而生。

"表现性评价"有两种解释。狭义地说,意味着设计能够引发学习者表现其实力的评价课题(表现性课题),然后对其活动的过程与成果进行评价,这就是"基于表现性课题的评价"。作为表现性课题的案例,诸如社会科中的对当地商店街展开的调查,制作广告用的传单,或者家政科中学习营养学,为有饮食限制的人编制食谱之类,从某种意义上说就是创造"真正的学习"。教师在学习过程及其终结部分给予学习者充分表现的机会,从而根据由此产生出来的学习的证据,来评价学习者"运用水准"的学力品质。广义地说,这意味着从教学中学习者的发言与行为、笔记的记录,以及其日常学习活动过程中,进行不拘形式的形成性评价。这就是"基于表现的评价"。在以纸笔测验为代表的传统的评价方法中,评价方法与时机选择是固定的,评价的对象只是借助能够捕捉到的学力。相反,"表现性评价"可以说是以课题、过程、档案袋等所体现的思维的表现为线索,在发挥其实力的情境中来捕捉评价的时机与方法。

"表现性评价"也叫"真实性评价"(authentic assessment,或译"真正的评价"),因为两者在内涵与外延上是几乎是等同的。"所谓'真实性评价'是在某种特定的语脉中直接地评价运用种种知识、技能的人的行为举止与作品的一种方法。"[35]通过"真实性评价"培育能动的学力,意味着在真正的现实的语脉中进行评价。这样,可以消解这样一种失衡:虽然展开了充满丰富思考的教学,却只能叩问知识技能的习得状态(容易测量的学力)。我们需要的是面向"真正的学力"(或译"真实性学业成就"),确立起"目标—教学—评价"一体化的教学体制。"真实性评价"着力于把握高阶认知能力的状态,因此,不仅关注最终的结果,而且关注导致最终结果的学习与思维的过程本身,还要展开多角度、多层次的探讨。在这里,系统地收集学习过程中产生的种种作品和记录的文件夹和卷宗,我们可以称其为"档案袋"。据此可以从不同层面协同地展开探讨,这就是一种"档案袋评价"。

"真实性评价"力图纠正标准化纸笔测验的弊端,通过复杂的、不良结构的现实任务,来检验学生适应未来生活和专业领域发展的能力。"任务驱动"的真实性评价强调评价任务与现实生活或情境的吻合程度;而"建构驱动"的真实性评价则主张不仅要关注评价任务的现实性,更要关注这些任务是否指向对真实性学业成就的考查。这种真实性评价一旦同日常的学校课程与教学相整合,就会成为促进学生真实性学业成就发展的有力手段。从这个意义上说,真实性评价属于表现性评价的一种,同基于核心素养的评价在内涵上具有一致性。[36]

"表现性评价"的课题一般具有两个特征[37]:其一,学习者面对的"问题"并不是教科书或习题集里的"问题"——这些问题大多是碎片化了的知识。因此,即便解答了这种问题也不会产生"知识的综合化"。要产生知识的综合化,重要的是综合实践活动面对的问题,在应对综合性问题的过程中,学习者会发现习得各门学科知识的重要性,同时超越了学科甚至单元,注重多样知识的关联。其二,重视有现实感的综合性问题。倘若学习的问题游离于日常生活,学习者就不会感觉到问题解决的现实感。没有了现实感,就不可能有动员自身力量、致力于问题解决的激情。当然,在真实性学习的场合中,问题的解决未必一定能够达成,倒是可以说,大多问题并不能解决。这是因为,拥有现实感的众多问题,不限于一个正确答案,不明白定论的"劣构问题"。不过,在有现实感的综合问题的场合中,问题如何解决并不重要,在这一点上,同参考书和问题集中的"良构问题"在本质上是不同的。"良构问题"的场合,问题的解决是重要的,因为,解决这种问题的目的在于通过解决问题,习得知识技能。而在有现实感问题的综合问题的场合,重要的是通过问题解决的体验,促进多样的"知识的综合化"。"表现性评价"的课题既是"评价课题",也是"学习课题",带有双重性。当我们强调"学习课题"之时,作品制作过程中教师的指导与同学之间的协同受到重视。然而倘若如此,就会产生这样一个问题——难以找到完成课题的成绩同个人能力之间相关联的证据。在这种场合中,借助保障"协同作业"与"个人作业"的双重性,也许可以求得"评价课题"与"学习课题"之间的平衡。这样,在设计挑战"真实性课题"的机会的同时,就得考虑到学习者的个别差异,来构筑得以长期持续地评价每一个学习者能力成长的系统。

"表现性评价"是对"基于行为目标的评价"的一种矫正。"基于行为目标的评价"是把学习者可观测的行为制成目录单,进行检测。受行为主义心理学的影响,这种评价往往把行为目标分解为最终的目标——能够进行机械训练的要素,但是这样做,即便是目标细分化了,要素的总和也未必能够保障最终目标本身的成功。在"表现性评价"中,就像客观测验那样,用目标达成与未达成的二分法来评价,是困难的。由于学习者对于表现性课题的处置会产生多样的可能性,对其的评价不得不仰赖于教师的质性的专业性判断,所以在"表现性评价"中不能依靠主观性评价,而必须运用可称之为"尺度"的评价标准,制成量表,来评价表现的品质(熟练程度)。这里所谓的"尺度"是由显示成功度的 3—5 个阶段程度的尺度,与用来表述在各自阶段所能观察到的认知与行为品质特征的描述语,来构成评价量表的。在多数场合中,各个标尺里还补充了显示各个阶段特征的典型的作品案例。典型的作品案例可以为教师与学习者具体地理解标尺的描述语的意涵助一臂之力。在这里,决定认知与行为的品质转换点的尺度的编制,一般由 3—4 名左右的评分者一道进行如下的作业步骤展开:(1) 尽可能收集学生的表明其对课题的理解或熟练的表现性实例。(2) 划分学生作品的各种水准(优、中、差),并写出理由。(3) 从这些理由中归纳出表现的特性或重要侧面。(4) 写出各自特性的定义。(5) 从学生的表现性事例中,选出能体现各自特性的相应评分的例证。(6) 反复操作,精益求精。[38] 因此可以认为,这种作业是教师加深对课题与学生理解的有效方法。而"尺度"作为"绝对评价"的一种,有助于传统评价中难以捕捉的高阶认知能力的"可视化",而得以直接地评价。不过,作为表现性评价的课题的开发、实施与评分,需要花费大量的时间与精力,这是其最大的难点所在。

(三) 从"过去取向的评价"走向"未来取向的评价"

在设计 21 世纪型的学习评价之际,重心在于如何从"过去取向的评价"走向"未来取向的评价"。[39] 历来的"学习评价"是在教师回顾业已终结的教育成果中来展开评价的,从这个意义上说,是"过去取向的评价"。不过,晚近在"学习评价"中,维果茨基(L. S. Vygotsky)的"最近发展区"(Zone of Proximal Development,ZPD)概念显得愈益重要。学生的学力与学习并不是他们单独能够完成的,而是需要借助成人的帮助,亦即借助"脚手架"的助力,才能成功的,在这里存在着"潜在的发展可能性"的领域。[40] 教师的作用应从"书本知识的传递者"转变为"支撑儿童学习的教练"。因为,教育的目的原本就在于支援面向未来的发展中的儿童自我形成的活动,况且这种自我形成过程对于每一个儿童而言是形形色色的。"学习评价"不是测定学习的结果,而是关注学习本身,可以说是"为学习的评价",其终极目标就是"学习的学习"。[41]这种儿童未来目标的指向,就像攀登山顶那样,不是教师冲在前头,而是引领学生自身检点、评价自身的学习状态,然后自己设计应当进击的方向,自主把舵,自我建构。就是说,每一个儿童的终身持续的自我形成的过程都是独一无二的案例研究。因此,21世纪型的"学习评价"需要从自我形成的视点出发,加深对于每一个学习者的理解,这是不可或缺的。重要的是师生一道分享未来,一道畅叙希望。就是说,"学习评价"不是对学生的"过去"的终审判决,而是"始发站"。在这个始发站里,教师应当给予每一个学生个性化的"未来"提供希望与展望,提供他们闯入未来世界的勇气,最大限度地丰富他们作为各自的自我形成活动的学习。

变革的时代也是迷惘的时代。在这个迷惘的教育世界中倡导基于核心素养的课程发展具有划时代的意义。一线教师只要敢于直面时代的挑战,把握学校课程的整体结构,积累单元设计与学习评价的新鲜经验,就能为新时代的学力与学习的创造,闯出一片新天地。

参考文献

[1][2][3] 田中义隆.21世纪型能力与各国的教育实践[M].东京:明石书店,2015:17—21,23,22—25.

[4] 翻转课堂研究会.翻转课堂改变教育未来[M].东京:明石书店,2014:39.

[5][32][37][39] 森敏昭.21世纪学习的创造[M].京都:北大路书房,2015:133,34—35,31—32,37.

[6] 奥田真丈,河野重男.现代学校教育大事典[M].东京:行政出版公司,1993:393—394.

[7] OECD教育研究革新中心.学习的本质[M].立田庆裕,平泽安政,主译.东京:明石书店,2013:29—30.

[8][10] 礒田文雄.站在十字路口的日本学校课程行政:基于关键能力的教育[D].沈晓敏,译.华东师范大学课程与教学研究所第13届上海国际课程论坛论文.2015.

[9][22][23] 钟启泉.读懂课堂[M].上海：华东师范大学出版社,2015：205, 23,21.

[11][15][16][17][18] 石井英真.现代美国学力形成论的展开[M].东京：东信堂, 2011：30—47,93,93—94,158,149.

[12][30] 佐藤学.学习的快乐——走向对话[M].钟启泉,译.北京：教育科学出版社,2004：40,38.

[13][19][20] 石井英真.何谓新时代的学力与学习[M].东京：日本标准出版股份公司,2015：7,23,22,24.

[14] 田中博之.课程编制论[M].东京：放送大学教育振兴会,2013：99—102.

[21] 日本教育方法学会.现代教育方法事典[M].东京：图书文化社,2004：299.

[24][27][28] 古藤泰弘.教育方法学的实践研究[M].东京：教育出版公司,2013：70,127,127—133.

[25] 高木展郎.学力变,课堂也变[M].东京：三省堂,2015：201.

[26] 佐藤正夫.教学原理[M].钟启泉,译.北京：教育科学出版社,2001：254.

[29] M. Lipman.探究的共同体：为了思考的课堂[M].河野哲也,等,主译.东京：玉川大学出版部,2014：135.

[31][33] 佐藤学.协同学习的课堂,协同成长的学校[M].东京：小学馆,2015：162,305.

[34] 田中智志,等.教育方法论[M].东京：一艺社,2014：131.

[35] 松下佳代.真实性评价：评价儿童的思维与表达[M].东京：日本标准出版股份公司,2014：6.

[36] 杨向东."真实性评价"之辨[J].全球教育展望,2015(5)：36.

[38] 日本教育方法学会.教育方法学指南[M].东京：学文社,2014：367.

[40] P. Griffin, B. McGaw & E. Care. 21 世纪型能力：学习与评价的新模式[M].三宅なほみ,主译.京都：北大路书房,2014：12.

[41] OECD 教育研究革新中心.形成性评价与学力[M].有本昌弘,主译.东京：明石书店,2008：276.

2

从学习科学看"有效学习"的本质与课题
——透视课程理论发展的百年轨迹[①]

在20世纪"学习"研究发展的百年间,研究者围绕"人类学习"的探讨发生了重大的视点变化。[1]当初研究者最大的关注点在于"教师如何施教,才能有效地传递知识、技能"。直至20世纪70年代,标榜"科学研究"的行为主义心理学(行为科学)与认知心理学借助所积累的丰富的研究成果,极大地影响了学校现场的课程与教学。不过,在20世纪80年代,"学习"研究陷入了困境:用电脑模拟人脑学习研究的认知心理学获得了显著的发展,并把其成果实际用于机器人的开发,让其发挥类似于人脑作用的时候,事件发生了——在实验室里能够完美地操作的机器人(电脑),在日常生活中完全不能动作。这种

[①] 课程学者面临的课题是理解教育的世界,不仅要描述教育世界,而且还要改变教育世界。沃克(D. Walker)指出,"任何领域的理论,其好处在于提供一种框架,以便对重要的问题和方法进行概念化和条理化"(参见: A. C. Ornstein,等.课程: 基础、原理和问题[M].柯森,主译.南京: 江苏教育出版社,2002: 25.)。博比特(F. Bobbitt)的《课程》(The Curriculum,1918年)就是完全把课程作为一门科学并自始至终围绕着课程展开论述的第一部著作,从此开创了20世纪课程研究的新领域。在此后整整百年的课程研究中,积累了一系列有关课程的哲学的、历史的、教育学的、心理学的和社会学的研究,涌现出一批又一批具有影响力的代表性人物——博比特、查特斯(W. Charters)、泰勒(R. Tyler)、杜威(J. Dewey)、马西尔(E. Maccia)、麦克唐纳(MacDonald)、克雷巴德(H. Kiliebard)、弗莱雷(P. Freire)、派纳(W. Pinar)、布鲁纳(J. S. Bluner)、奥利弗(P. F. Oliva)、吉劳克斯(H. Giroux),等等,可谓连绵不绝,异彩纷呈。不过,尽管这些代表性人物分属不同的思想流派,采取不同的理论型式(课程理论或教学理论),但都回避不了一个超越时代的基本的哲学命题——何谓"人类学习",如何实现"有效学习"。学校课程框架的设计、理解、重建与实施,终究旨在回答"如何发现与发展儿童的潜能,从而促进每一个儿童获得成长与成功所必需的素养与能力"的问题。可以说,抓住了20世纪"学习研究"的发展线索,也就无异于把握了开启百年课程理论宝库的一把钥匙。

困境在机器人开发的现场谓之"系统问题",究其原因是在含混的、复杂的日常生活中信息处理的破绽,如果面对日常生活中显著的变化而不能做出应对的话,就不能处置意外的事件。换言之,以往给机器人系统地设计的一个又一个的程序是不能应对人们日常生活中出现的问题的。这个发现也适用于人类的教育与学习。在基于传统"学习理论"的教育现场是以灌输教育——教师对学习者系统地灌输一个又一个不含混的、正确的知识点——为中心的,但这样被动地接受的知识、技能是难以在日常生活中灵活地运用的。倘要形象地表述这种困境,那么可以说,此前的"学习"研究是在条件完备的教室与实验室中,在儿童受到充分控制的前提之下,教师主导地进行的,根本缺乏"种种环境与情境中生动活泼地自主学习的儿童"的视点。在这里探讨的是,儿童系统地学习正确的知识"如何施教是有效的"。

然而,"人类不是机器,人类思想也不是计算机。人是一种生物,它受其生态学的影响,反过来也影响生态学因素和文化"。[2]"学习"原本是人类本质性的活动,不考虑日常生活亦即学校现场是毫无意义的。于是,认识到20世纪80年代困境的心理学、电子计算机设计、脑科学、哲学、教育学、语言学等领域的研究者在"认知科学"的旗帜下开始了"人类学习"的新研究,并且展现了如下的特质[3]:(1)重视日常生活与学校现场的"学习"(以往重视"实验室"与"条件完备的教室")。(2)重视在怎样的情境中、怎样同周围的交互作用之中展开"学习"(以往重视学习者个人"具备怎样的能力")。(3)重视在情境与环境中活动的"整体的人",包括脑(以往重视的仅仅是"智力",几乎无视"具身性")。(4)着眼于学习者"如何进行学习"(以往着眼于教师"如何有效地施教")。"达尔文说,所谓'学习'是人类旨在适应不断变化的环境而采取的生存手段;而在人脑的微观世界中所谓的'学习',意味着旨在传递信息的神经细胞群的新的链接。"[4]在脑科学看来,所谓"学习"即新的神经通路的形成。"脑拥有形成新的神经通路的机制,这就是:神经细胞的增加、突触的发芽与突触的可塑性。这样,突触的可塑性的发展、突触长期增强的发展,乃是学习的重要的神经学基础。"[5]脑科学的发展为揭秘"人类学习"提供了神经科学与神经心理学的视野。

本章从"学习科学"(learning sciences),特别是脑科学的"人类学习"研究的视角,考察学校教育中"有效学习"(effective teaching)的本质与"有效学习"模型的演进,借以透视课程理论发展的百年轨迹,为新时代的学校教育提供发展方略。

一、人类学习的本质及其样式

在20世纪,人类"学习"的概念获得了重要的发展。对于行为主义者来说,学习就是"通过强化刺激而使反应强化"。认知心理学的出现带来了根本的变革——聚焦信息处理的核心作用。不过,它终究仍然是停留于以被动的学习反复来掌握知识的学习观。于是,聚焦"作为意义生成者的学习者的能动作用"的"知识建构"的新的"学习"隐喻问世了。到20世纪末,这种建构主义通过聚焦"认知与学习的生成情境的重要作用"而得以精进。而今强调"参与"与"社会交往"的社会建构主义"学习观"成为新时代课程发展的主流性见解,它"有助于我们创建各种教育项目,来促进更高级的、更整体的、更复杂的人类学习"。[6]

(一)人类学习的特质:社会性

人在本质上是社会的动物,人类学习不能简单化地等同于为动物学习。维果茨基(L. S. Vygotsky)主张,要理解人类学习就得有不同于动物学习研究的方法论。[7]人类科学的方法论不同于自然科学的方法论,它是指对于"何谓人"的一种人类哲学的元思考——意味着对于人类的理解以及人类社会存在的洞察。从人类社会与文化历史的视点来看,我们必须从"活动"的视点出发来理解人类的学习。"活动"在学习心理学中是对于历来处于优势的"行为"概念的挑战,就像"学习是持续的行为变化"的定义那样,"行为"是用来理解动物学习的见解。在这里,"行为"重视的是人们的行为特质的均值,把均值与适应视为心理学的支援的最重要要素。但是凭借均值与适应是不可能超越惰性的制度创造新的价值的。所谓"活动"的视点批判了这种"行为"概念,这是一种挑战性的概念:在人类历史的长河中,创造自己的新的活动,突破自身的界限,创造新的生存方式。这不是通过个人行为进行的,而是借助共同的、小组的、合作的方式,创造新的环境。"活动"的概念着眼于这种共同的创造。采取"活动"的视点就是着眼于借助共同的、小组的、合作的方式,创造新的环境的研究,亦即把"学习"视为社会过程的研究。

一言以蔽之,人类学习的特质就在于"社会性"。"学习"是一种"社会认知行为"。[8]"学习"原本是社会的过程,离开了社会就不会有成长与变化。"学习"即人的成长与变化,这种成长与变化是在同他人共同作业的条件下出现的,这就是"学习的社会性"——在同他人的共同作业中自己获得了变化。这是因为,人类原本就是一种社会的动物。试考察如下一段场景:有一个4岁的女孩,她早上出门在路上不小心把手里拿着的玩具给丢了而哭泣起来。父亲问道:"今天到哪里去玩了?"父亲让女孩通过一天的回忆找到了玩具丢失的场所。经过三番五次的询问,女孩终于恍然大悟:"噢,是丢在了同妈妈一道出门去买东西的车子上了。"女孩说着拔腿就跑,去取自己的玩具了。[9]这段场景描述的是找寻丢失玩具的父女之间的问题解决活动。通过共同地回忆一天之中的活动与行踪来求得问题的解决。从记忆心理学的角度来说,是关于元记忆技能学习的一个场景。管理记忆的元记忆技能形形色色,这个案例可以说是女孩同父亲一道学习回忆一天行动的回忆技能的一种场景。在这个案例中,问题最终得到了解决,女孩终于想起了玩具是在哪里丢失的。在这里试设想一下,究竟是谁想出的呢?是女孩吗?女孩丢失了玩具而哭泣,告诉父亲之后,女孩不能独自回想起来。那么是父亲吗?父亲并没有拿着玩具出门,根本就不会知道玩具丢在了哪里,所以也不是父亲。这样,能够回想出来的,并不是单独一个人,而必须是两个人。或者必须是一个小组的合作的行为。在这个案例中,父亲三番五次地询问女孩:起先拿着玩具去哪里了?回家时有没有带?是从哪里出门的?当时玩具带回来了吗?通过询问,借助两个人的对话,女孩想出了一个人所不能想出的事情。小组合作使得一个人回忆不了的事情变为了可能。这个案例也可以说是元记忆的案例,元记忆的认知过程在一个人的头脑中原本是不可能的。就是说,亲子一道进行探究的社会环境是必须的。倘若没有这种社会环境,认知过程原本是不可能的。"学习"的这种社会性不仅适用于幼儿与初学者,也适用于工场工人的学习。重要的是,在课堂的学习中更应当关注学习的社会性,因为现实的课堂存在着由于过度聚焦个人而忘却了学习的社会性的倾向。

最能清晰地反映人类学习特质的是儿童学习概念与语言的过程。[10]在维果茨基看来,儿童言语的发展是人类学习活动的一个典型。婴儿同母亲与家族一道学习单词的姿态就是人类学习的典型姿态。试设想一下一个婴儿与母亲游戏的场景:在多数场合婴儿发出某种声音,如在1岁前后开始牙牙学语,但这种牙牙学语不是明确的单词的发声。然而即便是"baba"之类的发声,母亲也会作出即时回应,询问:"怎么了?肚子饿了吧?尿湿了吧?"新的家族的沟通于是形成了。这个婴儿是不可能一个人"沟通"的,但在同母亲的共同活动中使"沟通"得以非常轻而易举地形成:发出某种适当的声音,母亲加以回应,"沟通"就形成了。母亲并非让婴儿掌握某种语言学知识,婴儿也并非想要掌握这种知识,而是通过同母亲的沟通,满足饱腹,避免不适,全然是一种生存实践活动。可以说,这种活动正是一切学习的基础。[11]语言的实践活动本身就是婴儿的语言学习,这种语言活动有别于学校的学习,无所谓"失败"。母亲与其家族把婴儿发出的声音视为一种言语来加以接纳,类似于"即兴戏"。婴儿是学习语言的天才,他们正是在母亲与家族准备好的安心、安全的环境中,在与失败无缘的环境中,逐渐成为操持语词的高手的。

维果茨基把儿童与母亲以及家族进行的环境创造活动,谓之"最近发展区"。[12]这种"最近发展区"成为儿童创造性地模仿成人语汇的环境。儿童接受母亲家族的帮助,突破自身的界限;成人也获得一个新的家庭的成员。把原本未曾有的相互关系与相互关爱的关系直接连接起来,开拓这种新的活动环境,这就是"最近发展区"。语言发展的研究表明,儿童不是一板一眼地模仿的,儿童语言发展中的模仿是非常有选择性的。过分难的不模仿,过分简单的也不模仿。实际上对于儿童而言,大凡模仿的,多少是有些许困难、多少带有些挑战性的语汇。"最近发展区"从某种意义上说,就是儿童从不会到会,当下儿童的姿态亦即还不会说单词、不会写字,但是同周围的成人一起形成"最近发展区"的时候,就能够正确地说出单词、正确地写出文字了。要把握人类学习的特征,就得理解"无为与有为"同在这一人类存在的特性。人类不仅是一种纯粹生存的存在,而且是一种能够不断有所为的存在。人类的学习就体现了这种特性。一个人降生时是一个不会说话的存在,在同家族与周围成人一起的活动之中,就能变为一个"会说话"的人,能够轻而易举地超越原本不会说话的制约与局限,成为受到作为一个家族成员的照料,受益于关爱的一种存在。这种"最近发展区"的作用不仅可以从婴幼儿身上看到,我们在入学的儿童、青年,甚至成人身上同样可以看到。在"最近发展区"中婴儿成为一个会说话的人乃是一个非同小可的创造性过程。人们是彼此不同的个性的存在,有不同的肤色、语言等,民族性也各有差异。有时这种存在作为一种制约与限度,会束缚我们的手足。但同时又可能突破这种制约与局限,成为另类的存在。提起"创造性",我们不免会联想到天才科学家、天才工程师的发明,其实婴儿在家庭中的对话就是一种创造性活动,只要有适当的环境,这种创造性学习也可能发生在学龄期儿童、成人甚至高龄者身上。

学习与发展是密切关联的。维果茨基指出,婴儿与母亲一起,形成婴儿发声的有意义的环境,这就是学习活动。这样,不懂词汇的婴儿发声,从原本"不曾有"到变为"有意义"的活动——在这一意义上说,是一种"发展"。不用说,家族也以婴儿的发声作为线索,而使得其父母亲、祖父母这样一个先前不曾有的有意义的活动也成为可能。就是说,两者是相辅相成地发展的。基于这种学习的思考方式,"发展"与"学习"之关系的认识也会发生诸多变化。"发展"与"学习"是不可分割的,是浑然一体的。然而,历来的"发展说"与"学习说"的关系主要分为两种。一种是"学习左右发展",另一种是"发展左右学习"。这些见解同"活动"的见解不同——它们把"发展"与"学习"的关系分割开来,采取非此即彼的一种思考方式。第一种见解是行为主义的学习观,把学习视为要素性行为范式的获得与积蓄;第二种见解认为,遗传性的与生俱来的基因决定了发展的路径与顺序,学习只能在其顺序性的范围内才有可能。这是一种基于生物学制约的思考方式。总之,传统的学习与发展之关系的认识,把两者分割开来,两者必居其一:或者是作为行为的积蓄的学习,或者是业已决定的发展顺序就是一切。

在心理学中有关于人的"发展阶段"(developmental stage)的概念,存在着种种不同的解读。皮亚杰(J. Piaget)的儿童认知发展阶段说——感觉运动智能阶段、前操作思维阶段、具体操作的阶段、形式操作的阶段——的划分是知名的,但它在认知心理学中却被视为错误的观点而受到批判。认知心理学认为发展是基于学习(受教育)而产生知识的变化,诸如语言、数学、物理学、生物学之类的学科知识的发展,不存在一般的所谓"发展阶段",这种"发展观"的潜台词是注重学科教育的作用。然而,不同学科领域的碎片化知识的积累与解体,却丧失了作为整体的儿童形象。[13] 上述两种"发展阶段说"都有其片面性。在学校教育中往往会依据"发展阶段"来编制课程,促进"基于发展阶段的成长"。在这里,显然是以"阶段"的划分来解读的,亦即根据年龄阶段的区分来归纳可以从哪些行为特征来把握该发展阶段的状态。这是一种发展阶段的思维方式,但这种思考方式存在极大的片面性。确实,呱呱坠地的婴儿不会说话、不会走路,同年龄阶段相应的行为特征是无可否定的。然而这样来思考发展阶段,注意的是"不会做什么"——如:4岁儿童不能理解物理学概念,小学低年级儿童不会进行逻辑推理之类,聚焦的是"不能做什么"。换言之,关注的是儿童当下的存在方式,而没有展望儿童将会成为怎样一种人,成为怎样一种人物。倘若把"发展阶段"视为发展的舞台,那么,在舞台上演员演的不是自己而是戏剧中的人物,亦即相当于聚焦"成为怎样一种人"。维果茨基说,对于上学前的幼儿阶段而言,游戏是最高的"最近发展区",游戏与学习是不可分离的。换言之,幼儿期的生活世界与学习是浑然一体的。学习本身成为形成舞台的活动,通过在这种舞台上的演出,幼儿展开创造、发展新的活动。因此可以说,从"发展阶段"的概念内涵看,既有"阶段"的意涵,也有"戏剧舞台"的意涵。

恩格斯托洛姆(Y. Engestrom)指出:"学习不仅是发展的前提条件,也是发展本身所必需的成分。"[14]在学校教育中往往会碰到各式各样的"发展障碍"——诸如自闭症之类的"广泛性发展障碍"和难以习得"听、说、读、写"能力或推理能力的"学习障碍",以及"反抗性、挑战性障碍"和"行为障碍"等,[15]我们需要关注有"发展障碍"学生的指导,谨防"有碍于人的发展与自立的状态"的"发展异化"。保障学生在不同发展时期各自的"主导活动"对于该时期的发展而言是不可或缺的。

(二)人类学习的样式

学习科学开创于20世纪70年代初期,它是基于心理学、社会学、计算机科学、哲学及其他科学领域的研究,作为学习的理想方式的研究领域而形成的。学习科学在20世纪90年代发表的关于"学习"的一致见解中,指出了单纯从教授方的视点来把握学习的"教授主义"(instructionism)的学习是不充分的,提示了关注"学习"本身的重要性、学习者深度理解概念的重要性、创造学习环境的重要性。

布兰斯福德(J. Bransford)区分了"人类学习"研究的三个主要系统:(1)"潜在学习"(implicit learning)与脑;(2)"非正规学习"

(informal learning);(3)"正规学习"(formal learning)及其他教育的设计。[16]这是因为,人类的学习是极其复杂的。人类学习有同动物重合的生物学、生理学的适应的部分,同时也有因应人类独特的社会文化历史活动的变化的部分。从历史上看,动物学习的研究远比人类学习多得多,在心理学研究中人类学习的研究也并不是那么多。人类的学习具有动物学习研究所不能理解的部分,倘若不加以充分地研究,就不可能提供有助于支援人类学习、促进人类创造性发挥的学习环境。在晚近认知心理学、神经科学、认知神经科学的研究中,运用脑损伤患者与健康人的行为科学的数据,以及健康人的脑成像数据,跟"潜在学习"概念相对的"显性学习"(explicit learning)相比较,揭示了"潜在学习"的特征。"潜在学习"是不经意的学习,而"显性学习"是经意的学习,是能够明示知识的一种学习。这就是说,在人类学习的过程中存在着"潜在学习"与"显性学习"两种不同的认知过程。这样,要求得有效的学校课程,实现"有效学习",就得重视"人类学习"的三种样式——正规学习、非正规学习、潜在学习——的特质及其相互作用,并在学习环境的设计中密切这三种学习的关系。那么,这三种学习究竟各自具备怎样一些特质需要我们精心研究的呢?

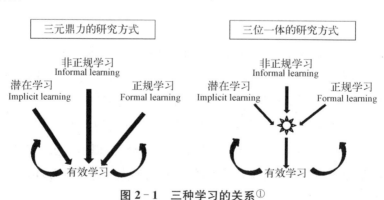

图 2-1 三种学习的关系①

---

① 青山征彦,茂吕雄二.学习心理学[M].东京:科学出版股份公司,2018:24.

1. 正规学习。所谓"正规学习"是指"学校制度下的学习",即在通常的教育与教学机构中进行的有计划的教育课题所规定的学习,也称为"制度性的有意识学习"。学校就是旨在为学习而提供的特设的空间,通过课程实施的课时管理,学习的成果借助测验加以测量——这是一种在特别设置的环境与制度中的学习。不过,从历史上看,学校的课程与学习乃是近代社会的产物。在人类历史发展的长河中,不过是二三百年的一瞬的存在。"正规学习"的特征在于,提示普适的行为标准与价值,以语言为主要手段,运用数字符号之类,在境脉之外展开教学。就正规学习的课题而言,主要是运用关于学习的知识,创造性地计划正规学习的内容。比如,要创造"有效学习"的环境,重要的是要使得学生理解什么。因此,教育目标的设定非常重要,而要达成目标,就得考虑必要的知识、技能体系,探讨判断目标是否达成的评价方法。

2. 非正规学习。这是一种"日常学习",是指学校之外的"非制度性学习"。这种学习可以说是在日常的问题解决实践中实现的学习。"非正规学习"无论对于儿童还是成人而言,都是一种不可或缺的学习样式。比如,儿童在入学之前,就会从这种非正规学习中习得各种各样的知识。即便在就学期间,也能在非正规学习的场合中学会牵涉词汇、沟通方法之类的社会行为。"非正规学习"不仅是儿童也是成人的重要的学习样式。这样,非正规学习的一个优势是能够学到丰富的知识。不过在非正规学习场合的学习中也包含了基于错误信息的学习。因此,就得重视规范知识的获取,借以纠正错误。"非正规学习"的特征是:(1)重要的不是达成了什么,而是谁进行了所期待的行为,是一种个人取向的个人主义学习。(2)由于年长者最受尊重,促进了传统主义。(3)其知识内容往往同耳濡目染不可分割,是一种认知性知识与个人情感相融合的学习。[17]相对于"正规学习"而言,"非正规学习"也可以说是"观察学习"。

3. 潜在学习。所谓"潜在学习"是指同学习意图没有关系而发生的知识习得,不能明示所获知识的一种学习。我们将这种不经意地获取的、难以言说的知识称为"潜在知识"(implicit knowledge)。由于潜在知识所得知识难以运用于不同领域的学习,所以其只能产生有限的学习迁移。潜在知识不限于技能的获得,在语言获得中也起着重要的作用。比如,儿童在习得语言的过程中文法逐渐地得以精致化,最终能够操作作为母语的语言。不过,儿童在接受语法教学之前是不能表达口头语言的规则的。这样,"潜在学习"可以说是有助于幅度广泛的认知学习的一种学习样式。布兰斯福德界定的"潜在学习"的概念是:(1)在正规与非正规教育环境中产生的学习。(2)关系到技能获得的学习,其作用对于许多学习而言是极其重要的。(3)在语言学习与终身学习中也起到重要的作用。[18]"潜在学习"不限于某种特定的场所,它是有可能易于适应新的环境的一种学习样式。

"潜在学习"的概念获得了众多研究的支持。行为科学的实验研究表明,潜在认知过程比显性认知过程显得更加顽健。行为科学与神经心理学的研究发现了两种学习的差异:"显性学习"容易受到功能障碍、年龄、智商的影响;"潜在学习"则难以受到影响。不过,"尽管两者有显著的行为差异与功能差异,但晚近的研究表明,两种学习有着相辅相成的关系"。[19]从"学习"的大局看,人是通过两种学习而获得周围世界的信息的。以"技能"习得为例,习得技能起初是"显性学习",而后是"潜在学习"。换言之,是借由有意识的表象过渡到无意识的表象。另一方面,两者不是孰先孰后,而是并行发展的。晚近研究表明,"潜在学习"中习得的规则在睡眠中会成为"显性知识"。"潜在学习"是贯穿人的终身的重要的学习样式。布兰斯福德提示了"潜在学习"的"普遍性"与"潜在性"。[20]"潜在学习"有助于人类的认知学习:(1)它是在正规与非正规的教育环境中产生的学习。(2)它也是同技能学习息息相关的,其作用具有无可替代的重要性。(3)它在整个语言学习与终身学习中发挥着重要作用。"潜在学习是一种兼具教育价值与进化论价值的学习样式"。这种"潜在学习"的过程可以区分为如下三种:(1)知觉过程——学习过程的构成要素、成分与符号化的过程。(2)知识获得过程——某种系统关系的学习过程。(3)事件的检索过程——利用所获知识的表象与抽取的过程。在"潜在学习"中知觉过程、知识的获得过程与知识的检索过程都是"潜在"的。"潜在学习"不同于教育课题所规定的学习,它是终身起重要作用的一种学习样式。

学习科学"旨在揭示促进学习的认知性与社会性条件,利用学习研究所获得的见识,重新设计学校的课堂与其他学习环境,以便使得学习者能够更有深度、更有效地学习"。[21] 不过,正如多尔(W. E. Doll)指出的:"学校拥有一种有计划、被正式认可的课程,但它也拥有一种无计划的、非正式的和隐蔽的课程,这是不能不予以考虑的。""前者专注于教育目的、具体目标、学科内容和教学组织,而后者则涉及师生在社会心理方面的交互作用,尤其是他们的情感、态度与行为。"[22] 儿童往往从"隐蔽课程"(或谓之"零课程")中获取更有效力的学识。"课程学者必须分析总体的教育环境,包括学校和校外社会。一个好的课程理论不能忽略周围环境的影响,否则,就无法控制课程的整幅画面,或用课程理论来控制整个教育局面。"[23] 因此,学习科学主张,当我们思考教育情境中人的"学习"之际,需要特别思考的重要的学习有三种样式:正规学习、非正规学习、潜在学习,而"潜在学习"是支撑前两种人类学习的基本学习样式。充分体现"人类学习"三种样式的整体优势,是总体设计"有效学习"(有意义学习、深度学习)模型的充足条件。

二、活动学习理论与"有效学习"的模型

自20世纪80年代以来,认知科学与学习理论中的社会建构主义、情境学习研究和社会文化研究,以及围绕学习、教育与发展的文化历史活动的研究,高潮迭起,显示出活动学习理论的勃勃生机。这里试图梳理一下活动学习理论的发展脉络与"有效学习"模型的演进。

（一）活动学习理论的发展脉络

行为主义心理学的奠基人、传统教育的创始者桑代克（E. L. Thorndike）总结了三条学习律——准备律、练习律、效果律。在他看来，学习是一种"连接旧学习与新学习的过程"。博比特（J. F. Bobbitt）、查特斯（W. W. Charters）的学习理论是同桑代克一脉相承的，泰勒（R. W. Tyler）、塔巴（H. Taba）和布鲁纳（J. S. Bluner）也都旨在"迁移的最大化"而倡导"问题解决的技术"或是寻求"学科的结构"。[24] 传统的知识哲学把"学习"视为纯粹个人的现象，这种"学习"具有三个本质性特征：（1）学习是对经验的反应，是经验的记录。（2）学习是随着时间的推移而发生变化的。（3）学习，无论是行为变化（行为主义）还是不可观察的心理变化（认知主义），一般是在个人身上发生某种变化的。[25] 所谓"学习"是"个体发生中作为经验的结果而产生的比较恒久的行为变化"，但这个定义是不充分的，学习中社会的作用被忽略了。现代的知识哲学的代表性人物，诸如詹姆士（W. James）、杜威（J. Dewey）、维特根斯坦（L. Wittgenstein）、海德格尔（M. Heidegger）对这种传统的认识发起了挑战，他们倡导新的学习与知识的见解，主张"学习"是学习者"基于既有知识与经验而获得的新的发现"。"学习"不是在个人头脑中，而是在现实的社会实践中展开的"意义生成"。[26]

在"有效学习"的研究长河中，活动学习理论的发展特别值得关注。"活动学习"的理论根源是马克思的哲学思想，马克思在《资本论》第1卷第5章中阐述道："在劳动过程中，人作为一种自然力与自然物质相对立，人作用于自身以外的自然改变外界的自然的同时，也改变了自身的自然。"[27] 由此引出了活动学习的原理，在"存在与意识统一"原理的基础上引申出"意识与行动相统一"的命题。这个命题表明，"个人的意识与一切的心理特质是在他的活动中表现出来，并同时在活动中形成的。"[28] 活动学习从心理学的层面拓展了马克思的人类学思想，历经第一代的维果茨基、第二代的列昂节夫（A.

N. Leontev)、第三代的恩格斯托洛姆的积累,而形成了今日的活动学习理论。[29]活动学习思潮自20世纪八九十年代以来,一波接一波。莱夫(J. Lave)和温格(E. Wenger)的"情境学习"与"学习共同体"论、瓦奇(J. V. Wertsch)的"社会文化研究"论、布鲁纳的"叙事方式"论、舍恩(D. Schon)的"反思性实践"论,等等,都提出了重新思考学习与教育的问题。克拉姆希(C. Kramsch)强调"源于异质文化的人们与观念交汇的冲突与合流之际所发生的学习与发展的重要性",倡导"接触区"(contact zone)的概念。古铁雷斯(C. Gutierrez)用"第三空间"的概念来说明"课堂中的言说事件,亦即师生之间从外表上看是彼此独立的世界,在发生交互作用时显然超越了两者的边界,产生了新的意义"[30]。

晚近引领活动理论的代表人物,当推芬兰的恩格斯托洛姆。他以"拓展学习"的概念在时间与空间的两个维度上倡导"人类学习"的"社会性"。在他看来,"人类学习"是一种"围绕共同对象的交响而组织的异种交融",亦即"活动系统中的种种的小组与阶层的声音是彼此冲突、相辅相成的"。[31]"学习活动是产生活动的活动",是"生产主体的活动",是把"碎片化的、隐含内在矛盾的学习行为"编织起来,生成"新的社会活动结构(包括新的对象、新的工具)"的活动。因此,"学习活动"的模型化归根结底是把"呈现出零碎的个人行为的内在矛盾的学习行为",上升到"集体活动系统"的层次,从而"拓展新的学习活动"。[32]在这里,恩格斯托洛姆借助"文化多样性"、"多声性"、"对话"、"交互作用的活动网络"、"透视"(perspective)、"跨界"(boundary crossing)、"行为者网络理论"(actor-network theory)之类的概念,进一步推进了活动与发展的"水平维度"的认识。[33]不过,他的"拓展学习"的模型化绝不是意味着否定活动发展的"垂直维度"的实践性课题。从某种意义上可以说,恩格斯托洛姆的"拓展学习"是进一步阐述维果茨基"最近发展区"的新的理论依据。基于"拓展学习"的"有效学习模型"的探讨,为我们实现新时代课程与教学的转型,提供了潜在的可能性。

(二)"有效学习"模型的演进

1. 情境学习模型。学习科学表明,"有效的学习唯有当学习者真正浸润在真实的现实世界的境脉的时候才会发生"。[34]因此,晚近的视点关注把学习理解为"社会参与"。"情境学习论"(有时也叫"社会文化研究与活动理论")是从重视社会与文化作用的视点来解释学习的,它把学习视为参与实践共同体的过程。这里的实践共同体从广义上说是"生活中的学习"。[35]那么,新参与者是怎样参与的呢?新参与者是作为熟练者活跃的实践活动的一部分参与到实践共同体中的,起初仅限于从事普通的简单的作业,这种参与方式对失败的损失小,对整个实践活动只负极其有限的责任;然后逐渐增加参与的幅度——比如从事参与更多的时间与劳力的作业,负起更大的责任的作业。这就是所谓的"合法的边缘性参与"(Legitimate Peripheral Participation,简称 LPP),说的是在"师徒制之下新参与者通过参与实践共同体的活动,从熟练的参与者身上修得其知识与技能的过程。这种学习理论同以往的学习概念最大的区别就在于,"学习"不是视为个人内部的变化,而是学习者与学习者所在的社区之间的关系的变化。这个社区就是"学习共同体"。新参与者的参与即便是边缘的,也被视为"合法的参与"。这种参与方式使得新参与者有可能成为社区的一员。在这里,所谓"学习"就是如下三种情况并行发生的过程:(1)学习不是单纯地增加知识;(2)学习是成为当下不同的自身,引起关系的变化;(3)通过学习,自己在实践共同体中的角色地位也发生了变化。

2. 跨界学习模型。列昂节夫接受维果茨基的社会文化研究的影响,开创了活动理论的心理学。"活动理论"的字眼源自于把分析单位视为"活动"。列昂节夫援引"原始时代的集体狩猎"作为活动的案例,[36]在狩猎中人们聚焦捕获猎物的目标展开协作,每一个人分别承担围追堵截的角色,形成一个整体的捕获猎物的活动。传统的心理学往往把各种各样的问题视为个人的心理问题,但在活动理论中重视的是众人之间的协同。恩格斯托洛姆聚焦"职场学习",并提出了种种的概念,"跨界"就是其中的一个。所谓"跨界学习"是指通过超越组织的障壁,可能产生新的见解与新的思考。在他看来,通过超越组织界限的协作可以产生不同于"基于熟练的学习"。在这里,如果把"基于熟练的学习"视为"垂直学习",那么"基于跨界的学习"就是一种"水平学习"。跨界论产生的背景是,从学习发展的"垂直维度"变化为"水平维度"的视点。以往关于"学习"的讨论大多是设定技能与能力的"阶段"与"水平"的层级,是从低层次上升到高层次的变化来论述学习的发展的,谓之"垂直维度"。相反,所谓"水平维度"则包含两层含意:一是指"情境学习",二是指"浸润在多种情境的学习"。立足于跨界论的观点,强调的仅仅是第二种含义,也被解释为不同情境之间的学习过程的概念。不过,终究仍然离不开第一种含义。

学校中的"学习"是把信息当作电脑保存信息数据那样,在个人的头脑中掌握知识、积累知识,这种知识是去情境化的,意味着把特定情境起作用的知识有可能迁移到别的情境的所谓"学习迁移"的过程。在这种学习迁移论中,倘若在不能迁移的场合,就被视为学习者的理解度存在学习方法的问题。所以在课堂教学中采取"教授主义"的思想——是否有效地进行了教学,使得个人的知识得以扎实地掌握;学生在课堂的测验分数和满足度是否提高。不过,立足于教授主义教学的立场,即便是琢磨课堂教学的方法,一味提升考试分数,也是难以获得迁移的成功的。即便像算术那样抽象的知识,乍看起来是超越情境的,其实是同个人参与的具体情境分割不开的。所谓"超情境"的知识反而可以说是"浸润于情境"的。有别于学习迁移论的设想,超情境的课堂形态不能说是优于日常生活的。课堂与日常生活各有自身的"贤明","发展"的意涵本身是各自不同的。这就是说,在知识的质以及运用知识的能力中并不是超越情境的是高层次的,不过是依据情境的不同,相对多样而已。课堂情境中可视、可期的能力与日常生活情境中可视的能力,是由各自的情境与集团构成的,反映了可利用的资源、规范、目的、作用,以及基于这些因素的对话与动作的差异,因而有所不同。知识、技能的价值与意义是依据情境而变化的,所要求的动作方式也是变化的,而且主体也是维系并构成这种情境的一分子。学习者是浸润于情境之中的,同时又是穿越不同的情境的。无论是"迁移"还是"超情境",都是"穿越情境"的。

"水平维度"就是这样以发展的情境相对性为前提的,但实际上并不否定"垂直维度"。所谓"水平维度"与"垂直维度"是彼此相辅相成的。更好方向的垂直的变化既不是单纯个人能力的发展,也不是像迁移论那样可以超越情境的过程。各自的情境是相对性(浸润于情境)的进步。另一方面,水平的情境间的移动也不是指单纯的个人场面的过程,而是意味着"浸润于情境"的变化与不同情境之间的接触。就是说,立足于活动理论,无论是"垂直维度"还是"水平维度",学习发展的情境性必须以情境学习作为基础概念,穿越复数情境的"水平方向的移动"与学习者穿越某种界限求得进步的"垂直方向的移动",都是以"情境学习"作为基础相互链接的。垂直运动与穿越水平的运动是相互交织的,这就可以避免"垂直维度"与"水平维度"的二元对立。这样,所谓水平的或者垂直的跨界,是克服分割与分离的文化交流的场所,是异质文化资源的交换,是生产新的知识的创造性知识的变化,不仅知识,而且是全人格的变化,也是人际关系变化的

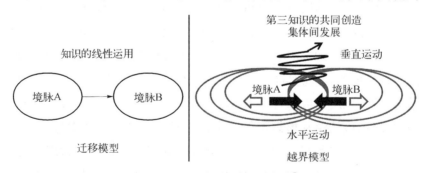

图 2-2　迁移模型与跨界模型①

---

① 青山征彦,茂吕雄二.学习心理学[M].东京:科学出版股份公司,2018:90.

过程。这种情境间的相互发展，一方面是沿着情境之间彼此重叠的方向运动，另一方面是通过更加异质化的相反方向的运动而产生的。这同迁移论的关注环境因素与个人因素的世界观——情境之间基于同型知识而同质化，或是个人知识能否迁移——是大相径庭的。

3. 分散网络学习模型。人不限于特定的社会情境和一个集团，而是参与、接触种种的情境与集团而生活的。从维果茨基的活动理论来看，人类的心智原本是同工具与他者的社会文化关系（情境、集团活动）密不可分的。在现实的社会与实践场所也能够激活类似于学校与研修之类的学习，这种跨情境的学习论谓之"跨界学习"。进入21世纪以来，人们开始挣脱传统的归属特定集团与组织的束缚，从封闭社会的生存方式中解放出来，转向不同领域的多样的人们能够自由地、分散地、自主地参与共同体的创造与变革的分散网络活动和社区活动正在成为主流。这就是所谓的"分散网络学习"。研究表明，从"跨界学习模型"转型为"分散网络学习模型"的发展轨迹显示出如下特征[37]：(1)从集权到分散。(2)批判与反思传统的沟通范式，创造新的范式。(3)扩大"非物质生产领域"——重视信息、知识、情感、沟通与环境创造。(4)强调作为创造原动力的多样性与集合力。(5)强调即兴型与不确凿性。(6)跨界——亦即穿越集团之间、领域之间的边界，恢复被分割而丧失了的联系，求得不同文化特性与异质性的碰撞、交融与创新。拥有这种特质的"跨界"，为孕育"分散网络学习"创造了思想条件。这样，"分散网络学习模型"传承了"跨界学习模型"的特征，拥有分散性、多样性、不确定性，进一步拓展了跨界性。对于学习者而言，从"跨界学习"到"分散网络学习"意味着不再是表层知识的习得，而是深度学习。借助"'真正的实践'（authentic practice），能够学到比教科书的知识传授更为鲜活的知识，能够发现更广域的境脉中运用的知识"。[38]

索耶（R. K. Sawyer）把当今众多国家作为学校改革目标寻求的"有效学习"（深度学习）同基于行为主义的课堂教学进行了对比，揭示了"有效学习"的基本特质，亦即"有效学习"所必需的过程，这就是：新的信息与既有知识的链接；因果关系与证据的探究；基于对话的知识建构；学习者对自身学习过程的反思(如表2-1所示)。

表2-1　深度学习与传统课堂实践之比较①

知识的深度学习(从认知科学的角度看)	传统的课堂实践(教授主义)
• 深度学习所必需的是，把新的观念与概念同既有知识与先行经验链接起来。	• 学习者是把教材当作同自己的既有知识无关的存在来处理的。
• 深度学习所必需的是，学习者能够把自己的知识相互关联起来，形成系统。	• 学习者是把教科书知识当作彼此无关的碎片化知识来处理的。
• 深度学习所必需的是，能够探讨构成学习之基础的原则。	• 学习者仅仅是记忆知识，按照既定步骤实施而已，不能理解其原由。
• 深度学习所必需的是，学习者能够评价新的观念，并将这些想法同结论联系起来。	• 学习者对不同于教科书知识的新的观念感到难以理解。
• 深度学习所必需的是，学习者通过对话理解知识的建构过程，能够批判性地检查论据的逻辑性。	• 学习者把来自全知全能的权威传递的事实性知识与步骤性知识当作静态知识来处理。
• 深度学习所必需的是，学习者能够反思自身的理解与学习过程。	• 学习者只能单纯地死记硬背，不会反思目的与自身的学习方法。

(三) 支撑"有效学习"模型的种种学说

如今有层出不穷的有关"分散网络学习"的学说在支撑着学习模型的演进。可以预言，活动理论将引领未来的有效学习的创造。这里略举数例，可见一斑。

其一，"社会交互作用"说。马克思说："人的本质不是单个人所固有的抽象物，在其现实性上，它是一切社会关系的总和。"[39]"人的卓越的学习能力不仅纯粹是为了生存，而且是超越了纯粹生存的意义而发挥作用的。"[40]人是在社会的交互作用之中发现事物的意义，

---

① R. K. Sawyer.学习科学指南：促进有效学习的实践/协同学习(第二版，第2卷)[M].大岛纯，等，主译，京都：北大路书房，2016：4.

并且围绕其意义展开行动的。所谓"社会交互作用的学习情境"是指面向一个问题解决的目标,拥有同样知识与经验者或者拥有不同知识与经验者,一同分享问题与情境,相互交流,一起展开思考与行动的活动。这种交互作用的过程潜藏着如下的要素:[41](1)提供新的信息与不同的见解。(2)更清晰地界定问题状况,并加以结构化。(3)展开讨论,借以选择与发现有效的解决方略。(4)围绕"导致错误的原因何在,现行的方略是否妥当",作出评价与反馈。在交互作用的过程中至少会产生两种认知矛盾:一种是自他间的矛盾,亦即围绕一个问题,自己的思考与解决方略同他者的思考与方略之间产生的矛盾;另一种是个人内的矛盾,亦即自身拥有的知识、假设与解决方略同课题与问题状况之间产生的矛盾。

其二,"具身认知"(embodied cognition)说。"具身认知"是"一种直觉性认知,是认知中最复杂、最难理解、最难表达的一种学习方法"。[42]在瓦雷拉(F. J. Varela)等人倡导的具身认知说看来,心与外界是不可分割的,人是驱使身体来学习的。通过身体与世界的关联作用,得以创造主体与世界。[43]"具身认知"毫无例外是基于身体的经验,即便是高度抽象化的数学、科学概念的知识,其基础也是身体。"具身认知学习的目的是从通过身体的学习,拓展身体拥有的潜能,培育单凭逻辑思维难以产生的共鸣与情感的潜在可能性,借以培育终身学习的能力"。[44]这样看来,STEM(STEAM)的学习支援,就是"基于认知的具身理论的一种设计"。就是说,课程设计必须借助"具身化设计"(embodieddesign)来进行。立足于经验的学习环境,亦即一种环境设计——既能引导学习者展开反思自身的活动,又能感悟到来自身体活动而获得的潜在意义。这样的学习环境设计势必会产生显著的学习效果。

其三,"分散认知"(distributed cognition)说(或译为"分布式认知")。哈钦斯(E. Hutchins)的研究表明:[45]"认知"不是收藏于个人内部,而是同特定的文化、历史背景,同他者与工具关联在一起的,这就是著名的"分散认知"。所谓"分散认知"是指认知是超越个人而社会地分散的。"分散认知"对莱夫的"合法的边缘性参与"论产生了巨大影响——同样问题的解决,有各种各样的方法,各自必要的知识与工具的运用是不同的。当我们从距离与时间去求解速度的数学题时,我们可以运用种种的工具与知识。哈钦斯指出,这种思考与认知不仅存在于个人头脑之中,而且是同工具与周围的成员编织在一起的一种认知系统。布劳翁(G. A. Brown)从这种观点出发,提出了以"学习共同体"的"分散专业性"(distributed expertise)为基础的学校课堂的学习设计提案。这就是,面对共同的问题,每个学习小组选定不同的下位课题,各自展开专门的探究活动,然后相互交流从而可以更广、更深地展开课题学习。[46]学习共同体的学习活动大体有三个要素——必然课题、研究活动、信息分享。在这种信息共同体中,由于每一个学习者对于共同的课题拥有不同的既有知识与经验,通过相互切磋,就能展开有助于获得更深层理解的学习活动。这种学习活动一旦得到促进,就一定会产生汲取"更深层的学术领域的知识"的必要性,并且这些活动全都会成为"反省性思维"的对象。

其四,"共享认知"(mutually shared cognition)说。小组成员之间的交互作用与彼此之间的对话特征,取决于相互理解与"共享认知"得以达成的过程。"共享认知"是在理解得以共同建构的过程中,在取得共识之际产生的。其假设之一是,在学习小组的交互作用中增加共同建构与建构的纠葛,这将会有助于"共享认知"的发展。假设之二是,学习小组发达的共享认知,将会导致学习有效性的更大提升。在这里,认知工具的重要性显得愈益重要。诸如,研究如何学习者展开如下的支援:对科学数据与信息的收集与存取;提供科学研究所使用的视觉化与数据分享的工具;能够在复数的空间里展开协商、分享信息;建立、构筑与验证模型;制作记录——借助混合媒体来表达学生理解的学习记录;提供同他者互动、分享并讨论他者观点的机会,等等。[47]

其五,"知识经营"(knowledge management)说。野中郁次郎倡导的"知识经营"是指"通过有计划地集结与分享个人的知识与企业的知识资产,借以提升其效率、创造新的价值"。[48]作为经营资源,关注知识,亦即在知识经营中,不仅客观的、明示的、可以语言化的形式知识是重要的,而且从经验中学到的诀窍与技能之类主观的且难以言表的默会知识也是重要的。基于此,他倡导的"SECI模型"中,组织分享知识、创造新知的过程有以下4个子过程:(1)共享化——产生默会知识的过程。比如在休息室里聊天等,在分享时间空间之中,分享个人的经验。(2)表征化——默会知识产生形式知识的过程。比如,建设性对话与之类的讨论,用语言与图示表述出来。(3)关联化——形式知识产生形式知识的过程。比如,微信信息的分享,通过分享知识产生新的知识。(4)内隐化——形式知识产生默会知识的过程。在这些一连串的过程中所要思考的,不仅是个人的学习,而且是作为组织怎样进行学习,这就是有别于学校的"职岗学习"。倘若把学习视为个人的成长过程,那么"职岗学习"的大半是在学校毕业之后。以往的心理学仅仅是关注于学校教育,其实学校教育之后的学习也应当受到关注。

有效学习环境的设计中最基本的参与结构就是"协同学习"(collaborative learning),而实现协同学习的关键在于学习者同伴直面共同"课题"的解决。"在这种过程中易于引发建设性的交互作用。这种过程是几经交替理解与不理解的状态,从而推进课题的解决,以及感受到活动的'效果'是联系在一起的"。[49]这里面包括了既有知识的利用、脚手架的提供、知识的外化与可视化、反思与元认知等。这样,每一个学生就能够从具体的信息开始,逐渐上升到抽象化知识的高度。

三、从"有效学习"模型引出的课程发展方略与教学设计原理

信息社会时代不同于工业社会时代。如果说,20世纪的学习设计是旨在培育优异的"记忆者",那么,21世纪的学习设计就是旨在

培育优异的"思考者"与"探究者"。因此,"支配教育世界的关于'学习'的言说必须彻底颠覆"。[50]爱因斯坦(A. Einstein)说,"我们不能用滋生问题时的思维来解决问题"。[51]我们可以从晚近学习科学,特别是脑科学的"有效学习"模型的研究中,引出诸多颠覆旧有学习观念、创新课程与教学的思路。

(一)"多元智能"理论与脑科学研究的见解

加德纳(H. Gardner)倡导的"多元智能"理论是牵涉学校教育的新的智能理论,他把"智能"定义为"解决有文化价值的问题,创造有价值的文化的能力",由此,加德纳列举了八种智能元素——语言智能、逻辑数学智能、音乐智能、身体运动智能、空间智能、人际关系智能(理解他者的能力)、反思智能(自我理解的能力)、博物智能(自然理解的能力)。这些多元智能在人脑中都有其相应的功能领域。所谓"语言智能"是有效驱使语言的能力;"逻辑数学智能"是逻辑地分析问题、执行数学操作的能力;"音乐智能"是创作、表达或者认知、识别音乐的能力;"身体运动智能"是驱使整个身躯和身体部位,表达自己的深刻与情感的能力;"空间智能"是认知、操作广阔空间范式的能力,或是认知限定范围内的范式的能力;"人际关系智能"是认识他者的情感、信念与意图,圆通地形成同他者的关系的能力;"反思智能"是认识自身的情感、意图以及动机,据以采取适当行动的能力;"博物智能"是能够识别自己周围的形形色色的动植物的能力。这些多元智能同学校教育的学科教学与领域有密切关系,比如,语言智能与语文及外语,逻辑数学智能与数学、理科,音乐智能与音乐科,身体运动智能与体育科,空间智能与图画制作、美术与社会科,人际关系智能及反思智能与道德、课外活动,博物智能与理科及综合学习,它们都各自存在相应的关系。这里表述的关系是相对更强的关系,其实各门学科与领域的学习牵涉到多种智能。多元智能分别拥有各自的脑的功能区,诸如,语言智力——左额叶(布洛卡中枢)与左颞叶(韦尼克中枢);逻辑数学智能——左额叶与顶叶;音乐智能——右颞叶;身体运动智能——运动区、体性感觉区、小脑、大脑基底核;空间智能——右脑后部领域;人际关系智能——额叶(内侧部)、颞叶、大脑边缘系;反思智能——额叶(底部)、颞叶、大脑边缘系;博物智能——左顶叶,等等,各种智能同脑的区域的关联性极高。[52]当然,这些智能与脑区域的关系也是相对强而已,各种智能牵涉到多种的脑区域。学校教育与脑的关系是以多元智能理论作为媒介的。换言之,多元智能理论在学校教育与脑科学之间架起了一座桥梁。

脑科学研究表明,人类的"学习"能力依存于中枢神经系统,特别是构成大脑的庞大的神经细胞所形成的神经元网络的复杂作用。大脑拥有性质各异的多样的认知能力。在成熟的大脑中,一定的认知功能是借助广脉的网络来实现的,这种网络绝不是凝固的,而是具备超强的应变性的。[53]从这个意义上说,"教育即脑育"。所谓"学习即变化"的说法并不是单纯的隐喻,而是一种物理性的事实。就是说,通过学习,人脑会发生物理性的变化。从这种变化的本质来看,借助皮质的神经元传递信号增加,促进更多的神经突触的生长,由此细胞物质的密度提升,同其他神经元的联系增强,从而形成更多的突触。这种变化只在脑中所使用的部分发生。另外,这些变化是由于从事学习体验的特定神经元反复点燃和这些神经的周边存在牵涉某种情感的化学物质而产生的。从其变化的本质来看,所谓"学习"亦即所使用的大脑皮质的功能区,相应地变大、变强,而且得以长期持续。更多的皮质领域被使用,就会发生更多的变化。[54]这就是说,在脑内不断有旧的细胞死亡,新的细胞产生。倘若细胞与细胞之间不链接,其回路不使用,链接就会消失,而链接的强度是随着脑形成了怎样的构造而发生变化的。可以认为,脑是不断变化的极其复杂的生态系统,不限于在儿童时期或在学到了某种新的知识的时候;同时,脑的变化是持续人的整个一生的。"一切的感觉、一切的思考——每当学到某种经验之际,总会刻下其痕迹,发生些许的变化。今日的脑同昨天的脑并不是一样的。脑,永远是处于发展中的未完成品。"[55]从脑科学的角度看,所谓"学习经验"可以视为大脑新皮质的四个主要区域(感觉区、后联合区、前联合区、运动区)得以活用的设计。由此可以断定学习的四个基本支柱。所谓"支柱",就是收集信息、展开反思、进行创造、实施验证这四个部分。科尔布(D. A. Kolb)的"学习周期"说——从把握具体的经验开始,经由反思与抽象化(创造能够运用的理论)以实验告终,[56]活动学习的理论与"有效学习"的研究大体体现了这种逻辑。

(二) 学校课程与教学革新的方略

多年来我国的应试教育的课程设计是以"重脑力轻体力"、"重认知能力轻非认知能力"、"重学科知识轻跨学科素养"为基本特征的,同新时代的"核心素养"的改革大潮格格不入。我国的课程发展方略应当反其道而行之,求得三者的均衡发展。

1. 求得脑力与体力的均衡发展。"健全的心智寓于健全的身体"——这句古老的格言是颠扑不破的真理。人是身心统一体,"体力决定智力",体力好了,脑力也会好。决定一个人的"脑力"(学力)的,不是学习时间,而在于体力,而"运动是支撑脑的学习功能的基本要素"。脑科学研究表明,脑的最重要的特质就在于"神经可塑性","运动使得35%的脑神经成长因子增加";"通过运动,无论是成人还是儿童的脑都会发生戏剧性的变化,运动使得儿童的基础学力(读、写、算能力)得以发展,智商(IQ)也同样得以提升"。[57]这是因为,"运动使得牵涉思维与情感的神经传递物质以及神经化学物质保持平衡,而一旦保持了这种平衡,将会改变整个人的一生"。[58]由此可见,体育运动对于人们的思考方式、感悟方式乃至人生的成功是何等重要。可以说,在儿童作为学习者的发展中,体力与脑力同等重要。运动不仅锻造体力,而且也是锻造脑力的唯一路径。然而,体育运动的这种不可替代的价值却在应试教育的背景下被扭曲和边缘化了。

2. 求得认知能力与非认知能力的均衡发展。促进个人成功与社会进步的能力是多元的。世界各国的教育政策与实践越来越关注影响个人命运与未来成就的重要能力——"非认知能力"。根据经济合作与发展组织（OECD）的"社会情感能力"（或译"非认知能力"）的研究表明，两种能力都是重要的。[59]阅读能力、运算能力、问题解决能力等认知能力固然重要，但创造性与批判性思维、忍耐力、自制心、抗逆力等非认知能力同样重要。可以说，"21世纪型能力"兼具了认知要素与非认知要素两个方面。非认知能力是源于其人格成长起来的，同时它的发挥与发展是通过包括家庭与友人关系，特别是幼儿教育在内的学校教育，才得以发展的。这样，非认知能力是可教的。这个发现极其重要，如今正在改变着当代世界的教育改革动向。格外重要的是，非认知能力的培育是以良好的师生关系为前提条件的。认知神经科学与社会认知神经科学的研究证明，"教师与学习者之间一旦形成某种特定关系，脑内就会发生变化"，"师生之间的社会交互作用有助于提升信赖关系的构筑、融洽学习者的情感，增强学习者的脑的可塑性，促进学习者的发展"。[60]

3. 求得学科素养与跨学科素养的均衡发展。学科学习与跨学科学习是形成"核心素养"所必须的两种学习方式，两者相辅相成。跨学科的综合学习不同于学科学习。学科学习是以母学问为基础系统地组织教学内容的，而综合学习是超越学科边界而进行的学习。这里所谓的"超越学科框架"包含两层含意。一是，以儿童学习者的生活与经验为基础，组织学习的生活教育与经验课程的思考方式。基于这种立场，就得从儿童的兴趣、爱好、愿望、需求出发，指向更好地生活的学习。这是一种儿童自身设定问题而展开探究的综合学习，是有别于学科学习的一种教育观与儿童观。二是，旨在更好地达成学科教学的目的而琢磨教学方法的一种综合学习。比如，国际理解、信息、环境、福利、健康等现代学习课题并不局限于一门学科的框架。通过超越学科框架构成单元与模块的学习活动（合科教学），或者通过各门学科相互关联（关联性教学），促进多角度、多层面的理解。这种作为综合学科单元的综合学习，可以说是学科教学的延伸。综合学习的优越性在于：(1)在探究过程中，掌握课题解决所必需的知识与技能，形成有关课题的概念，理解探究学习的优越。(2)从实际生活中发现问题，能够自己确立课题，收集、整理、分析、归纳与表达信息。(3)在探究学习中通过主体性、协同性的活动，有助于学会彼此互动的人际关系，养成积极的社会参与的态度。综合学习无需教科书，因为它不是教师预设内容的教学，而是适应学习者的需求设计学习活动的。探究课题是基于学习者的"想知道"、"想解决"的愿望而设定的。在探究中拥有超越了学科的广域性。综合学习的主体是学习者，但这并不意味着一切听凭学习者，放任自流。学习者要达到"自己发现课题、自己学习、自己思考，主体式判断、更好地解决问题"，就得有来自教师的适当支援。

(三) 促进"有效学习"环境设计的基本原理

"有效学习"是建构主义的概念界定。在讨论"学习"本质的场合，一般会联想到学习过程中的"记忆"、"理解"、"洞察"、"行为变化"、"技能熟练"之类的术语，这些术语往往是交叉重叠的。不过，建构主义关注的是"意义的建构"，亦即把"理解事物之意涵"作为聚焦点。在这种意义建构中个人要素与社会侧面同样是不可或缺的。"有效学习"环境设计的根本宗旨在于，借助"学习共同体"实现"协同学习"，培育每一个学生成为"学习的主权者"。不过，要实现这个宗旨并不容易，首先需要排除"学习的异化"。"学习的异化表现为三种状况：学习对象（内容）的丧失；学习伙伴的丧失；学习意义的丧失。真正学习的实践无非就是克服这三种异化的实践。"[61]

因此，学习科学所谓的"有效学习"并不是指传统意义上的"学习"——学习者被动地接受来自教师、电脑与书本的信息之时所只能产生的"表层学习"，而是指"某种社会交互作用的结果"——"学习者基于世界经验与交互作用，能动地建构意义之时所产生的深度理解，亦即教师、学生、共同体的成员浸润于某种情境的活动之中，建构共同理解之时所产生的学习"，[62]或可称为"有意义学习"（meaningful learning），或是"深度学习"（deep learning）。"深度学习"唯有在学习者必须综合地思考有意义的课题时才能产生。当学习者深入地探讨意念，学会重要原理与原则的关联性时，才能导致学习者把自身理解的知识运用于未知的情境当中。这样，就可以形成"综合性理解"（integrated understanding）。

学习科学通过对"有效学习"的认知的、情感的、生物学的及其他分析视点的研究，揭示了促进"有效学习"环境设计的若干基本原理：原理一，学习者是"有效学习"环境的核心参与者，种种的活动以学习者的认知与成长作为重点目标，因此，学习活动需要通过学习者积极地参与和能动地探究，建构自身的学习。这种环境以"自主性学习者"的培育为宗旨。原理二，教育神经科学揭示，人是通过社会交互作用而展开学习的，学习的组织应当保持高度的社会性。因此，"有效学习"的环境应当成为学习的社会本质之基石，积极地促进组织优化的协同学习。原理三，学习是基于情感、动机、认知的动力性交互作用的影响而产生的。学习者的自我肯定感对一般学科与特定学科的"深度理解"与"学科素养"的形成非常重要。"有效学习"环境内的学习专家应当高度地协调学习者的动机作用与成功感的重要作用。原理四，学习者的学习基础，包括既有知识、思考方式、学习风格与方略、兴趣、动机、自尊心、情感，以及其语言背景、社会背景之类的社会环境因素是多种多样的。有效的学习环境对于学习者之间的个别差异（包括既有知识的差异）格外关注。原理五，求得所有学习者的发展。通过正确地把握学习者的个别差异与个人需求，能够提供得以充分达成的挑战性课题，从而超越既有的达成水准与能力。有效的学习环境要求精心组织多样化的教学程序。为了保障有意义的学习时间，应当避免过分简单化的课题，也应当避免过高的要求与过重的负担。原理六，有效的学习环境伴有明确的期待，能够展开同这种期待相应的形成性评价方略。在这里，特别强调支撑学习的有意义反馈。原理七，学习的重要特征之一在于，通过形成层级化的知识内多个基本要素而形成复杂的知识结构。倘若学习者能够出色地形成这种知识结构,那么就能产生有助于知识迁移的理解能力。这就是21世纪型的重要素养。对于学习者而言,理解"关联性"与"跨学科知识"的能力,亦即理解超越了学校的更广阔的环境与社会之关联的能力,格外重要。"真实性学习"正是产生这种能力、培育"深度理解"所需要的。有效的学习环境应当超越知识与学科的边界,强有力地促进"跨学科知识"的理解。[63]

应试教育造成的学校课程与教学的"异化"衍生了诸多教育的丑陋与悲剧。这是同"有效学习"研究的一系列发现与见解背道而驰的,也是有悖于社会主义教育的根本使命的。我国的基础教育界应当而且一定能够汲取当代学习科学的成果,从学校课程的理论层面和实践层面荡涤"应试教育"的污泥浊水,精心描绘新时代学校革新的蓝图。

参考文献

[1][3][8][35][53] 佐伯胖."学习"的认知科学事典[M].东京:大修馆,2010:1,6,10,117,295—296.

[2][6][22][23][24] A. C. Ornstein,等.课程:基础、原理和问题[M].柯森,主译.南京:江苏教育出版社,2002:142,142,14,204,108—109.

[4][58] J. J. Ratey 运动:锻造脑力的唯一路径[M].野中香方子,译.东京:NHK 出版公司,2017:48,51.

[5] 永江诚司.教育与脑:运用多元智力的脑科学[M].京都:北大路书房,2008:60—62.

[7][9][11][17][18][19][20][37] 青山征彦,茂吕雄二.学习心理学[M].东京:科学出版股份公司.2018.2,8,10—11,25,27,34,26—35,94.

[10] 今井むつみ,野岛久雄,冈田浩之.何谓人的学习:认知学习论的视点[M].东京:北树出版股份公司,2012:216.

[12] 维果茨基."最近发展区"的理论[M].土井捷三,神谷荣司,译.大津:三学出版公司,2003:63—64.

[13] 恒吉宏典,深泽广明.授业研究:300 重要术语基础知识[M].东京:明治图书,2010:73.

[14][29][30][31][32][33][36] Y. Engestrom.拓展学习:活动理论的研究[M].山住胜广,等,译.东京:新曜社,1999:187,2—4,8,363,360,8—9,3.

[15][52] 永江诚司.教育心理学关键概念[M].京都：北大路书房,2013：122—130,11.

[16][63] OECD教育研究革新中心.学习的本质：从研究的运用到实践[M].立田庆裕,平泽安政,主译.东京：明石书店,2013：55—56,396—399.

[21][25][26][34][38][43][47][49][62] R. K. Sawyer.学习科学指南：促进有效学习的实践/协同学习(第二版第2卷)[M].大岛纯,等,主译.京都：北大路书房,2016：1,209,208—209,21—22,4,92,22,147,22.

[27][28] 中村和夫.维果茨基的发展论：文化历史理论的形成与展开[M].东京：东京大学出版会,1998：216,216.

[39] 中共中央马克思恩格斯列宁斯大林著作编译局.马克思恩格斯全集(第2版第1卷)[M].北京：人民出版社,1995：60.

[40] 宇野忍.教育心理学[M].东京：中央法规出版有限公司,2007：33.

[41][46] 高垣マユミ.授业设计的最前沿[M].京都：北大路书房,2005：5,2—3.

[42][44] R. L. Lawrence.具身认知[M].,立田庆裕,等,译.东京：福村出版公司,2016：4,17.

[45] R. K. Sawyer.剑桥学习科学手册[M].徐晓东,等,译.北京：教育科学出版社,2010：95.

[48] 野中郁次郎,绀野登.知识经营的进展[M].东京：筑摩书房,1999：7.

[50][51] R. L. Ackoff, D. Greenberg.颠覆教育：理想学习的设计[M].吴春美,大沼安史,译.东京：绿风出版公司,2016：10—11,124.

[54][56][60] S. Johnson, K. Taylor.脑科学揭示的成人学习[M].川口大辅,长曾崇志,译.东京：human value股份公司,2016：16—17,18,97.

[55][57] A. Hansen.一流的头脑[M].御松由美子,译.东京：サンマーク出版股份公司,2018：31,239—253.

[59] OECD.社会情感能力：向学力[M].无藤隆,秋田喜代美,主译.东京：明石书店,2018：20—23.

[61] 佐藤学.协同学习的课堂,共同成长的学校：学习共同体的改革[M].东京：小学馆,2015：162.

中编

"有效学习":
学校变革的主题

3

颠覆"常识"的新常识
——学习科学为课堂转型提供实证依据与理论基石

教育即脑育。本真的教育一定是从培育儿童的"素质"开始的，抗拒"从应试教育向素质教育转轨"的言行是荒谬绝伦的。当前，学习科学积累了诸多颠覆旧常识的新常识，为新时代基于"核心素养"的课堂转型提供了实证依据与理论基石。

一、学习科学研究带来了哪些新常识

在学习科学看来，所谓"教育"是控制与补充脑的神经回路网的建构所必需的外部刺激的过程。这样，与教育密切相关的"学习"，就被视为"借助来自环境的外部刺激来建构神经回路的过程。也就是说，"由于通过学习而决定了所建构的神经回路的性质或方向，所以教育可以视为有意识、有计划、有组织地控制与补充来自环境的外部刺激的活动"。[1]日本脑科学家林成之教授在《影响脑的七种恶习》中强调，"教育即脑育"。[2]美国哈佛大学教授瑞迪(J. J. Ratey)在其《火花》(SPARK)一书中则指出，"运动是优化脑功能的唯一的最强有力的手段"。[3]唯有借助"学习"与"运动"，才能使得人类"生命的火花"得以绽放。

（一）学习科学的新发现

学习科学围绕研究人类的思维与学习过程，或是记忆、语言、认知发展,展开了认知科学与脑科学的研究,同时,通过所建构的理论在教育实践中的验证,对于教育现场作出了贡献。目前,学习科学,特别是脑科学积累了有关学校教学的重要发现,这些发现概括起来有如下四点。

1. 智能(智力或能力)是可变的。大约半个世纪以来的关于智能的研究成果证明,人类的智能不是一个,而是多侧面的。加德纳(H. Garder)在1983年倡导人类拥有七种智能,后在1999年时提出人类拥有八种智能——语言、逻辑数学、音乐、身体运动、空间、人际关系、反思、博物,尔后又提出了生存智能。不过,这些智能各自的优势程度是因人而异的,而且这些智能不是各自独立的,在日常生活中是兼而有之、相互影响而发挥作用的。[4]事实上,在此之前,有众多心理学家提出了各自的理论主张。比如,斯滕伯格(R. Sternberg)倡导"三种智能理论"——分析力、实践力、创造力。在这两位学者之前,有桑代克(E. Thorndike)的抽象智力、具体智力、社会智力三因素论;沙士顿(L. L. Thurstone)的包括空间(S)、知觉(P)、数(N)、语言理解(V)、记忆(M)、语言流畅性(W)、推论(I/R)等的"多因子说";吉尔福特(J. P. Guilford)所倡导的"结晶性智能"与"流动性智能",等等。可见众多学者都揭示了多样智能的存在。[5]尽管智能的名称多种多样,但教育学家与心理学家在如下三个要点上取得了一致的见解:(1)人们是用不同的方式进行思考、学习与创造的;(2)所谓"发挥潜在智能"是指学到了什么与学习对发挥自己优势能力有着巨大的影响;(3)有必要为学习者提供挖掘与发展其多样智能的机会。

2. 人脑具有"可塑性"。从19世纪末到20世纪初,人们认为智能是与生俱来的、不会变化的,或者说,个人之间的个别差异不可缩小,是"唯上智与下愚不移"。简言之,智能是由遗传决定的,在人的整个一生中不会有多大的变化。但随着研究的进展,人们发现智能是受到周围环境、教育以及人际关系的影响而发生变化的。环境的特性、教育的内容、相关者的人格及其影响方式,可以使智能方式达到相当高水准的发展,这就是所谓的"交互作用说",即智能是在遗传与环境交互影响下形成的。所谓"智能",是通过观察人类与动物的行为来说明其智力水准高度的差异的,所以它是一个以这种行为作为基础而设定的构成概念。如上所述,有关智能的定义,不同的研究者是不同的,但至少是基于抽象思维能力、适应能力、学习能力、天生素质、洞察力、动作特征之类来界定的。但另一方面,所谓"学力"是基于教育目标,通过学校课程的学习而获取的认知性、情感性、技能性能力。因此,也可以把"智能"解释为学习的可能性,而"学力"则是学习的结果。其实,按照德韦克(C. S. Dweck)的研究,[6]认为智能是与生俱来的人,恐惧失败、回避失败,他们把失败看作是能力生来就劣等的缘故;而认为通过努力智能会提升的人,敢于挑战值得欢迎的失败,实际上能力也就提升了。可见,与其说"能力"是学习的"成果",不如说是"成长的意识"更为重要。晚近一个革新性的发现是,神经拥有可塑性,脑是可锻练的。"脑科学发现,脑自身具有持续变化的性质。这种变化尽管缓慢,但变化的性质本身却不会丧失。倘若持续学习,就能习得新知识。另外,脑一旦拥有发展的某种能力,别的能力也就能够得到多大的发展。一旦精通了某种能力,也就会拓展新的优势领域",[7]"一切的知识与记忆,是我们的神经细胞及其通路所引起的生理现象。脑生来就不是固定不变的,脑是柔软的、可变的,每当有新的任务便能加以重组的。"[8]人脑同肌肉一样,是可以通过锻炼得到发展的。换言之,智能并不是天生决定的,或者并不是在人的早幼少时期就被固化了的。通过提供多样化的学习经验,可以扩张多样的智能,这就打破了把智能视为凝固不变的见解。神经元越是使用就越是增加,因而得以成长;反之,越是不使用,就越是退化。活跃地学习意味着脑功能本身的提升,我们并不是以"聪明"与"笨蛋"的方式被左右一生的,而是能够永远发展自己的智能的。因此,教师的重要作用是,无论面对怎样的探究课题,也无论学生的水准如何,都必须给学生提供适当的机会,提供让他们得以持续发展自身的脑力所必要的理解与练习的机会,一直到其形成习惯为止。

3. 人脑着力于寻求意义。随着医疗领域的脑成像技术的进步，我们可以看得见人脑是如何发挥作用的，由此获得的发现迅速地拓展到人们对教与学的理解上。如今，我们可以知晓学生学习的时候脑是怎样发挥其功能的。"脑有两个癖好：自我保护与统整信息。"[9]脑总是在寻求有意义的范式，排斥无意义的东西。它不能保留碎片化的信息，却能够极其有效地以模块化的形式记住信息的意义得以揭示的主要概念与判断，并总是不断地将局部链接成一个整体。因此，把新的知识同业已知道的知识链接起来，就是人的学习。脑在发现信息本身的意义上比之灌输现成的信息能更有效地学习。脑对于表层的意义并不怎么反应，但对于发现深层意义——同自己的生存方式相关联的，或改变认识的，或诉诸情感的有助于个人发现其深意的信息，却能够有效果、有效率地做出反应。"学习"是未知知识与已知知识的链接，教师必须为学生提供新旧知识链接的机会。即教师必须做到：明确所教学科的重要的概念、原则与技能；洞察学生的学习需求；利用这种学习需求，为每一个学生提供他们能够把既知的知识与教学要求的内容关联起来、求得理解、参与学习的机会。每一个人的脑都是独一无二的，学生的个性是多种多样的。由于"脑会对感觉器官接收到的信息贴上或好或恶的情感标签"，[10]教师有必要对不同的学生提供他们能够理解的新观念与信息。在新信息同旧信息相关联之际，对于某个学生而言是新的信息，而对别的学生而言可能是旧的信息。从这些研究可以明白，课程的设计必须是有助于活跃学生的意义建构的。课程应当以概念、论断和原理的形式构成，但有意义的课程应当建基于同学生的兴趣爱好具有关联性的基础之上，引出学生的情感与经验。如果要让学生能够理解与运用概念、信息与技能，那么，我们就必须为学生提供以真正学习者的身份参与真实的学习活动的机会，亦即为学生提供学生掌握这些知识、技能所必需的机会。

4. 适度的挑战往往营造"最优的学习"。脑科学研究证实，当我们为学生提供适度的挑战时，有助于学生展开最有效的学习。对于学生而言,过分艰深的课题会使他们感到威胁,从而选择自我保护的机制,以致不可能持续地思考与从事问题解决;而过于简单化的课题,会使学生处于悠然自得的状态,抑制其思维与问题解决的运用。具有适度挑战性的课题,可以让学生踏上未知世界的征程,能够使其孜孜以求,并且通过获得的帮助,最终达于新的理解。换言之,过分艰深的课题与过分容易的课题都会使学生丧失学习的欲望。所以,应该让学生理解到,要持续地学习就得不懈努力,这样才会获得良好的结果。另一方面,教师必须认识到,适度的挑战并不是一成不变的,伴随着学生的进步,挑战的难度应当不断提升。这些新的知识也为教师提供了重要的启示:对某个学生来说提供适度的挑战,而对别的学生只提供些微的挑战。因此,把每一个学生的学习课题调整到最优的学习领域,不断提升课题的复杂性与挑战难度,就能够使学生意气风发地持续展开学习。

(二)学习科学的新见解

学习科学的研究告诉我们,教育具有两个作用:其一,人格的形成。教育的最终目标之一就是人格的形成。人格包括自我的确立与他者的认识、社会性的获得、丰富的情感发展与灵性的理解等,可以说,支援建构人格的各个要素的发展是教育的重要功能。通过人格的形成,有助于培养学生对真善美价值的认识、有助于帮助学生获得支撑其生存能力的价值观,以及形成其对他者的怜悯之心与共鸣心态。其二,生存能力的培育。教育的宏观目标就是培育拥有"核心素养"的能力,特别是"4C"(批判性思维、沟通、协同、创造性)。据此,衍生出一系列新的见解。

1. 全人教育与全员教育。儿童拥有的多元智能不是均质的,有专长与非专长之别。每一个儿童都拥有发展自己专长的能力,在他们主动地运用这种专长的过程中,他们的智能能得到更好地发展,借此达成智能的个性化。

2. 21世纪型能力。在知识社会,摆脱旧有知识习得的学习观,基于知识创造的学习观——"21世纪型能力",成为各国教育改革的共同主题。因此,承担学校改革的引领作用的除了立足于知识创造的学校观的学习科学之外,没有其他路径。那么,学习科学描述的"21世纪型能力"究竟是怎样一种能力呢?可以说,"21世纪型能力"必须具备"DPS"三个条件。[11]第一个条件是"可信赖"(dependable),意味着基于可信赖的学术依据的能力。在传统的学校教育中,是不可能培育旨在可信赖学术依据的能力的。第二个条件是"可迁移"(portable)。在传统的学校教育中是不可能满足可迁移能力的,因为学生掌握的知识不过是为解答学校试题而运用的,这种应试能力在学校之外是不起作用的。第三个条件是"可持续"(sustainable)。这在传统的学校教育中也是满足不了的。因为在传统的学校教育中,学校是离开了学校的本来目的——自我形成过程,也就是说,对于人而言,学习的本来目的是旨在实现自我、促进自我成长。然而在传统的学校教育中是不问这种学习目的与价值的。这样,当学生一味追求毕业和升学的功利而不问学习真正的目的与价值的时候,是不可能培育终身学习所需要的可持续的能力的。

3. 从"重考分"转向"重素质"。"应试教育"充塞着有悖于人类思维机制的"减法式思考"。林成之打了这样一个比方:"学校要求的目标是聚焦考试得100分。倘若得了30分,还差70分;倘若得了80分,还差20分,于是'还不行'。这是'减法思维'。反之,脑的思考总是由不同的神经核的链接而产生的,各自的功能是不同的。起初谁都可能得30分,这是理所当然的。一旦解决了此问题,明日就可能得50分,一周之后就可以得100分。这是一种'加法思维'在起作用。尽管最初得分低,但最后学习者自己能够运用适当的方法找到解决问题的策略。"[12]在这里,他用浅显的比喻说明了应试教育"重考分轻素质"是有悖于大脑神经细胞活动的规律的,"应试教育之所以出不了成果,就在于没有正确地运用脑科学知识"。他从人脑的成长机制出发来思考教育,归纳了儿童存在的十种恶习——(1)了无兴趣,无动于衷;(2)充斥"不行"、"不能"、"认输"之类的否定词,动辄就打退堂鼓;(3)动辄"以后再说";(4)缺乏专注力,心不在焉;(5)敷衍了事;(6)把旁人的教诲当耳边风;(7)惹是生非,不尊重人;(8)懒于复习,不咀嚼学过的知识;(9)不承认自己的缺点、弱点,油腔滑调;(10)患得患失。[13]本真的教育一定是从培育儿童的"素质"开始的,抗拒"从应试教育向素质教育转轨"的言行是荒谬绝伦的。无论是成人的脑还是儿童的脑,都一样会成长。在这里,"重要的是脑感到'喜欢'与'快乐'的学习。这不是唯心论,而是因为脑功能有受情感左右的一面。当产生讨厌的心情之时,就会分泌出疲惫荷尔蒙,司记忆的海马与颞叶的脑细胞就会萎缩。相反,当产生喜欢的感觉之时,脑原本的功能就会得到发展。另外,位于海马的司情感的扁桃体也会影响到海马的脑细胞,强化记忆。进而,人们的知性、好奇心越是强烈,承担信息的记忆、操作与高阶认知功能的额叶越难以萎缩"。[14]

4. 实现课堂转型的三个重心。第一个重心是求得"习得功能"与"活用功能"的平衡。传统的学校教育处于两种对立的学力观(学习观)之间摇摆,亦即在重视"习得"的学力观与重视"活用"的学习观之间摇摆。这样,"习得功能"与"活用功能"是彼此割裂的,学校的学习因而变得索然无味,导致学力"质的低劣"。因此,21世纪的学校教育需要消解这两种学力观(学习观)的二元对立,推动旨在求得两种学力观(学习观)的统一的学校变革。学校教育应当求得"习得功能"与"活用功能"的平衡,使学校真正成为"有意义学习"的场所。第二个重心是培育"元认知能力"。元认知能力可以比喻成"车的方向盘",就是说,车的左轮是"习得功能",车的右轮是"活用功能",把控车的两个轮子的是"元认知"。这种车轮的把控,意味着学校中习得的学校知识同日常生活中所必需的日常知识关联起来,通过元认知的作用,实现知识的活用。然而学校中习得的学校知识大多是旨在求解良定义的问题(唯一的正解与解决方法被明确定义的问题)的知识,而日常生活中碰到的大多是不良定义的问题(不可能有唯一的正解与解决方法不能明确定义的问题)。因此,培育元认知能力是同培育运用能力相关的。况且,借助这种元认知能力,可以把"应当如何生存"这一个性化课题同"应当学习什么"这一社会化课题相互关联起来,促进自我成长的实现。第三个重心是,培育终身学习所需要的真正学习动机。这种真正的学习动机可以比喻成"车的引擎"。它使"知识创造模型"的学习得以终身持续,这种引擎是不可或缺的。所谓真正的学习动机指的是:(1)拥有对学习的兴趣与爱好,能够感受到掌握新的知识与技能的喜悦与成就感。(2)不是听命于教师的指令,而是借助真正源自内心的内发性动机,形成自律性的学习活动。(3)这种自律性的"学习态度"在日常的生活中成为"学习习惯"而得以固化。

学习科学的新发现与新见解,为课堂教学的创造提供了强有力的实证与理论支撑。对于一线教师而言,理解"全人教育"与"全员教育"的意义,实施"全员参与"的教学,是实现课堂转型的一个关键性课题。

二、"全员参与"的教学哲学与教学原则

教学的本质在于每一个儿童的人格成长与学力形成。教学的最重要的作用是形成儿童所期许的学力,关键是"全员参与"的哲学,唯有如此,才能回应儿童的期待、家长的期待、社会与国家的期待。这就是说,所有儿童拥有向上的欲求,保障所有儿童的学习权,是学校教育应当承担的责任。[15]

(一)"全员参与"的教学哲学

保障所有儿童的学习权,就要认识到,任何一个班级,不管其"同质性"如何,学生的既有知识(准备)、兴趣爱好、学习方式、学习动机都有相当幅度的差异。因此,教师必须把学生视作一个"整体的人",持续地探明其学习目标达到了何种程度。当这种知识以促进成长的方式(调动每一个学生的准备)、以提升学习动机的方式(激发每一个

学生的兴趣爱好)、以有助于提升学习效率的方式(激活每一个学生的学习经验)展开有弹性的和能够应对所有"差异"与"多样性"的指导时,才称得上"全员参与的教学"。[16]换言之,能够最大限度地发挥"全员参与的教学"的潜在力的是,在理解每一个教师的这种可能性的基础上,为多样的学生寻求优质与公平的保障学校与班级的创造。这是因为,不管哪一个学生,成功体验的持续与学习动机的持续,将在很大程度上影响着他们的未来。学校存在的意义就在于,为所有学生提供均等的机会。公平与优质对所有学生都是最重要的课题。对于担心落后的学生而言,唯有最优秀的教师通过提供课堂之外不能给予提供的体验与期待,才能实现公平性。为了实现所有学生自身拥有的潜能,每一个学生都拥有获得来自教师的乐观主义、热情、时间与努力的权利。不容许教师以种种的理由——无能的儿童、困惑的儿童、失意的儿童、捣蛋的儿童——排斥在外。提供旨在实现优质的公平性,是今日学校教育的最为迫切的课题。

　　以往的中小学大体采用三种方式来满足多样的学生的需求。其一,最普遍的形态是,几乎无视每一个学生的学习需求,采用划一的方式编班,实施"划一教学"。其二,以一门学科或是几门学科成绩差,跟不上教学进度作为理由,集中在特别班级、集中时间进行"分层教学"。面对这种特别的班级,教师的期待值往往下降,将教材简略化。换言之,教师往往把这些学生视为"问题儿童"、"低学力儿童"来看待,或者以需要特定的"学习方式"、具有的"认知方式"的儿童来看待。在这里,事实上教师听不到儿童真正的声音,无视他们的可能性。这些学生就像"囚犯"那样被压抑,这实际上是一种"精神遗弃"。其三,全员参与的教学。积极向上地正视"参与",在能力差别不一的班级里,正视学生的学习需求。满足所有学生的学习需求是教学计划的出发点,其结果对于所有学生而言,就有可能推进学习共同体和公平性与优质性,使所有的学生成为课堂的主人。研究发现,在教师专业性的支援下,满足多样学生的需求,实现超越学习目标的优质课程与全员参与的教学是可以做到的。众多研究发现,在过去的一百年间,许多领域都接受了革新与成长,唯有教育界停滞不前。[17]那么,我们应当怎样才能实现全员参与的教学呢?

汤姆林森(S. A. Tomlinson)强调,全员参与的教学必须立足于如下前提:(1)学生拥有的体验、准备、兴趣爱好、能力、语言(听说读写)、文化、性差、学习方式是不同的。要发展每一个学生的潜能,教师就得把握每一个学生的不同的起点,借以实现真实的成长。(2)无视学生差异的班级,特别是从"平均主义"出发,是不能发展有显著差异的学生的潜能的。要提升学生的成绩,教师不是让学生去适应课程,而是修正课程,让课程去适应学生。指向最优的教学实践是全员参与的教学的出发点。否定教与学的最优理解的实践,即便是做了修正也几乎是没有意义的。(3)任何教学倘若不能让学生孜孜以求地探究知识,那就只能归于失败。全员参与的教学为所有学生提供优质服务,给予每个学生以各尽所能获取成长的机会,它有助于每一个学生掌握基础学力与成功人生应有的思维方式与活动方式。

(二)"全员参与"的教学原则

世间不存在放之四海而皆准的教学方法。在一间教室中集中了多样学习方式与学习准备的学生,划一的教学计划与教学单元是不可能让有差异的学生全神贯注的。因此,全员参与的课堂并没有划一的模式。不过,在指向所有学生提升的课堂里,存在若干共同的特征。探明这些特征有助于理解全员参与的教学的本质与目的。

第一,学习环境积极地支撑学生与学习。在全员参与的课堂中,学生热衷于学习的关键是这种学习环境。实际上,教师明白,学习环境、课程与教学这三个要素是密切相关的。学习环境影响学生的情意,进而影响到学生对事物的认知与学习。创造有魅力的学习环境和全员参与的课堂,教师应当做到:(1)学生应当受到接纳与尊重。(2)教师相信学生是拥有学习能力的,一定会全力支持学生的学习。(3)学生展开协同学习,借以支撑彼此的成长。(4)无论成败都是学习过程所需要的,课堂是学习成败的友好的场所。(5)只要努力,就会有成长。(6)课堂中的决策与教学的进步是所有学生获得成功所必需的。

第二,教师应当细心体察每一个学生的差异。全员参与的课堂的教师要懂得:人有种种不同的需求层次,尽管努力的场所不同、时间的制约不同、支援的环境不同,也总是有一些共同的基本需求的。所以,用划一的教学计划让所有学生有效地学习完全是一种幻想。教师应当针对重要的学习内容,准备多样的学习路径,帮助学生,让他们自己找到学习得以成功的路径。换言之,教师应当对每一个学生伸出自己的援助之手,回应其认知与情意的多样性。

第三,课程应当为支援学习者而编制。在全员参与的课堂里,教师应当综合地关注各门学科的重要知识来编制课程。在每一个学生获得成长与成功的过程中,保障教师、学生、课程以及教学的密切协调,特别是让学生明白每一个学习课题的意义、趣味性与适切性。

第四,评价与教学不可分离。在全员参与的课堂里,所谓"评价"就是持续不断地诊断,就是日复一日地获得学生掌握有关特定概念与技能的准备、兴趣爱好与学习方式的数据,包括帮助学生明确学习的目标;帮助学生基于这种目标,提升对自己现状的认识;帮助学生针对这种目标制定确凿的学习计划;促进学生根据设定的目标与成功的标准,分析自己应当做什么。这将有助于学生持续地提升评价作为学习者的自立性、主体性和自我效能感。在评价中,教师与其列举学生的差错,不如帮助学生明白如何去表现自己获得的知识与理解。

第五,教师应视学生的多样性而变通学习的内容、方法与成果的表达。学生的准备、兴趣爱好与学习经历是不一样的。所谓"准备"是指学习伊始时特定的知识、理解与技能的最初状态。比如,对于准备不充分的学生需要做到:(1)确认此前学习的缺陷,进行补救。(2)增加个别指导与练习的机会。(3)切勿赶进度,宜采取缓慢的节奏展开教学。对于准备度高的学生则应当做到:(1)进行反思业已习得的技能的练习与理解。（2）采用更难的读物之类的复杂的、开放的、抽象的、多方面的获得与成果表达。（3）采用多样的学习进度。归纳起来，"实现有效学习"的原理是：（1）学生总是带着左右教学成效的既有知识走进课堂的。（2）学生要超越课堂的知识，就得运用概念化的知识。[18]

第六，师生协同，教学相长。教师是教学设计的主要责任者，但也必须有学生的大力支持。师生要一道计划、确立目标、管控进度、分析成败，摸索成功的经验，汲取失败的教训。教师的决策既有针对全班的，也有针对每一个学生的。在全员参与的课堂里应以学生为中心。学生不是课堂的客人而是主角。教师应提供时间、场所、决策以及活动的设计，支援学生自身去实现班级的教学目标与其自身的学习目标。

第七，教师应当致力于班级达成标准与个人达成标准的均衡。在全员参与的课堂里，教师要理解所期许的班级的达成标准和每一个学生的达成标准。教师有两个目标。其一，尽快地提升学生现时的知识、技能和理解，让学生达到深度思考，并能理解和运用重要的技能。其二，面向班级目标乃至超越班级目标，促进学生的健康成长。换言之，在每一间教室里，教师应在年龄与学年两个方面指向重要的学习目标，持续地把握每个学生的成长与班级目标。

第八，全员参与的课堂就像一个管弦乐团，班级拥有各种各样的学生，教师要应对不同学生的不同需求，采用不同的方法展开活动。学生的分组应当根据学生的需求与教学的内容而定，而且应当是灵活的、流动的。分组布置的课题应当根据该组成员的能力强弱来设计，不应有"理想儿童"、"问题儿童"的划分。学生自身也可以相互决定。既有教师是第一个支援者的情形，也有学生是最好的相互支援者的情形。在全员参与的课堂中，教师应当聚焦的不是班级整体，而是每一个学生和小组。

（三）从"教学三角形模型"看"全员参与"的教学

1. 健全的课堂。在全员参与的教学中什么才是最重要的呢？这就是师生一起致力于形成学习的小宇宙——课堂,即便是不健全的小宇宙也一定会发生新的气象。不过,要不断地涌现真正优异的气象,就得有脚踏实地、仰望天空的健全的课堂。这里所谓的健全的课堂是指"学生的身心是安全的,有适度的挑战,能够彼此接受支援,体现自身的价值"。[19]"优质的教学"(artful teaching)可以比作"教学三角形",即教师、学生和教学内容各自形成一角而形成的正三角形。在这里,只要其中的一角(要素)有所缺失,就不能同其他的角(要素)获得平衡,这种教学就会失去精彩。例如,有位年轻的数学教师在这个三角形中有两个角是成问题的,他的数学知识是完美的,但对于自己所教的学生感到担忧,师生之间并不默契。仅仅是熟悉"教学内容"这一角是称不上"教学三角形"的,要使师生共同构筑一个稳健的"教学三角形",重要的是理解教师、学生和教学内容在健全的课堂中应当是怎样的。

首先,教师是课堂的引领者与责任者。从定义上看,正三角形是由三条等边组成的。因此,严格地说,教师并不置于顶点。但是,就教学的目的而言,在健全的课堂里,教师是不可或缺的引领者,因而教师必须置于教学三角形的顶点。不过,引领者是拥有承担该课题的专业能力和承担的自信的,缺乏这种自信的教师就不可能有师生之间融洽的关系与氛围。这并不意味着有安定感的教师没有困惑,恰恰相反,课堂是无限多样的,教师面临困惑是理所当然的。有安定感的教师每日孜孜以求,勤奋学习,乐于体验教师角色所拥有的不确定性,只要能够调动学生的学习能动性,其余的一切都不那么重要。有安定感的教师秉持"明天一定会比今天好"的信念而殚精竭虑,他们怀着敬意、谦逊,兢兢业业、循循善诱;他们知道或许哪一天会出错,但也懂得自己负有避开同样过错的能力与责任感。

其次,教师应当让学生各显其异、协同成长。每个学生既有相似之处,也有不同之处。教师应当尽可能地发现每个学生的优势,致力于发现发挥其优势的方法。例如,A生需要比别的学生更多的艺术素材;B生需要阅读更多的书籍;C生容易发怒,需要教师给予更多的安心感；D生时时要有教师的安慰，以免过分的焦虑，等等。在健全的课堂里，作为心理辅导、自主选择和提供支援的视点是非常广泛的，其中有各种各样的教学目标与指标，不存在划一的标准化的东西。

再次，内容应当扎根学生的真情实感。这是因为：（1）健全课堂中的教学内容是扎根学生的真情实感的。（2）大凡学习的课题，是同学习者个人熟悉的既知世界相关联的。（3）有助于学生更深刻地并以适于其自身的方式去理解周围的世界。（4）不是单纯学科知识点的练习，而是在面对"真实的"历史、数学与美术。（5）学生能够学以致用。（6）拓展课堂里外有助于每一个学生发展自身学力与潜能的思路。健全的课堂，不是面向标准化测验和恼人的竞争，而是呵护着拥有人格的每一个学生。学习的题材是生动活泼、富有魅力的，是能够激发和满足每一个学生的求知欲的。在立足于这样的思考而形成的课堂里，学生们通过课题与认知冲突的解决，习得重要的知识与技能，从而促进自身的成长。健全的课堂环境表现出"教"与"学"的种种特征，这些特征归根结底也是教师自身反思自己的教育实践的出发点。这就是：（1）教师应当理解每一个学生的个性差异。（2）教师应当完整地把握每一个学生，包括理解他们的文化背景、语言背景、家庭背景。（3）教师应当时刻拓展自己的专业见识。（4）教师应当在学生与学科、跨学科的种种概念之间架起一座桥梁。（5）教师应当致力于学生的快乐学习。（6）教师应当设定高度的期待，并且提供达致最大限度成功的阶梯。（7）教师应当提供适于每一个学生理解种种概念的脚手架。（8）教师应使学生在课堂教学过程中扮演核心角色。（9）教师应当促进学生的自立。（10）教师应当致力于"前倾期待"的班级经营。一言以蔽之，对于学生的成功而言，教师最重要的是要给每一个学生提供激励、挑战与帮助的机会，创造出有助于每一个学生成长的不断精进的课堂环境。

2. 睿智的教师。根据斯滕伯格的研究，"健全的课堂"应致力于学生三种能力或是信息处理方式的形成。所谓"三种能力"是指：分析力、实践力、创造力。这就要求教师具备开发三种课题——分析性课题、实践性课题、创造性课题——的素养。[20]教学的优劣取决于教师。对于作为学习促进者的教师而言,必须时刻回答三个问题:[21](1)教师激励每一个学生的什么?(2)教师怎样激励每一个学生?(3)教师为什么激励每一个学生?

第一个问题聚焦在教师应对学生的需求而变通课程与教学,包括如下问题:(1)内容——学生学习什么?或者旨在理解与运用知识、技能与概念,如何做到有的放矢。(2)方法——学生要使用基本的知识、技能去理解概念,应当开展怎样的学习活动?(3)成果——如何显示与发展学生了解了自身的学习结果,能够理解与运用。(4)如何决定学习氛围与期待的课堂的硬件与软件环境?第二个问题主要是聚焦全员参与的教学中的每一个学生的特征,如何因应学生的准备、兴趣爱好、学习经历或者这些要素的综合进行因材施教。第三个问题是教师关于变革学生学习体验之理由的质问:是旨在更容易地学习,还是旨在拓展学习的动机,抑或旨在提升学习的效果?这三个理由是与参与教学的学生的准备度、兴趣爱好和学习经历相关的。

睿智的教师懂得,倘若学生自身不能建构关系、不能理解,就谈不上学习;倘若教学内容过难或过易,就不能学习;任何一个人倘若跟自己的兴趣与经验毫无关联,就不会热心学习。当我们获得知识、习练技能、理解概念,并且能够利用自己胜任的方法去表达这种理解之时,就会有更好的学习。

脑科学揭示了"脑神经细胞具有三种本能:寻求生存、寻求知识、寻求伙伴",[22]为社会建构主义的教学提供了脑科学的支撑。值得注意的是,瑞迪在他的《火花》中把"体育运动"推升到至高无上的高度:"运动决定体力"、"体力决定脑力",这令人发聋振聩。他说:"无论是您的基因、情感、躯体还是大脑,都无不渴望运动。人类天生就是运动的存在,当您运动之际,您的人生火花就开始华丽地绽放了。"[23]反观我国的"应试教育",重视"数理化",轻蔑"音体美",实在是违背儿童发展的本性的,本质上是一种"反教育"。为此,颠覆旧常识,拥抱新常识;颠覆旧课堂,创造新课堂——这就是我们多年来践行"有效教学"研究的意义所在,这也是当下我国一线教师面临的形势与课题。我们不妨来品味一下古希腊哲学家柏拉图(Plato)借用"神"(这里的"神"或许可以理解为人类与生俱来的"天赋")的名义所说过的一段发人深省的话:"神赋予人类求得人生成功的两种本能——学习与运动。不过,神的旨意并非意味着前者陶冶灵魂、后者强健体魄,而是两者兼修,方能锻造灵魂与体魄。借助这两种本能,人才得以成为完美的存在。"[24]面对愈演愈烈的"应试教育"的现实,我们是否该认认真真地反省,并且义无反顾地颠覆那些阻挡改革步伐的"常识"呢?

参考文献

[1][4] 永江诚司.教育与脑:激活多元智能的教育心理学[M].京都:北大路书房,2008:13,83.

[2][12] 林成之.基于"脑科学"发展儿童的素质与思维[M].东京:教育开发研究所,2015:2,4,5—6.

[3][23][24] J. J. Ratey.运动:锻造脑的唯一方法(SPARK)[M].野中香方子,译.NHK 出版公司,2017:308,337,7,1.

[5] 永江诚司.教育心理学关键词[M].京都:北大路书房,2013:110—112.

[6] 须奈正裕.素质、能力与学习的机制[M].东京:东洋馆,2017:74.

[7][14] NIKKEI STYLE.脑科学家推荐的脑功能得以最大化的教学方法[EB/OL].(2018-12-06)[2018-12-25].https://style.nikkei.com.

[8] P. C. Brown.锻炼脑的方法[M].依田卓已,译.NTT 出版公司.2016:175.

[9][10][22] 林成之.影响脑的七种恶习[M].东京:幻冬舍出版公司,2015:16,20,12.

[11] 森敏昭.21 世纪学习的创造[M].京都:北大路书房,2015:11.

[13] 林成之.儿童的才能是在 3 岁、7 岁、10 岁决定的:锻炼脑的 10 种方法[M].东京:幻冬舍出版公司,2011:104—115.

[15] 野口流.全员参与的教学策略[M].东京:学阳书房,2018:17.

[16][17][19][20][21] C. A. Tomlinson.全员参与的教学:着力变革"差异"的教学方式[M].,山崎敬人,等,译.京都:北大路书房,2017:32—35,52,59.171,107.

[18] L. D. Hammond.开放式学习与深度理解[M].深见俊崇,编译.京都:北大路书房,2017:3—4.

4 "学的课程"：寻求学校课程的重建

本文通过对"合法的边缘性参与"（Legitimate Peripheral Participation,简称 LPP）为代表的"情境学习"论的考察,阐述"学的课程"的意蕴及其教学设计的基本特征。基于"学的课程"的教学设计的基本诉求是打破长期以来"以教定学"的定势,走向"以学定教"。其宗旨就在于"为每一个学生的成长而教",而不是单纯地"为考试而教"。这正是区分新旧教学的分水岭。

一、"学的课程"的缘起及其分析框架

（一）"学的课程"概念的缘起

在 20 世纪 70 年代以来世界课程的研究中,对"课程"的概念重新作出了界定,即从"教学内容的计划"改为"学习经验的经历"。所谓"学习经验的经历"是指存在于每一个学习者的个人生活之中的学习经验的总体。莱芙（J. Lave）和温格（E. Wenger）把这种意义上的"课程"称之为"学的课程"（curriculum for learning）。[1]倘若这样,那么,教师有意识地组织的"以教学内容的编制为中心"的取向,则可以称为"教的课程"（curriculum for teaching）。这样一来,在教学设计中,不仅是作为"公定框架"和学校的"教育计划"的课程,而且作为"教师构想"的课程和作为"教师实践之产物"的课程也包括在内了。这种概念界定或许会遭到一些人的指责,不过,这种提法确实有其合理性的一面。在传统的课程研究中,学校里特别是在课堂教学中处

置的是预设好的"课程",这是不言而喻的前提。但是,学生在有意识的影响之下的学习经验,并不仅仅限于学校。那么,学生置身于各种不同的学习场域,究竟获得了哪些知识?教师又是怎样构想并实践其教育影响,从而介入学生的学习的?这是教师的教学设计回避不了的问题。

(二)"学的课程"的理论基础

"学的课程"的概念是建筑在社会建构主义的学习理论基础之上的。20世纪后半期的认知心理学揭示,学习并不是单纯知识点的堆积。许多人熟悉这样一种现象:即便在考试前记住了教科书里的内容,充其量不过是脱离了情境的机械性记忆,等到考试数天之后就会忘得一干二净。认知心理学的种种研究表明,用这种方法习得的知识不可能在别的场合运用,因此,谈不上真正的"学习"。如今认知心理学所谓的"学习"体现了崭新的学习观,指的是学习者在同周围环境的交互作用之中对所面临的现象作出自己的解读。这是学习者自身心领神会、难以忘怀的东西。可以说,这才是真正的"学习"。皮亚杰(J. Piaget)率先把学习视为同周围环境的交互作用,在他看来,人的认知发展是基于"同化"与"调节"这两个要素的均衡而产生的。在这里,"同化"是指学习者凭借自身的图式理解外界的信息;"调节"是指依据外界的信息变更图式。这就是说,所谓"学习"并不是把外在的真理原封不动地储存下来,而是学习者把知识纳入自己的图式之中,而自己的图式本身也处于不断重建的过程。这样,知识是借助学习主体与环境的交互作用来建构的。这种认识就叫作"建构主义"。20世纪80年代以来,基于建构主义的学习论开始广泛传播,到了20世纪80年代后半期至20世纪90年代,注重建构知识的社会侧面的社会建构主义发展起来。社会建构主义产生的一个背景就是从20世纪80年代开始,维果茨基(L. S. Vygotsky)的活动理论得到了重新评价。在维果茨基看来,人的认知发展先是在"精神间"(个体之间)产生,而后在"精神内"(个体之内)产生。例如,开始拿调羹的孩子是成人手把手地教他进食的,渐渐地孩子习惯了调羹的用法,最后能够独立地使用调羹了。这样的发展过程谓之"内化"。言语的发展也是这样。孩子在日常生活中即便不能完全操控语言,但经过周边的成人对意义的点拨和矫正,终究会疏通词汇的意义。这种言语活动持之以恒,孩子的言语能力自然会逐渐地熟练起来。这里的关键是工具的使用。人是在活动主体与活动对象之间借助工具作为中介的,这是人类有别于其他动物的活动特征。作为物理工具的调羹是进食者与进食物的媒介,作为心理工具的语言是言说者与言说所指对象之间的媒介。

"学习"是"社会实践的参与",而不是单纯的"内化"过程。然而,传统的学习理论往往以"内化"作为关键概念来解读学习的过程,但正如莱芙和温格所指出的[2],聚焦"内化"概念的解释是苍白无力的。在种种的学习理论中,无论是把知识解释为被发现的、由他人教授的,抑或是在同他人的交互作用中经验到的,无一不把"学习"视为"知识的内化过程"。这种观点采用了"内在"与"外在"二元对立的方法,以为大凡"知识"就是在头脑之中的,而个体则是毋庸置疑的分析单位。即便在关注学习的社会性的研究中也是以"内化"作为关键概念的。例如,对维果茨基的"最近发展区"概念就存在极其不同的解释,在各种解释中,"内化"的作用是不同的。第一,"外援式"解释。"最近发展区"的特征往往被视为:学习者单独学习之时所显示的问题解决能力同受到经验丰富的他人的帮助、同他人一起作业之时所显示的问题解决能力之间的落差。这种"外援式"解释激励了这样一种教学论研究,即在作业之初给予学习者最初的支援,而后无须支援也能完成。第二,"文化性"解释。它对"外援式"解释持批判立场,把"最近发展区"视为社会历史文脉所造成的文化知识(通常可以借助教学得以储存)同个体日常经验之间的落差。这种解释是基于维果茨基的科学概念与日常概念之间的区别,以及在概念的科学版与日常版融为一体之际才臻于"成熟概念"的说法。这样,在上述两种解释中,"学习的社会性是局限于微不足道的"社会性"这一"气味"之内构成的,它不过是在作为既有文化的个人主义式的掌握的内化过程中注入了这种气味而已,却毫无对社会世界构造的更宏大语脉中的学习本源的阐明"。[3]第三,"关系论"解释。它突破了历来的"内化"说,把学习视为一种社会实践的"参与",一种作为"完整的人"(whole person)对于实践共同体的参与,而这种参与就是不断进化、不断更新的关系的集合。因此,"学习"总是浸润于社会的历史的情境之中,而这种情境形塑着思维内容与思维形式。"所谓学习、思考、知识,就是同生存于社会和文化方式建构起来的世界之中的、从事着各式各样活动的人们之间的关系。这个世界是以社会方式建构的。一方面,它有着活动的客观形式和系统,另一方面,又有着行为者对它们的主观性或主体间主观性的理解。这两者彼此互动,构成了世界和世界被经验的形态。"[4]这是基于"社会实践理论"的"集团式"(collectivist)或"社会"(societal)层面的解释。这种解释从关系论的角度,强调了行为者、世界、活动、意义、认知、学习和知识之间的相互依存性;强调了意义在本质上说是一种社会协商;强调了从事活动的人们的思考和行为的关联性。

(三)"学的课程"的分析框架

值得我们重视的是,恩格斯特朗(Y. Engestrom)进一步发展了维果茨基的学说,把"最近发展区"界定为"个体的日常活动同日常活动中潜藏的双重束缚之解决——'集团生成'这种崭新形态的社会活动之间的落差"。[5]在这种"最近发展区"概念的社会性解释之下,研究者倾向于聚焦"社会转化"(societal transformation)的过程研究。他们的学习研究超越了教学论结构化的文脉,甚至把社会世界的结构、社会实践的矛盾纳入到了分析的范畴中。活动理论是多学科地了解人类行为的、超越了"个人"与"环境"的二元对立的"活动"概念,是一种把活动系统作为分析单位的社会文化分析模式。该理论突出了维果茨基的文化工具作为人类活动的中介概念,把文化产品与人类行为关联起来,从而把个体与社会关联起来。科尔(M. Cole)和恩格斯特朗倡导"扩张学习"(learning by expanding)论,强调学习活动既不取决于个体的内在特性,也不取决于外部环境的影响,而是取决于两者在实践中相交的场域。这个理论框架不同于第一代活动理论,增添了共同体、分工、规则三个社会要素,从而凸显个体与共同体的互动。这样,使得学习活动系统的分析能够在集体和共同体的宏观层面上进行。学习活动系统的结构,由主体、工具、对象、共同体、分工、规则等六个要素组成,[6]整个学习活动系统的要素是:(1)主体——从事该活动的行为主体——个人或是小组。(2)工具——狭义的工具和电脑之类的物理性工具,以及概念、语言、图式、符号、技术等心理性工具。(3)对象——活动的主体与相关的客体,对象是作为活动所指向的素材和问题空间而存在的,通过以工具为媒介的合作性活动,最终导致"结果"。(4)共同体——由拥有共同对象的多种多样的参与者组成,他们都认识到自己是干什么的,其共同体有怎样的意义。(5)分工——指共同体的成员之间做出的课题的水平分割以及权力、地位的垂直分割。(6)规则——是指活动系统内部制约行为与交互行为的明示或暗示的规则、规范、习惯。在工具、分工、规则、活动的进化过程中,主体—对象、对象—共同体、共同体—主体各自关系的媒介发生着作用。科尔和恩格斯特朗据此建立了"扩张的学习活动系统模型"("模型图"从略),[7]借以揭示活动系统的内部结构。

这个"活动系统模型"也可以用来作为分析"学的课程"的理论框架。[8]活动系统的分析表明,任何个体的学习活动既不是单纯的个体头脑内的活动,也不是单纯地接受现成书本知识的活动,而是一个有着文化关联的共同体的活动。这就是说,学习的课题不仅仅是特定的问题情境,而且是处于特定的社会状态之中的"社会实践"。因此,知识是同特定的社会状态,相互作用得以产生、保持和利用的共同体紧密地联系在一起的。在这种共同体的内部,提供知识和相应信息的所谓的"实践",是通过该共同体的独特的言说风格同时建构和表现出来的。这样,知识就能够超越情境或是超越个人而得到升华。可以认为,"所谓认知发展,就是指能够持续地掌握一连串的情境知识和言说方式。学习者是通过社会的交互作用、意义的社会交换、意义的共同建构,构筑起种种的情境所固有的知识索引的"。[9]基于活动系统模型的分析,所谓"学习"可以视为学习者同其所处的社会环境之间出现的活动所产生的变化的一连串沟通过程。由于社会交往的相互沟通的性质,这里的"社会情境"是交互作用的产物,同时又是发展的刺激和向导。"社会情境"不仅支援学习、建构学习,发展理解,而且能提高学习者的动机。这是因为,"社会情境"可以为学习者提供获得自我意识和能力提升感的真正情境。

二、基于"学的课程"的教学目标设计

(一)"学的课程"的基本视点

"学习"是实践共同体中的情境性活动。行为主义和认知主义把"学习"视为人的心智发展,即孤立的个体脱离了情境而习得知识。情境学习论和认知学徒制研究对这些学习理论持批判态度,旗帜鲜明地主张:"学习"是依存于情境的。学习不是通过复制他人的作品而进行的,也不是借助教学所传递的知识而进行的。莱芙和温格倡导的"合法的边缘性参与"(Legitimate Peripheral Participation,简称LPP),[10]沿着"参与社会实践、实现意义建构"的轨道来把握情境学习,使得"学的课程"的分析视点更具包容性。这是一个复杂的概念,"它本身不是一种教育形态,更不是一种教育策略或教学技术,而是一种分析学习的观点、理解学习现象的方式"。[11]这个概念是从具体的历史的学徒制出发,从理论上把学徒制中修习知识、技能的机制加以抽象而形成的一种学习理论。作为知识、技能之修习的学习,在获得身份认同与成员资格的同时,也是与新手走向师傅这样一个从"边

缘参与"走向"完全参与"的内在过程密不可分的。在实践共同体中,从"边缘参与"到"完全参与"的过程之中,每个成员应当获得的知识、技能、身份、地位等都是浸润于一定的情境的,需要为参与者提供适当的有助于其发展的课程。这里所谓的"合法",含有新手拥有参与或不参与的决策和尝试错误之类的权利与权力。所谓"参与"是指学习者主体作为"完整的人"全身心地投身于"实践共同体"。所谓"实践共同体"就是指"人、活动与世界之间一系列关系的集合,这些关系是跨越时间的,并拥有同其他交叉重叠的共同体之间的关系。实践共同体是知识存在的本质性条件。……任何知识都存在于文化实践之中,参与社会实践乃是学习的一个认识论原理"[12]。根据这个概念,所谓"社会实践"决不是虚幻的、抽象的场所,它总是情境性的。情境性乃是学习与理解的核心事实。"人类的心智在社会情境中发展,这是不言而喻的;人们利用文化所提供的工具及表象媒介来支撑、扩充并重建人类的心智功能,同样也是不言自明的。"[13]这个概念强调,学习是通过其所在的共同体的"学的课程"的"向心性"(centripetal)的参与而发生的。学习决不是简单的知识"传递"或技能的"掌握",与实践紧紧相连的身份、知识与技能,以及其对主体和共同体的意义,都成为不能不加以叩问的问题。就是说,学习者作为一个"完整的人"在"向心性参与"(从边缘参与到中心参与)的文化实践过程中,进行着意义与身份的双重建构:不仅建构知识的意义,而且完成作为共同体成员的身份建构。这种分析视点"为学习过程投射了新的光束,使我们得以关注历来被忽略了的学习经验的关键侧面"[14],从而逼近了"学习"的社会文化的本质。

在莱芙和温格看来,"教的课程"是旨在教育新参与者而构成的,因此,当"教的课程"提供学习的结构化资源(因而平添了限制)之时,"学习"是以教育者的参与作为媒介的。换言之,"教的课程"倾向于通过反复练习把成套化的知识灌输给每一个学生,或是通过模拟体验让每一个学生去掌握这些知识。而"学的课程"则由基于即兴展开的情境性机缘所构成,这种新的实践从本质上说是情境性的。"学的课程"既非孤立地预设的,亦非随意运用说教式话语能够操纵的,更不是脱离了合法的边缘性参与的社会关系的塑造所能作出分析的概念。"[15] "合法的边缘性参与"克服了一般认知学习论把实践视为学习的一部分的弱点,而确立起崭新的观点:"学习"是活生生的世界中所生成的社会实践不可或缺的一部分,是对不断变化的社会实践的理解与参与。换言之,组织"真刀实枪的实践"(而不是作为学习之手段的实践)才称得上真正的"学习"。"学校的学习是作为个人主义的发展的垂直性过程来组织的,而学徒共同体的学习是作为加入共同体的核心成员的水平过程来组织的。"[16] "合法的边缘性参与"论倡导了一种批判与改革学校教育的文化与制度的舆论。这正是它的功绩。

(二)基于"学的课程"的教学目标设计的基本原则

正如佐藤学所指出的:"在学校中,'教的课程'过剩而'学的课程'贫困;而在学徒共同体中,'教的课程'是最低限度,'学的课程'却是最大限度组织的。"[17] 尽管"合法的边缘性参与"不能原封不动地套用于学校教育制度的框架,但它提示了从根本上改造"学校知识"的"非现实性与个人主义学习"这一弊端的基本方向。这里,我们不妨进一步探讨一下基于"学的课程"的教学目标设计的基本原则。

第一,谋求学习的现实世界与学术世界的整合。把"合法的边缘性参与"论运用于教育实践时,必须从两个侧面——现实世界(校外的社会实践)与学术世界(科学家的社区)——来组织课堂里的学习共同体的参与。就前者而言,为了克服活动主义与经验主义,需要从基于儿童兴趣的探究对象拓展为更真实的现实世界的视点。就后者而言,需要意识到教师并不是真理的垄断者,儿童之间的互动乃是学习的重要资源。"以社会方式建构的世界知识,是以社会为媒介的,不是僵死而是能动开放的。这个世界对于特定行为者的意义、客体世界的构成、人与客体世界之关系乃至与其同在的人际关系,是被生产和再生产着的,而所有这些都会在活动过程中发生变化。"[18] 在

"学的课程"的视野里,学习者的学习是能动开放的发展过程:其一,学习者并不是知识的被动接受者,而是自己的理解的积极建构者和再建构者。在学校内外,知性的表达,视经验的变化而频繁地得到确认、拒绝、接纳、修正和发展。其二,学习者的学习依存于学习者自身的能动性。换言之,学习者是把已知的知识同基于新的观察、新的活动和教科书的信息联系起来,从而产生新的意义的。如何同课堂中的活动挂钩,如何解释现象和经验等,是受学习者既有的思考方式所左右的,但也不尽然。显然,它也会由于学习者所经验的和理解经验的意义而改变自己的想法。其三,学习的构成要素——再建构,乃是一个连续的过程。就是说,我们决不会有停止学习的时刻。学习是拥有目的的活动。表面看来,我们可以"偶然"地学习。但是,再建构的过程需要评价和判断的阶段,还需要接纳新的见解和修正见解的确信。倘若没有这种确信,新的见解就会被拒之门外。内省和抉择的阶段或许是瞬间和默会的,但它们却是形成更好的课堂学习机会的关键。

第二,谋求学习的共同目标与个别目标的整合。大凡教学设计总是包含了学生个别差异的研究,以便找出特定情境下与学生的个别差异相适应的教学。因此,教学设计总是服务于两种学习目标或其中之一,这两种学习目标叫做"共同目标"(common goals)与"个别目标"(individual goals)。[19]前者是一个学习领域中所有学习者都希望达到的成就标准或水准,有关语言、数学和公民常识的必修课程就是典型的例子,而教学设计的目标是最大限度地增加达到这个标准的人数。后者是个体学习者能够选择的特殊水准和种类,选修课程就是典型的例子。当然,针对共同目标的适应性设计和针对个别目标的适应性设计可能涉及不同语境中的不同教学过程。

第三,谋求学习的个体维度与集体维度的整合。在教师单向地传授现成知识的旧式教学中,是无须集体思维的,但在学习共同体中,每一个学生,包括教师在内,都是相互学习、彼此合作的一员。因此,教师必须把课堂教学作为集体思维的过程来组织。所谓组织"集体思维"包含两层含意：其一,它是系统地把历史上积累起来的人类社会文化的集体成果通过学校课程的集约方式让每一个学生能动地习得的过程;其二,把这种过程作为师生以及学生之间"共同活动"的过程来组织,并谋求上述两种过程的统一。然而,大量的学习理论所聚焦的认知特征的个人主义侧面,关注的似乎仅仅是个人。把个人当作"认知性"存在的描述,加剧了我们关于知识、技能、作业、活动以及学习的非人格的见解。其导致的结果是,无论是理论分析还是教学策略都受到具体化了的"知识领域"的驱使,也受到普适的学习机制的一般条件而强加的束缚的驱使。[20]

第四,谋求学习的显性侧面与隐性侧面的整合。如果把"课程"视为"学校教育中学生经验的总体",那么,所谓"显性课程"就是指课程标准中设置的学科课程,牵涉学科教学与心理辅导两个侧面;所谓"隐性课程",就是指选择、组织、授受正式的知识背后的价值、伦理、规范、信念的体系。这是一种看不见的隐蔽的课程。这里所谓的"看不见",就是指教师不经意地传递的而学生不知不觉地接受的价值观、人生观、世界观。这就是所谓的"润物细无声"的作用,一种"无痕"的教育境界。"显性与隐性"的说法不过是一种课程分析的角度的差异。实际上,两者是不可分割的。每一门学科都存在"显性与隐性"两个侧面,因此,都存在显性学习与隐性学习两个侧面。显然,上述的"学的课程"分析框架与"隐性课程"强调的情境学习的分析是相通的。尽管如此,这里提起的"学的课程"概念有其值得重视之处。率先运用"隐性课程"概念的杰克逊(P. W. Jackson)主张,在"课堂"这一生活世界里,学生们苦撑的"3 R"——"规则"(rules)、"规制"(regulations)、"惯例"(routines)是"隐性课程"(或"隐性学习")的主要成分。这样看来,在"隐性课程"研究中,主要关注的是活动系统模型的基础部分——"规则"和"分工"。具体的研究课题包括学校与课堂的权力结构、评价与报偿的体系、教师对学生的角色期待、教师和学生的战略等。艾里克森(F. Ericson)指出:"正如学科内容的专家在研究课程与教学之时往往无视隐性课程那样,隐性课程的专家——人类学家、社会学家、批判理论家却往往无视显性课程,至少把它置于研究焦点之外了。"[21]因此,关注"社会关系侧面"和"学科内容侧面"两个侧面以及两个侧面之间的关系是必要的。

第五,谋求学习的认知因素与情意因素的整合。学习不仅仅是一种认知活动,还交织着个体的需要、情感、意志、行为调节、学习态度、自信等的心智过程。所以,斯坦纳(G. Steiner)主张:"把学习和人相关的过程(如动机和行为习惯)整合在一起。"[22]"学的课程"把学习者的情意侧面置于重要地位。学习课题的认知性质不过是影响学习的要素群的一部分,还有个人的兴趣、情绪、对愿望和潜能的自我评价、班级氛围、对教材的情绪和先入观等要素的存在。换言之,这些复杂的要素,是由学习课题所设定的社会的情绪的情境而构成的。学习的重要侧面是学生拥有"把自己作为学习者"的见解。对于许多学生来说,即便给他们提供了可能性,但他们也不愿学习,他们缺乏的是适当的学习动机和来自学校的适当的支援。投入学习课题的动机作用是基于学习者内外要素群构成的。这里面包括学习者自身的兴趣、需求、进取心、自我价值、能力、能力倾向和成就期待——班级状态和对于班级活动的肯定与否定的情绪,以及他人的反应和报偿、刺激,赏罚等学习者的外部要素。马斯洛(A. Maslow)主张,人的基本需求是形成层级的。低级需求必须在高级需求出现之前得到满足,当低级需求获得满足之时,高级需求便涌现出来了。基本的生理需求获得了满足,安全就必须获得保障。就是说,对于学生来说,学习环境在生理上必须是安全的,在情绪上必须是稳定的,接着而来的是对于"爱和归属"的需求,然后是牵涉自尊心的两种需求,即能力(适切性、独立性、自立性、自由)和认可(人望、名声、感恩)的需求。需求层级说的核心是不管认知层面如何得到满足,低层级的情意层面的需求必须完全获得满足。这就是说,稳定情绪的氛围是认知发展所不可或缺的。在充满信赖和支援的环境里,学习者就能献身于智慧的冒险,而这是学习者达到深刻理解的关键。当他们感到恐惧和焦虑,得不到爱和其价值不被认可的时候,就会心灰意懒。再者,学生要达到更高的认知水准,就得让学生拥有自尊心和实现自我的需求。

从多种层面谋求统整的课程目标的勾画与实施乃是培养"整体的人"所需要的。这意味着"学的课程"的创造,意味着同聚焦应试的课堂教学的决裂。聚焦应试的教学目标往往拘泥于所谓"知识点"的落实,却忘却了学力的形成和人格的奠基;聚焦应试的教学方式割裂了教学目标诸多侧面与要素之间的内在联系,也颠倒了教育目的与手段之间的关系,毫无节制地放大了"育分"的功能,却从根本上忘却了学校课程的"育人"价值。"学的课程"反其道而行之,旨在回归课程的本来意义,寻求真正的学习状态。

三、基于"学的课程"的教学组织设计

(一)基于"学的课程"的"教学论的辩证逻辑"

教学设计的产品并非是教学实施本身,而是对教学的一种原则性阐述,即制定有效的原则和规则来指导如何实施教、如何支持学。按照这个思路,影响教学设计的性质并与教学实施相关的两个相关变量就是教学模式(实现教学的手段)和教学方法(从描述的教学要求转化为具体的教学方法)。[23] 旧式的教学设计的最大弊端,从教学模式的角度说,是满足于教科书中现成"知识点"的传递与背诵;从教学方法的角度说,是满足于学科教学中的单纯的技能训练。这是应试教育所需要的,与素质教育格格不入。有人甚至鼓吹"为考试而教,为考试而学"才称得上是"重视知识"的教学。这是大错特错的。因为,这种主张颠倒了教学(学生成长)与考试(教育评价)之间的目的与手段之关系。考试不是目的本身,而是一种手段。考试终究是为了更好地教学以及学生更好地成长,而不是相反。基于"学的课程"的教学设计正是矫正这种教育偏差所需要的。

为每一个学生的成长而教,还是单纯地为考试而教,是区分新旧

教学的分水岭。基于"学的课程"的教学设计,绝不能局限于旧式课堂中教师向学生单向传递现成知识的模式,绝不能把学科教学等同于单纯的机械训练过程。课堂,是在文化的、社会的情境性制约之下师生彼此通过交互作用而产生影响的场域。在这里,不仅教师的作用,而且同学之间的交互作用,以及周边的社会、文化制度之类的外部因素,都需要纳入视野范围之内。当然,这也决不是鼓吹毫无边际的问题解决学习,而是基于学科的基本概念的引人入胜的探究学习。从这个角度说,基于"学的课程"的教学设计,既非单纯的"教师中心",亦非单纯的"儿童中心",而是贯穿着"教学论的辩证逻辑",即把教与学的关系、教授者与学习者的关系"作为教学论的矛盾关系"来加以把握和分析的。[24]

(二)教师示范和学生主导的探究活动

教师示范和学生主导的探究活动就是"一种教学论矛盾的两个侧面","这种矛盾关系生生不息,可以不断地生产、否定和再生产"。[25]在着力于教师示范和学生主导的探究活动的环境设计中,作为学生探究活动的阶段,一般可以概括为[26]:(1)聚焦——引发兴趣、爱好,提问,以集中注意力。(2)探究——学生展开听讲活动以解决疑问时,支援学生。(3)报告——学生向全班报告时,充当批判者、讨论者的引领的作用。(4)强化——为了展开话题,运用探究活动中获得的信息。(5)运用——创造机会,让学生有展开发展性探究活动的机会,运用以往获得的新的意念进行写作活动的机会。佐藤学的实践经验表明,抓住了改造教学的三要素——"活动(作业)"、"合作(小组学习)"、"分享(表达)",就能走向"活动性、合作性、反思性学习"的创造。

1. 组织小组活动。学习不是单纯的活动。在学习中,学生和教师、同学与同学之间展开人际交流;在学习中,学生借助教师所组织的经验,与教材进行交流。换言之,学习环境是由复数的相互依存、相互作用的社会情境构成的,具体的情境充满着社会文化知识,也反映了特定的兴趣、爱好和价值观。D·W·詹森(D. W. Johnson)和R·T·詹森(R. T. Johnson)把自己与他人之间的行为加以体系化的目标结构区分为三类[27]:合作、竞争、个人主义。在"合作"情境中,自己与他人的目标达成之间存在正相关关系。就是说,只要其他的参与者达成了目标,自己的目标也就达成了。在这里,每一个人都寻求对人人有益的成果。在"竞争"情境中,自己与他人的目标达成之间存在负相关关系。就是说,只要其他的参与者未达成目标,自己的目标就能够达成。在这里,每一个人都寻求损人利己的成果。在"个人主义"的情境中,自己与他人的目标达成之间不存在相关关系。就是说,个人达成自己的目标,不会对其他参与者达成各自的目标产生任何影响。在这里,每一个人都无视对他人的影响,只求对个人有益的成果。如果说,上述詹森的分析是正确的话,那么,"合作"情境中的参与者由于可以相互促进达成目标的努力而增益。而"竞争"情境中的参与者由于彼此妨碍了达成目标的努力而损益。这样,"合作"小组可以创造出更好的相互激励与交流,培育出更加积极的人际关系,提升对集团的归属意识,养成尊重自己的态度,最终提高学习的质量。与此形成鲜明对照的是,"竞争"却使人际关系贫乏,或许反而妨碍了学习。在"个人主义"情境中,由于不涉及他人的努力,参与者或许不会合作。

2. 尊重差异性(多样性)。学生独立活动,不与他人合作,有时凭借自己的兴趣、爱好从事创造活动的机会也是同样重要的。因此,为学生提供通过"同自身的对话"、探究并发展自己的意念的时间和机会,是重要的。在这里,个人阅读和写作的活动非常关键。当然,学生经历班级的学习经验也是有益的——组织各种活动,促进不同的学习方式和学习种类,在提供给学生的自主决定学习方法和凭借步骤的决策手段中,让学生面临有意义的现实的选择之时,其经验的广度是重要的。因此,学习形态应当多样化,即采取混合个人学习、小组学习和班级学习等的学习形态。至于选择哪种学习形态,取决于学科的内容、可资利用的信息和设备、学生学习经验的特点等。不管怎样,主张多样化的的理由是:第一,不同的学习"形态"可以促进不同"种类"的学习。第二,在学习方法和评价步骤系统之中,当学生面临做出有意义的现实的抉择之时,这种经验的广度是非常重要的。无视经验的选择,称不上是选择。

3. 构筑学习共同体。事实上,学生或教师所期望的课堂环境与现实的课堂环境,在多数场合存在着极大的差异。弗莱泽(B. J. Fraser)认为,学习环境有四个维度[28],即:"个别化"维度(每个学生同教师交往的机会和个人对幸福与社会成长聚焦的程度);"参与"维度(学生不是被动听讲,而是主动参与的程度);"秩序与组织化"维度(学生纪律严明、严肃认真地行动和聚焦课堂整体活动的组织的程度);"课题意识的方向性"维度(完成所计划的活动和对课题赋予的任务的重视程度)。学习共同体不是自发产生的,而是应当加以建构、加以支援的,它是通过示范或是案例建构的。就是说,学习共同体是借助一系列的课程活动和评价方法来促进学生的学习,是借助适当的班级经营和适当组织的活动来体现教师深思熟虑的引导,才得以呵护和维持的。在这里,学生主导的探究活动是极其不确定的,而教师的示范则体现了如下意义:(1)所谓学习是不确定的、具有挑战性的,有时是不好受的,却是有刺激、有奔头的。(2)教师也是学习者。(3)学习是终身发展的过程。

归根结底,基于"学的课程"的教学设计的基本诉求是打破长期以来"以教定学"的定势,走向"以学定教"。即无非是要求教师针对"教的课程"的弊端做出自觉的努力:致力于在课堂中创造出同"文本课程"形成鲜明对照的重视儿童探究的课程。这样,就使得"应试文化"(交换价值)与"探究文化"(使用价值)的内在矛盾表面化了。假如教师屈从于应试主义教育,照本宣科式地贯彻文本课程,去实施传统的课堂教学,那么,无论是学生还是教师或许都不会感到"学的课程"与"教的课程"的矛盾。但这并不是一件好事。引导师生钟情于"探究文化"而不是屈从于"应试文化",正是新课程改革的主旨。基于"学的课程"的教学设计的创造性实践,应当大力倡导。

参考文献

[1][2][3][4][5][10][11][12][13][14][15][18][20] J. Lave & E. Wenger.情境学习——合法的边缘性参与[M].佐伯胖,译.东京:产业图书股份公司,1993:45,22—24,22—24,26,24,71,17,81,1,17,80,27,28—29.

[6][7] 高垣真弓.教学设计的最前线[M].京都:北大路书房,2005:3—5.

[8] 日本教育方法学会.现代教育方法事典[M].东京:图书文化社,2004:51.

[9][26][27][28] D. Hodson.新编理科教学论[M].小川正贤,译.东京:东洋馆,2000:147,213—214,216—217,222—223.

[16][17] 佐藤学.课程与教师[M].钟启泉,译.北京:教育科学出版社,2003:330,330.

[19][22] R. D. Tennyson,等.教学设计的国际观(第1册):理论、研究、模型[M].任友群,等,译.北京:教育科学出版社,2005:252—253,88.

[21] 教学论研究小组.着眼于学的课程论[M].东京:劲草书房,2000:48.

[23] S. Dijkstra,等.教学设计的国际观(第2册):解决教学设计问题[M].任友群,等,译.北京:教育科学出版社,2007:89—91.

[24][25] 木下百合子.教学沟通与教学言说之研究[M].东京:风间书房,1996:342—343,342.

5 学科教学的发展及其课题
——把握"学科素养"的一个视角

作为学校核心教育活动的学科教学是借助师生的互动而形成的兼具科学性和艺术性的一种创造性活动。本文探讨学科教学与"能力·素养"的历史发展,现代学科教学的诉求与特质,以及在"核心素养"语境下透过"学科群"把握"学科素养"的课题。基于"核心素养"的学科教学研究不能停留于"教材教法"的探讨,还必须追究各自"学科素养"的形成。唯有透视"学科群"的本质特征,才能精准地把握"学科素养"。

一、学科教学与"能力·素养"的历史发展

"学科教学"(subject teaching)不是自然现象,而是一种同时代、社会、文化息息相关的社会现象。进一步可以说,作为学校核心教育活动的学科教学是借助师生的互动而形成的兼具科学性和艺术性的一种创造性活动。学科教学与"能力·素养"犹如一枚钱币的两面:学科教学是该时代对学校教育所期许的"能力·素养"的具体体现,而"能力·素养"是借助学校的学科教学得以现实的。然而,在应试教育的背景下,这种相辅相成、相得益彰的关系被扭曲、被瓦解了,于是旨在扭转这种局面的"核心素养"便应运而生了。

(一)学科教学的框架

"学科"(subjects)的历史同学校教育的历史一样,可以追溯到古

希腊。中世纪的"七艺"(文法、修辞、辩证法、算术、几何、天文学、音乐),尽管整合了古希腊以来传统的世俗学科,但这些世俗学科课程远离了世俗的生活,旨在培育"圣职者",是为特权阶级服务的。"这就是作为近代史出发点的一种传统学科课程。克服这种课程弊端的过程,便是近代新的学科课程与新的学科的形成史。"[1]所谓学科教学是在学校的课程编制中以程序化的各门学科为媒介,作为教学活动而加以定型化的。学科教学的独特功能是以形成儿童的人类能力的方法论体系作为框架而形成和发展起来的。这种框架则是"以作为人类共同的文化遗产而建构的诸学科领域的客观内容为基本构成单位,借助教学指导的实践形态,使儿童通过习得人类文化遗产与科学的见识,来形成自身的人类能力的一种方法论体系。"[2]自公共教育制度下的学校教育诞生以来,学科教学被赋予的固有意涵不断演化,一直发展至今。今时今日,学科教学的模式仍然是牵涉学校课程论争的一个焦点。

毫无疑问,在不同社会历史背景下的学校教育中存在着不同的课程编制意图和不同的学科教学构想。近代以降,随着教育内容与教学方法的经验与理论建构的积累,以学科内容的编制与排列的学科和学科群为基础的学科教学,形成了一定的框架与意涵。大体上说,作为近代化教育发展的一个指标是,伴随学校教育义务化的进程,"学科教学是以全体国民为对象,借助'知识'的'解禁',实现权利、财富、社会地位等社会条件的自由化与平等化的一种启蒙"。[3]这是一种在学校教育的所有活动中准备了学科教学与学科外教育,并不断得以补充、完善的过程。作为学校教育近代化的一个杠杆,在公共教育制度形成之后形成的双轨制国家投资计划——一面是基于众多民众的启蒙作为基础,培育低廉的劳动力;一面是培养少数精英。这种教育是以知识的意识形态控制与主导权的再生产为其根本特征的。近代以降的"考试时代"乱象横行,以知识测验作为有效的甄别与等级化的工具,社会选拔得以合法化,从而扭曲了学科教学的本来面貌。

近代以降，作为重要的社会装置的学校教育是同产业化进程同步展开、与时俱进的。不仅中世纪以来的大学，即便在古典的中等学校，随着世俗化的进展，也在传统的古典教养学科基础上添加了近代的各种学科。无论在封闭的精英教育机构中还是在开放的平民教育机构中，世俗化、实学主义受到推崇，形形色色的近代学科——诸如替代拉丁语的母语、外语、数学、几何、测量、地理、历史、博物与自然、手工业、家政、图画、唱歌、体操、政治、经济、法律等，被引进学校教育。这种近代学科大体分两种样态：第一种样态，"要素主义"——传承并发展了平民的"生活能力"这一传统特色，以"三基"（读、写、算）为基础的，旨在充分地、系统地习得基础素养；第二种样态，"百科全书主义"——以夸美纽斯（J. A. Comenius）、孔多塞（Condorcet）为代表，着眼于变革时代的科学与学术的探讨。这两种完全不同的学科编制隐含着"实质训练"与"形式训练"的教学逻辑的对立，构成了公共教育制度下课程发展的一个恒久的理论课题。

近现代学科发展的一个思想背景是"儿童的发现"与人权教育思想。近代学科教学的理论发祥，可以归结为"把一切事物教给一切的人"。特别是文艺复兴运动以来，以卢梭（J. J. Rousseau）、裴斯泰洛齐（J. H. Pestalozzi）、福禄贝尔（F. W. Frobel）等为代表的新人文主义、博爱主义，以及倡导学科改造的新教育运动的理论，无不贯穿着"人性教育"与"自由教育"的逻辑，成为支撑近现代学科教学的基本理论。倘若从社会制约性的角度来梳理学科教学谱系，可以区分如下四个时期[4]：(1) 近代直至与19世纪末，学科教学不断摸索前进，及至19世纪末，伴随着公共教育的确立，学科教学逐渐定型。(2) 20世纪初直至20世纪50年代，旨在人才培育与国民养成的国民教育形成与确立，表现出基于学校课程的综合与学科结构变革的教学改造，开始重视学科的有机构成与儿童的学习活动，以及学科教学还原于生活与活动的社会适应化。(3) 20世纪50—70年代，在技术革新与高等教育大众化浪潮中，为确保人才培育的"学科现代化"、推进学习的程序化与教学的系统化,学界不断展开教学类型的探讨。(4) 20 世纪 60 年代后半叶,人们开始寻求教育机会均等,"教育人性化"思潮昂扬。

总之,规约学科教学的一个根本要因,是各国各时代公共教育制度的开放性与教育保障的民主性的成熟程度。各国的社会历史条件的制约,决定了阶梯式的学科教学的内涵与地位。从这个意义上说,学科教学终究是一种社会现象,是同学校教育所承担的功能与作用相呼应的。

(二)从"素养"概念的演进看学科教学的发展脉络

我们还可以从"素养"(literacy)概念的演进,进一步把握学科教学的历史发展脉络。在近代学校教育中,所谓"素养"意味着"初步的读写能力",主要指以书面语言为媒介而构成的书面文字的沟通能力。19 世纪 80 年代,伴随着公共教育制度的普及,"读、写、算"成为学校中必须共同学习的基础教学内容。到了 20 世纪二三十年代,学校中掌握的"读、写、算"的知识与技能,已经不能适应日常生活与工作,于是产生了作为一个社会成员必须具备的读写能力——"功能性素养"(functional literacy)的要求。然而进入 20 世纪 70 年代以来,特别是在发展中国家,越是在中小学培育日常生活与工作中运用的读写能力(功能性素养),出生社会底层的人越是容易受到统治阶级的压迫,因而固化了统治阶级与被统治阶级的关系,形成了有助于统治阶级利益的价值再生产。巴西的"被压迫者教育学"之父弗拉雷(P. Freire)倡导,必须借助教育,使受压迫、受贬低的被压迫者能够批判性地直面自身所处的社会现实,争取自身的解放与社会的变革。这种"素养"谓之"批判性素养"(critical literacy)。进入新世纪以来,围绕"素养"的讨论愈益活跃。国际学生评估项目(PISA)的"阅读素养"、"数学素养"、"科学素养"的界定就是一个典型。此前,以"××素养"的方式,诸如"媒体素养"、"信息素养"、"金融素养"等的提法也层出不穷。PISA探讨的"素养",不是单纯的初步的读写能力,而是能够在现实世界中运用的能力。就这一点而言,它具有功能性素养的一面。但另一方面,PISA的基础素养针对欧盟的"关键能力"的界定,指向了另一个方向——不是旨在单纯地提高经济效率,而是从民主进程、社会沟通、人权与和平、公正、平等、生态、可持续的角度,提出了审视、矫正自己所处的社会模式的方向。就这一点而言,它具有批判性素养的一面。全球化时代期许的核心素养,应当从功能性素养与批判性素养两个方面来构想学科教学的实践。

"素养"概念经历了三个历史阶段的演进,按照威利斯(A. I. Willis)的描述,这些阶段表现了各自的主要特征。[5]第一阶段,素养即技能。这是近代学校教育发祥之前就有的观点,它是一种去语境的概念,不承认"素养"的具体语境和制约。这是第一阶段的主要特征。第二阶段,"素养"即学校里传授的知识技能。这种观点同现代学校教育制度的出现与发展相关。哈希(E. D. Hirsch)的"文化素养"(cultural literacy)尽管冠以"文化"的名称,但依然属于第二类概念。第三阶段,认识到素养即社会文化的创造,强调知识的社会建构过程,学习者的背景性知识和既有经验,读者和文本之间的交互作用。显然,第一阶段的"素养"概念是脱离或是排斥语境的立场的。第二、三阶段都重视语境,但在第二阶段,是从个人出发来考虑与社会文化的关系的;而在第三阶段,重视的是民族和文化之中的素养的实践,第三类概念将"素养"视为民族和文化创造素养,或是视为对于民族和文化之挑战的素养,如批判性素养。

进入新世纪,奔腾着两股搅动世界学校改革的核心素养(core competencies)潮流。其一,是以"知识社会"为背景界定"关键能力"的经济合作与发展组织(OECD)的"核心素养的界定与选择"的潮流,"关键能力"的界定也纳入到了OECD学生学业成绩调查(PISA)的框架中,对各国教育改革产生了巨大的影响。其二,是美国界定的"21世纪型能力"潮流。美国一直有众多的项目致力于必要的"资质"与"能力"的概念化研究,形成了旨在培育"21世纪型能力"的教育改革运动,对国际教育界产生了巨大影响。另外,"21世纪型能力的学习与评价"的国际项目的部分见解在 PISA2015 中也产生了影响。试比较各国各地区的"核心素养"的界定,可以发现存在诸多共同的特征。其一,作为教育目标培育的"能力·素养",几乎在所有国家与地区都以关键词的形态对其作出了梳理,可以说,基于"核心素养"的课程改革成为当今时代的国际潮流,其背景主要是受 OECD 的"关键能力"与美国的"21世纪型能力"两股潮流的影响。其二,"核心素养"所指向的"能力·素养",不同国家或地区有不同的用语,包括通用能力、核心素养、关键能力、21世纪型能力、共同基础、核心力量、通用技能等。大体是以"通用"、"关键"的形容词与"素养"、"能力"(技能)的搭配组合起来的术语。其三,试梳理一下这些"能力·素养"可以发现,其大体可以囊括为"基础素养"、"认知技能"、"社会技能"三种构成要素。不同国家与地区显示出种种不同的构成要素,但大体可以分为三类:(1)读写能力,数学能力,处理 ICT 之类的语言、数学、信息的"基础性素养"。(2)以批判性思维与学习方式的学习为中心的高阶的"认知技能"。(3)社会能力、自我管理能力等同他者与社会的关系以及其中有关自律性的"社会技能"。

(三)基于核心素养的学科教学

国际教育研究组织"课程重建中心"(the Center for Curriculum Redesign,CCR)的会长法德尔(C. Fadel)主张,在"21世纪型能力"的培养中必须重视四个维度,即不仅重视知识,而且必须重视知识同其他三个维度——"技能"(skills)、"人性"(character)、"元学习"(meta-learning)的关联。[6]因此,学校课程必须从"知识本位"的课程设计转向"素养本位"的课程设计,借以培育学生的"全球(多元文化)素养"、"环境素养"、"信息素养"、"数字素养"、"系统思维"、"设计思维"等,这就无异于提出了学科知识系统改造的课题,也提出了求得学科知识与跨学科知识平衡的课题。CCR 基于证据与研究归纳出的知识框架表明,无论是学科知识还是跨学科知识都是沿着如下的方向得以表达的:(1)概念与元概念;(2)过程、方法、工具;(3)领域、主题、话题,而且包容了更多的跨学科表达。[7]

基于核心素养的学科教学面临诸多挑战。首当其冲的一个挑战是,梳理核心素养与学科素养的关系。"如果说,核心素养是作为新时代期许的新人形象所勾勒的一幅'蓝图',那么,各门学科则是支撑这幅蓝图得以实现的'构件',它们各自有其固有的本质特征和其基本概念与技能,以及各自学科所体现出来的认知方式、思维方式与表征方式。"[8]倘若认同这一认识,那么,准确的提法应当是学科素养,学科核心素养的提法自然是不成立的,这种提法只能导致"多核心"的"分科主义"的张扬。值得一提的是核心素养与学科素养之间的关系也不是从两者引出的简单化罗列的条目之间一一对应的关系。这是因为,"核心素养"的养成意味着学习者面对真实的环境,能够解决问题的整体能力的表现,而不是机械的若干要素的总和。

紧接着的另一个挑战是,各门学科如何彰显各自的学科素养的课题。换言之,新时代基于核心素养的学科教学面临怎样的挑战?概括的回答是:界定各自学科的学科素养,发起"上通下联"两个层面的挑战:其一,"上通"——从学科的本质出发,发挥学科的独特价值,探讨同学科本质休戚相关却又超越了学科范畴的"认知的、情意的、社会的"通用能力(诸如问题解决、逻辑思维、沟通技能、元认知)的培育,进而发现学科的新的魅力与命脉。其二,"下联"——挖掘不同于现行学科内容的内在逻辑的另一种系统性,亦即从学科的本质出发,并从学科本质逼近核心素养的视点,来修正和充实各门学科的内容体系(学科固有的知识与技能),进而发现学科体系改进与改革的可能性。

下面,着重探讨一下同"上通下联"相关的两个命题:学科本质的探讨与学科群教学的创造。

二、现代学科教学的诉求与特质

(一) 现代学科与学科教学的诉求

学校教育涵盖了学科教学和课外教育等主要领域,各自发挥其独特的作用。学科教学是基于传统的语言、科学、艺术、技术等的学科与教材的划分与体系,展开知识与技能的教学的;而课外教育活动则是借助儿童在与环境的交互作用中所获得的直接经验,所产生的兴趣与困惑展开问题解决,从而培育思考能力(问题解决能力)并求得知识的整合的。这种"综合学习"可以区分为"直接经验的情境"与"问题解决学习的情境","问题解决学习"就是连接综合学习与学科教学的纽带,而成为"知识整合化"的方法论原理。这两个侧面和谐地发挥功能,对于人格的形成至关重要。可以说,没有"关键能力"的培育,人格是难以形成的。这样,如何形成每一个儿童的关键能力,就成为学科教学的本质性课题,这些课题终究是同人格的形成联系在一起的。"人类的遗传基因拥有生物学的遗传信息,但不能没有人类的社会、文化、科学等历史地传递的遗传信息。人类正是通过教育来传承人类积累起来的文化科学成果的。"[9]

学科教学在学校教育中处于核心地位。学科的设定是以教育目标为依归,以扩大和深化学习者的知识积累与变化为前提的。作为"学科"的元素决不是单纯碎片化的知识内容的堆积,学科结构必须具有逻辑。所谓"学科的本质"存在两个水准:其一,囊括与整合该学科的具体知识与技能的"关键概念"、"本质性问题"和"大观念"(big idea),诸如"粒子"、"能源"之类。其二,该学科的认知方式与表征方式,诸如理科中的"剩余变量的控制"、"系统观察",社会学科中的"多层面、多视角的见解",数理学科中的"归纳、演绎、类比"等。[10]学科教学中的知识建构倘若离开了"人"这个学习主体的情感、意志、态度和价值观;离开了学习主体的具体的活动情境及其默会知识,那是不可想象的。学科教学必须根据学生的身心发展阶段及其能力发展实际,来组织体现知识体系和价值体系的教学内容。然而传统的学科教学是"教师中心"的培育"记忆者"的教学,而不是"学习者中心"的培育"探究者"的教学。就是说,历来学科教学的主要课题是"教师应当教什么",几乎不过问"学习者如何学习"。因此,历来的教学是基于教师的一厢情愿展开设计的,往往是不考虑学习者的状况的,是一切由教师"包办代替"的,这不是"真正的学习"。基于核心素养的学科教学寻求的是"真实性"——真实性学力、真实性学习、真实性评价。

"真实性学力"归根结底是"可信赖、可迁移、可持续的真实的学力"。[11]这里的知识不是碎片化知识的堆积,而是一个系统、一种结构。这种知识不是死的知识,而是活的知识;不是聚焦理解了的知识,而是有体验支撑的能够运用的知识;不是不会运用的知识,而是能够运用的知识:(1)能够汇集、编码种种见解的智慧——不仅能够解释理解了的东西,而且能够借助语言,思考理解的东西。(2)每一个人能够基于证据、根据,作出自己回答的智慧。(3)能够基于反思,拓展语言范围,用于问题解决的智慧。这就是21世纪型的能力。总之,知识社会时代的教育课题不是追求知识中心的学力,而是寻求以怎样的学习才能形成"通用能力"为中心的"真实性学力"。

"真实性学力"唯有借助"真实性学习"——探究学习与协同学习——才能实现。探究学习的特征是:第一,儿童自身拥有课题意识。当儿童直面问题情境之际,从现实的状况与理想状态的对比中发现问题。比如,在考察身边的河流的活动中,发现垃圾污染的现象,激发其环境保护意识。在设定课题的场合让儿童直接接触这种对象的体验活动是极其重要的,这将成为其以后展开探究活动的原动力。第二,基于课题意识与设定的课题,儿童展开观察、实验、参观、调查、探险,通过这种活动收集课题解决所需要的信息。信息收集活动可分自觉与不自觉的两种。目的明确地进行调查或者采访的活动属于自觉的活动,而埋头于体验活动,在反反复复的体验活动中不知不觉地收集信息的情形也很多。这两种活动往往是浑然天成的。收集的信息多种多样,有数字化的,有语词化的,这是由于测量或者文献调查之类的不同活动而导致变化的结果。第三,整理与分析。整理、分析收集的信息有助于活跃、提升思维活动。这里需要把握两个度。一是怎样的信息,进行了多大程度的收集;二是决定用怎样的方法来整理与分析信息。第四,归纳与表达。在整理与分析信息之后,就要展开传递给他者或自己直接的思考的学习活动。这种活动把每一个儿童各自的既有经验与知识,同通过学习活动整理、分析的学习链接起来,使得每一个儿童的思考更加明晰,课题更加突出,从而产生新的课题。这里需要关注的是,明确对方的意思与目的意识——向谁传递、为什么而梳理,这会改变进行的梳理与表达的方式,也会改变儿童的思维方向。再者,自觉地把归纳与表达同信息的重建、自身的思考和新的课题链接起来,并且充分地积累应当传递的内容。可以说,探究过程是儿童自身直面现实中问题的解决而展开的学习过程。这种过程对于作为学习者的儿童而言,是有意义的学习活动的展开,不是没有目的、没有意义的单向灌输的学习,而是能动的学习活动。当然,要从根本上提升探究学习的品质,培育通用能力的协同学习也是不可或缺的。单独一个人要实现探究学习是困难的,通过同众多伙伴一起协同学习,探究学习才能充实。协同学习可以集中诸多的信息;可以从不同视点展开分析;可以超越学校,同社区与社会链接起来。

"真实性学习"需要"真实性评价"的支撑。"真实性评价"不同于标准测验,它是"真实的"、"可信赖"的评价,是一种矫正标准评价的弊端而使用的概念。构成这种评价的三个要素是:第一,观察。以某种方式观察学生知道什么、思考什么、会做什么。第二,推测。推测学生的这些表现背后的认知过程是怎么起作用的。第三,清晰地把握学生的这些表现背后的认知过程本身的真实面貌。在"真实性评价"中最普遍的是"档案袋评价"。所谓"档案袋评价"不是单纯的存放儿童作品的文件夹,而是依据某种目的、按照时间序列,有计划地收集起来的儿童学习轨迹的资料与信息。"档案袋评价"的一大特征是,运用基于目标的评价,明确达成目标,能够让儿童高质量地、独立地完成学习任务,来培育自己的学习力与自我评价力。这种评价法是根据多角度的学习来把握儿童学力的整体面貌的。表现性课题是属于最复杂的能够体现儿童学习的实际成绩的内容,大体可以分为笔记与实绩。前者诸如研究笔记、实验报告、叙事等,后者诸如朗读,小组讨论、演戏、体育比赛等。

(二)现代学科教学的特质

学科具有动态性,它不应当是僵化的、万古不变的,因为人类的知识基础在持续地成长与变化。所谓"学科"是以人类文化遗产为线索,选择儿童成长所必需的内容加以编制的,其内容与结构的设计需要与时俱进。学科无非是谋求儿童主体性学习活动的一种场域,因此,学科的教学并不是习得教学内容而已,"分科主义"学科观与教材观是幼稚可笑的。学科教学的内容应当适应儿童的兴趣、爱好和不同的课题,做出灵活的调整。当然,学科的动态性不等于否定相对稳定的"学科结构"。20世纪60年代布鲁纳(J. S. Bruner)的"学科结构论"为我们思考学科的现代化问题提供了诸多启示。在他看来,构成学科课程的最重要的东西,就是抽取"构成一切科学和数学的基础性观念,形成人生和文学的基础性题材","这种观念是强有力的,同时又是简洁的"。所谓"学科结构"无非就是各门学科中所发现的"基础性观念"。以数学为例,所谓"代数"就是把已知数同未知数用方程式排列起来,借以了解未知数的方法。解方程式所包含的基本法则是交换率、分配率、结合率。学生一旦掌握了这三个法则所体现的具体观念,那么,"新"的方程式就完全不是新的了,它不过是熟悉题目的变式罢了。布鲁纳强调"学习结构就是学习事物是怎样关联的"[12],就是说,所谓"学习结构"决不是单纯地获得基础性知识,这种基础性知识的学习,同时也是促进研究态度和思维方式的培育,是跟"学科素养"、"关键能力"的形成联系在一起的。

学科不等于科学。当"科学"经过了教育学的加工,体现了"学科逻辑"、"心理逻辑"与"教学逻辑"之时,才成为"学科"。学科编制的根基当然是人类社会积累下来的科学与文化的遗产,但同时又受制于儿童身心发展的条件。要发挥儿童的主体性及其内在条件,学科内容就得基于儿童的生活,亦即学科知识的教学要真正成为儿童的主体性活动,就得同他们的现实生活与社会实践结合起来。强调这一点,并不意味着学科内容的"经验主义"式编制。这是因为,学科教学必须遵循"从具体的经验到抽象概念"的发展路径:儿童的"生活概念"——通过生活与经验所掌握的对事物与现象的表层的把握,必须借助"科学概念"的教学,才能提升到本质性认识的高度。任何学科的构成总是包含了知识、方法、价值这样三个层面的要素:构成该学科的基础知识和基本概念的体系,该学科的基础知识和基本概念体系背后的思考方式与行为方式,该思考方式与行为方式背后的情感、态度和价值观。换言之,它囊括了理论概念的建构,牵涉知、情、意的操作方式,真、善、美之类的价值,以及探索未来和未知世界的方略。这种以逻辑的知识形态来表现知识体系与价值体系的,就是学科。

学科教学归根结底是一种对话性实践。其一,学科教学具有"活动性"。学科结构必须是问题解决活动的系列。就是说,学科的设定必须包含具体的教育活动本身,设定学科的环环相扣的四环节:目标、内容、活动、评价。学科教学作为学校教育活动的核心环节,是在课程编制中以计划化的学科(科目)作为媒介而预设的教学活动。这样,所谓学科教学框架可以界定为,以人类文化遗产而建构的多领域学科知识的客观价值内容为其基本内容,以教师指导下的学生自主学习的实践形态作为契机,去习得人类文化遗产和科学见识,从而形成学生的"关键能力"的一种方法论体系[13]。其二,学科教学具有"生成性"。根据"学校知识"的研究,"学科知识"是由"理论知识"(明言知识)和"体验知识"(默会知识)组成的。因此,我们应当从两个方面优化学科知识。一方面要改造和更新学科知识的内容。事实上,许多学科知识中的理论知识的内容过于繁、难、偏、旧,落后于时代。直面现代社会问题的学科知识是十分必要的。另一方面,要认识到"基于体验知识的学科知识的相对化"。[14] 缺乏相应的日常体验,即便准确地习得了学科知识,也不能说真正理解了它。脱离了体验的学科知识,只有字面上的意义,尽管这种知识不是毫无意义的。这种"体验知识"也就是所谓的"默会知识",但在学科教育中往往被忽略了。总之,无论学科的"理论知识"还是"体验知识",各自具有其"相对正确性",了解这些知识的特征、价值和内容是十分必要的。

基于核心素养的学科教学离不开三大关键课题——洞察"学科本质"(构成学科的核心概念);把握"学科素养"(软化学科边界,实施跨学科整合);展开"学科实践"。其具体的切入点就是"三维目标"。从国际教育界流行的"冰山模型"或"树木模型"可以发现,各国的学科教学都存在着用各自的话语系统表述的"三维目标"。只不过我国的"三维目标"用"知识与技能,过程与方法,情感态度与价值观"来表述罢了。"三维目标"是一个整体,不可分割。有人反对"三维目标",说"三维目标"是"虚化知识",因此是"轻视知识"的表现。其实这是不对的,"三维目标"恰恰是基于现代"学科素养"概念的界定,因而恰恰是重视知识的表现。为什么这样说呢?这里,可以借用日本学者的"扎实学力"(基础学力)的"四层冰山模型"[15]来说明这个问题。假定有一座冰山。浮在水面上的不过是"冰山"的一角。倘若露出水面的一层是"显性学力"——"知识与技能"、"理解与记忆",那么,藏在水面下的三层则是支撑冰山上方"显性学力"的"隐性学力"——"思考力和问题解决力"、"兴趣与意欲"以及"体验与实感"。"真实性学力"即是由上述的显性学力和隐性学力组成的,它们是相辅相成、不可分割的一个整体。为了实现指向"真实性学力"的"真实性教学",我们必须把握"真实性学力"形成的两条运动路径,这就是:(1) 从下层向上层推进的学力形成路径,即从"体验与实感"、"兴趣与意欲"向"思考力和问题解决力"以及"知识与理解"的运动;(2) 从上层向下层延伸的学力形成路径——即从"知识与技能"与"理解与记忆"向"思考力和问题解决力"以及"兴趣与意欲"、"体验与实感"的运动。这种表层与深层的循环往复的学力形成路径,正是培养核心素养所需要的。

不过,"学科的边界不是实线、直线,而是点线、波线"。[16]超越传统学科的边界,谋求儿童主体性学习活动的学科之间的链接与整合——这是基于核心素养的学科教学必须遵循的一个重要原理。学科教学的过程绝不是简单的知识灌输的过程,扎实的学科教学需要关注学生的道德成长,关注学生的知识习得、知识活用和知识探究。罗塞韦尔特(T. Roosevelt)曾说:"只求知性而没有道德的教育,无异于培植对社会的威胁。"[17]因此,学科教学的研究不能停留于具体教法的探讨,还必须追究各自学科素养的形成。显然,各门学科拥有体现其各自学科本质的视点与立场,但同时又拥有共同的或相通的侧面。唯有透视学科群的本质特征才能精准地把握学科素养。下面就来探讨若干学科群的本质特征,以便为核心素养语境下各自学科的学科素养的界定,提供思想基础。

三、学科群:把握"学科素养"的一个视角

(一)语言学科群:语言能力与意义创造

语言学科群主要是以语言能力(包括听、说、读、写)作为主要对象,旨在提升儿童当下及未来的语言生活品质而组织的教学内容的总体。语言教学的目标涵盖了谋求语言理解力与表达力的提升、掌握语言沟通的技能,以及基于语言的思维能力的提升等,希望借助语言来求得人性与人格的内在成长。

所谓"语言能力是以知识与经验、逻辑思维、直觉与情绪为基础,深化自己的思考,运用语言同他人进行沟通所必需的能力"。[18]这个定义有两个要点。第一个要点是"以知识与经验、逻辑思维、直觉与情绪为基础",包含三层涵义:(1)知识与经验——强调学习者如果

能以自身的"实感、领会、本意"去获取知识,那就说明这获取的知识不会被剥离,会作为学习者的生存能力固着下来,并在种种情境中加以运用。(2)逻辑思维——逻辑思维薄弱的言说难以说服别人,获得他者的理解,而且表明学习者理解事物的能力、运用知识的能力薄弱,同时控制情感与欲望的理性的作用也会薄弱。培养这种逻辑思维有两点是重要的:一是能够明确地叙述判断与见解、解释之依据;二是能够琢磨和思考判断与见解、解释之依据的逻辑性。(3)"逻辑思维与直觉、情绪"——两者并非是二元对立的,而是相互影响、相互关联的,两者并不是各自活动而是统整地活动,两者的关系可以转换到认知层面与情意层面。语言能力与内心世界是相辅相成的关系。所谓儿童的"内心世界"既有获得的知识,也有经过语言化了的体验——经验,还有逻辑思维、直觉、情绪的综合作用。所有这些都是个人固有的"内心世界"。语言能力在儿童的内心世界的培育中起着巨大的作用,两者不可分割、相辅相成。第二个要点是"人际沟通"。要建立诚信的、良好的人际关系就不能表面化地理解沟通。仅仅抓住同他者沟通所必需的语言运用力的部分,把语言力视为沟通力,是一种狭隘的理解。沟通是以知识与经验、逻辑思维、直觉与情绪为基础的,是在深化自身的思考中展开的。因此,所谓沟通亦即"表达自己的内心世界并传递给对方,理解对方的内心世界,最终理解自身从而培育自己的内心世界"。可以说,沟通是在沟通过程中培育和深化人际之间内心世界的行为,是受对方的内心世界的触发,从而理解并培育自己的内心世界的行为。

　　语言能力必须在打破学科边界的条件下培育。语言是学习的对象,同时也是学习的重要手段。没有语言能力,学科的教学就会受到影响。因为,语言是从事学习的重要手段。好的数学教学就是运用语言培育数学的思考方式,运用语言加深对数量和图形的知识与理解,其结果亦即培育语言能力。社会学科、数理学科等其他学科莫不如此。语言能力原本就具有通过语文学科之外的各门学科培育的一面,培育各门学科的学科素养的教学终究是培育语言能力的;而培育语言能力的教学终究是培育"基础学力"的。尽管如此,通过各门学科提高的语言能力,反映了各门学科的特质。各门学科既有共同的要素,也有学科独特的要素。比如,逻辑思维能力是数学教学和语文教学的要求,但它们之间有共同点和不同点,因此需要讲究学科之间的整合。语文作为培育语言能力的核心学科应当发挥愈益重要的作用。语言能力不充分,个人的成长与发展就不会充分。语言能力病病歪歪,无异于个人的成长与发展病病歪歪。要保障儿童的学力和成长,就得有各门学科教师的通力合作,共同致力于语言能力的培育。

(二)数理学科群:认知方略与问题解决力

从数理的角度综合地、发展性地考察和处理客观现象的态度与技能的学群科,谓之数理学科群。在数学教学中培育数学思维的能力与其说是授予数学的知识与技能,不如说是养成如下的"数学素养":尽可能地运用数学来考察与处理现象的能力与态度;展开数学创造的能力与态度;归根结底是在数学思维中养成数学的审美与数学乐趣。理科是以自然界的事物与现象为对象的学科,其对象是生物与无生物。儿童通过同这些自然现象的接触,借助感官获得信息,而其所获得的信息作为概念在头脑中构成网络的一部分,并形成记忆的一端。在这里,是否汲取来自外部的信息,同网络的哪一部分链接,必然受到儿童既有的"前概念"的极大左右。儿童通过同自然现象的碰撞,在建构科学概念和习得探究能力的同时,也获得了情意方面的培育。一般而言,儿童的既有概念(朴素概念)是顽固的、难以变化的。要习得科学概念就得面临两难困境,探究变革概念的策略,这种策略包含了诸如"生成"、"置换"、"拓展"、"修正"、"整合"、"坚守"、"缩小"等类型。作为理科教育的目标,其最大的公约数是形成"科学素养",亦即把握科学的基本概念构图,把探究过程作为自然科学的方法,在重视直觉、发展创造性能力的同时,养成理想的科学态度,形成科学的世界观。

（三）艺体学科群：艺术表现力与鉴赏力

包括音乐与美术在内的艺体学科群在应试教育的背景下往往是被边缘化的。然而音乐是古希腊的七艺之一，我国古代的《十三经·礼记》之《乐记》作为"礼乐论"也表明了音乐应当是人所必备的教养，"琴棋书画"可谓"教养"的重要表征。"音乐不是描述如何看待社会生活的语言，而是同社会现实紧紧相连的情感的比喻性表达。"[19]音乐语言不同于语词语言，它不仅仅是一种知性的理解，而且也是一种基于情感的理解方式。美术教学的目的不是旨在习得实用技能、熟练技法，而首先是在于丰富的人性的形成，由此生成美术教学本身的知识与创造性思考力、技能之类的目标，这就是美术教学的价值所在。这种知识与技能不是碎片化的，而是借助系统地、结构性地习得与熟练，才可能为丰富的艺术观与世界观的形成奠定基础。在美术教学中求得自身内在感悟的表达，自然是一个创造性的过程。正因为这是独特的个性化的东西，所以同人格的形成密切相关。这种美术教学的创造性表达作用是借助于"表现力"——把自身内心的感悟化为可视的形态来支撑。这种表现大体可分成作为"心像表现"的绘画与雕刻，和作为"功能表现"与"适应表现"的劳作、工艺与设计。其作品是作为儿童的经验与知识、印象与感动而能动地产生的。[20] 21世纪的艺术教学（音乐、美术、舞蹈、戏剧、戏曲、影视）则秉持其独特的教育哲学[21]——超越"为了艺术的教育"和"通过艺术的教育"这样一种二元对立的观念，着眼于"学科整合"的前提，把"艺术表达"、"教育"、"认知"、"整合"的概念彼此融合、形成一个统整的艺术学科群的框架。根据纳什（J. B. Nash）的界定："体育是教育过程的一个侧面，是通过个体的运动冲动之运用，从神经肌肉、知性、情绪各个方面有机地发展人的功能的一种教育领域。"[22]就是说，体育是旨在"保障健康、强健体魄"而系统地组织的教育活动或学科形态，拥有参与人格形成的教育功能——借助运动以及嵌入相关的体操、舞蹈的实践而展开的教育，谋求儿童身心的健全发展，同时养成"终身体育"

的态度与能力。21世纪的学校体育面临的新课题是,如何基于运动所拥有的"六种教育学视点"——发现身体、审美体验、危机状态的经验与考验、成绩的保障、竞争与合作的社会性行为的机会,以及健康的维系与对健康的认知,来展开体育教学。

(四)STEAM学科群:跨学科能力

有别于分科主义的教学传统,也不同于传统的学科群划分,近30年来美国教育界致力于推展了"STEM"(science, technology, engineering, mathematics)(科学、数学、工程和数学)的学科群框架,在STEM的实践过程中又纳入了"艺术"(arts)课程,而形成了STEAM(science, technology, engineering, arts, mathematics)的学科群框架。其理由是艺术会更有助于儿童获得认知性、情感性、具身性的能力。"艺术促进认知的成长与社会性的成长。因为艺术集中了超越人类参与的一切领域的技能与思维过程","发展艺术的技能意味着创造性、批判性思维、沟通技能、个人的自立与自发性、协同精神的培育"。[23]这个学科群的框架,既是分科(学科)的,又是整合(跨学科)的,也是包容(可延伸和拓展)的。STEMx——包容了x,这里的x代表计算机科学、技术思维、调查研究、创造与革新、全球沟通、协作等"21世纪型能力"。STEAM学科群的学习活动可以开发出种种的模式:或者基于一个学习领域课题的学习活动,让学生综合诸多学习领域相关的学习元素;或者通过专题研究让学生综合不同学习领域的学习元素。进入新世纪以来,STEAM进一步发展为美国课程发展的战略。[24]"K-12年级STEAM整合教育"就是旨在使学生展开"问题导向型学习",这种学习能够为学生提供运用知识的实践机会——设计、建构、发现、创造、合作并解决问题,积累"真实性体验"。STEAM瞄准的是"跨学科能力",其整合教学的设计突出了三个要诀[25]:其一,整合。重视整合教育的设计。其二,重建。支持学科概念的运用与重建。其三,适度。整合不是越多越好。可以说,STEAM能够为学生提供超越传统的分科教学价值的适当时机、情境和目标,代表着新时代学科教学发展的新路标。

值得注意的是,这里的"跨学科"概念有别于"融合"的概念,它指的是几个学科结合的同时,又保留各门学科的特征和区别,利用各门学科不同的视角更好地求解某个问题,从而强化"有意义的学习"。美国国家纳米科学与工程教学中心(NCLT)开发的纳米科学跨学科的课程就是一个典型的案例。它首先确定了初、高中教育水准的以纳米科学为主题的八个"大观念"——(1)尺度与数量级;(2)物质的结构;(3)尺度所决定的特性;(4)作用力;(5)自组织;(6)工具与设备;(7)模型与模拟;(8)纳米与社会。然后,编制了同大观念相关的科学与数学原理矩阵图。这里仅撷取其中的五个"大观念"为例[26](如表5-1所示)。

表5-1 纳米科学的"大观念"同相关科学与教学原理的矩阵图(局部)①

大 观 念	科 学 视 角	数 学 视 角	探究性问题
(1) 尺度与数量级	• 测量 • 精确性与准确性 • 估计	• 比例推理 • 尺度数字 • 误差	• 多小尺度才算小?
(2) 物质的结构	• 物质的结构	• 制图	• 微观物体是怎样排列的?
(4) 作用力	• 分子间的作用力		
(6) 工具与设备	• 制图 • 建模 • 适合的工具 • 实验 • 数据收集	• 整数 • 制图 • 绝对值 • 测量 • 两维与三维图表	• 我们如何制作微观生物?
(8) 纳米与社会	• 科学的本质	• 数字认识 • 比率与比例	• 纳米与社会有多大影响?

① 见 Eric. Brunsell.在课堂中整合工程与科学[M].周雅明,王慧慧,译.上海:上海科技教育出版社,2015:165.

这种纳米科学跨学科课程的框架是基于探究学习的如下五大特征设计的：(1) 与科学相关的问题激发及参与性；(2) 回答问题的重点在于列举事实；(3) 在事实基础上阐述解释；(4) 解释要和科学知识相联系；(5) 对解释内容展开对话、展示并验证其合理性。[27] 这样，整个课程的框架结构包括了与各个大观念相关的探究性问题、主题分类问题、活动及总结性问题。探究式问题旨在激发学生的参与积极性。

如果说，近代学校教育以"双轨制"为其根本特征，那么，当代学校教育改革的方向是由两个基轴交叉而成的：一方面是推进教育水准的维系与拓展的"均等化"的水平轴，另一方面是追求质量提升的"卓越性"的垂直轴。如何实现这种"鱼与熊掌兼得"的教育策略，也是当代学科教学的发展回避不了的一个严峻挑战。显然，STEAM跨学科课程的设计可以彰显新时代学校改革的方向，为基于核心素养的学科教学发展提供广阔的视野与潜在的效能。

参考文献

[1] 佐藤正夫.教学原理[M].钟启泉,译.北京：教育科学出版社,2001：63—70.

[2][3][4] 山根祥雄.学科教学的理论谱系[M].东京：东信堂,1989：3,4,182—184.

[5] 寺崎昌男,等.新的"学习方式"与学科的作用[M].东京：东洋馆,2001：16—19.

[6][7][17] C. Fadel,等.教育的四个维度[M].岸学,主译.京都：北大路书房,2016：62,94,126.

[8] 钟启泉.基于核心素养的课程发展：挑战与课题[J].全球教育展望,2016(1)：8.

[9][19] 真野宫雄,等.21世纪期许的学科教学模式[M].东京：东洋馆,1995：69,59.

[10] 奈须正裕,江间史明.基于核心素养的教学创造[M].东京：图书文化社,2015：20.

[11] 森敏昭.创造21世纪的学习[M].京都：北大路书房,2015：11—12.

[12] 布鲁纳.教育过程[M].华东师范大学比较教育研究室,译.上海：上海人民出版社,1973：5—11.

[13][16][21] 日本学科教育学会.新型学校课程的创造——学科学习与综合学习

的结构化[M].东京:教育出版公司,2001:81,81,150—151.
[14] 钟启泉.对话教育[M].上海:华东师范大学出版社,2006:117—122.
[15] 梶田叡一.新学习指导要领的理念与课题[M].东京:图书文化社,2008:120—121.
[18] 人间教育研究协议会.新学习指导要领[M].东京:金子书房,2008:122—125.
[20] 福泽周良,等.学科心理学指南:基于学科教育学与教育心理学的"理解教学的实证研究"[M].东京:图书文化社,2010:128.
[22] 奥田真丈,等.现代学校教育大事典(第5卷)[M].东京:行政出版公司,1993:1.
[23] D. A. Sousa,T. Munegumi. STEAM教育[M],胸组虎,TANE,译.东京:幻冬舍股份公司,2017:11—32,16—18.
[24][25][27] 赵中建.美国STEM教育政策进展[M].上海:上海科技教育出版社,2015:116,182—185,166.
[26] Eric. Brunsell.在课堂中整合工程与科学[M].周雅明,王慧慧,译.上海:上海科技教育出版社,2015:164—165.

6

从"纸质教材"到"数字教材"
——网络时代教材研究的课题与展望

教材是一种广义的概念,离开了课程研究的教材研究就像"盲人摸象"一样滑稽可笑。如何聚焦核心素养,处理好教材设计中的若干基本关系,是我国当下的教材研究迫切需要解决的课题。从"纸质教材"到"数字教材"的发展离不开信息技术的介入,但这种技术的背后是知识观与学习理论的进展使然。面对网络时代的挑战,我们需要有新的学习理论的武装和信息技术的准备,唯有如此,才能让我国的教材发展跨上新的台阶。

一、教材的概念与教材研究的视点

(一) 教材的概念

在教育学中,关于教材(teaching material)概念的界定形形色色,莫衷一是。[1]但一般而言,所谓教材是指"教师和学生据以进行教学活动的材料,是教学的主要媒体。通常按照课程标准(或教学大纲)的规定,分学科门类和年级顺序编辑,包括文字教材(含教科书、讲义、讲授提纲、图表和教学参考书)和视听教材。"[2]或者说,"所谓教材是教学中师生学习活动的直接对象,习得学科内容(知识、技能、态度等)的手段。通过教材的教学,儿童习得某种知识,这些知识、技能的系列化,亦即一定的系统化了的知识领域,谓之'学科'。"[3]因此,从现代学科论的教材概念来看,教材的概念包含了如下的要素:

"第一,作为学生的知识体系所计划的事实、概念、法则、理论。第二,同知识紧密相关,有助于各种能力与熟练的系统掌握、心理作业与实践作业的各种步骤、作业方式和技术。第三,知识体系同能力体系的密切结合,奠定学生世界观之基础的,表现为信念的、政治的、道德的认识、观念及规范。"[4]这就是说,教材是一种广义的概念,是"课程标准—教育内容—教材编制"链条中环环相扣的环节。换言之,课程标准规约着教育内容,教育内容规约着教材编制。课程研究与教材研究是密不可分的,离开了课程研究的教材研究就像"盲人摸象"一样滑稽可笑。

教材是一种文化概念。教育活动是文化活动的一种,不少教育辞书把教材界定为"文化财产"、"文化素材",[5]诸如"教材即'教养财产'——构成教授之材料的文化财产";"教材是旨在达成教育目的之需,让儿童和青少年习得知识而选择的文化素材",等等。日本的《广辞苑》把"文化财产"界定为"作为文化活动的客观产物的各自事物与现象中拥有文化价值者"。所以,编制、选择的教材可以视为一种"文化财产"。在课程教学论中,"学科内容"、"教材"、"教具"的概念原本是有差异的,但往往容易混同。所谓"学科内容"意味着教学过程中直接习得的对象——知识、技能、态度,所以也叫"教学内容"或"学科素养",而"教材"则是"旨在习得学科内容而具体选择的素材"。

教材是一种复合概念。教材的种类多种多样,在传统的教材中有代表性的分类是,由种种的纸质媒体组成的图书教材;由胶片与磁带、唱片为媒体的视听教材;以广播为媒体的广播教材,以及立体的实物与模拟实物模型、标本等实物教材。上述这些教材统称为"模拟教材"。其中,借助电子计算机的介入,模拟教材得以数字化而形成"数字教材";借助两种教材的"一体化"而得以形成"多媒体教材"。[6]各种教材拥有各自独特的性能与特质,在学校教学的场合发挥各自的作用,帮助教师的教与学习者的学。这种境脉中的所谓独特的性能与特质相当于教材的"性格",这种性能与特质的力量的发挥相当于教材的"功能"。[7]从教材就是在教学的场域发挥其独特作用,借以推展教学的境脉来看,教材的"性格"与"功能"的关系不可分割,二者是一起发挥作用的。总的说来,教材种类的划分是对教材的一种分类整理与整顿的工作,这有助于整体地把握不同教材的特质,为教材研究提供要点与线索。

教材是一种关系概念。在日本教材学会编撰的《教材事典》(东信堂2013年版)的"教材"条目中称,"教材是关系概念"。从历史上看,在赫尔巴特学派中,教材被视为"教学的三要素"之一,是处于教师、儿童、教材三者的互动作用的关系之中的概念,亦即"教材"是教授者与学习者之间的一种媒介。而杜威(J. Dewey)从经验主义教育学的立场出发,主张"所谓教材,就是在一个有目的的情境的发展过程中所观察的、回忆的、阅读的和谈论的种种事实,以及所提出的种种观念"。[8]就是说,经验本身即教材,即教育内容,而教材毋宁说是"刺激思维的媒介",在这里重视的是教材的功能侧面——能动的交互作用关系,而不是单纯的知识灌输。[9]另一方面,教材具有另一种性质,即"未然教材"与"已然教材"的区别。前者指的是根据教育意图编制的,但尚未在现实的学习场面使用的教材。这种见解的意涵是,以某种方式客观地认为的"教材"或"教材集",是谁都可以采用且能产生同样效果的。而"已然教材"的意涵是,凡未经教学实际使用的,不应称为"教材",在实际运用、已成事实之后,才称得上"教材"。上述两种"教材"未必是完全矛盾的。就是说,业已编制出来的教材通过教学,借助交互作用关系,可以从预设的"未然教材"变为现实的"已然教材"。[10]换言之,"教材并不是单纯由教师典型地设定的素材,也不是一经设定的素材通过教学的实施而成为固化的存在。它是由儿童与教师的协同,作为追求文化可能性的一种媒介而存在的"。[11]

教材是一种发展的概念。随着电脑与网络的发展,晚近电子媒体的教材开发得以加速,数字教材正在迅猛普及。所谓数字教材是"综合了旨在实现教育目标而数字化的学习素材与管理学习过程的信息系统"。[12]这就意味着,"纸质教材"与"数字教材"是两种不同形态的教材。

纸质教材。包括传统的"纸质教材"(图书教材)和"视听教材"、"广播教材",这些是以纸类、胶片、幻灯片、磁带、广播等作为媒体而制作的教材,在教材学统称为基于媒体的"模拟教材"。[13]在使用模拟教材(我国教育界笼统地称之为"纸质教材")之际,纸质印刷媒体需要有模本和印刷机、装订机;以唱片、磁带为媒体的音声与音乐需要有留声机、盒式磁带;以照片等胶片为媒体的静物画需要有投影仪、幻灯机。动画和动画片在以胶片为媒体的场合,需要有放映机;以磁带为媒体的场合,需要有录像机;广播需要有接收机,等等,都必须配备适应种种媒体的机器与器材。就是说,模拟教材是作为软件保存的形态以及再现软件的硬件配套而成的,分别由不同的媒体构成。这样,传统的模拟教材的种类划分超越了学科的边界,着眼于各种媒体的不同性能来进行分类整理。从某种意义上说,是一种跨学科的分类。

数字教材。数字教材指的是"集合了教科书、音声、静物画、动画和影片等多种表达方式(多媒体)的信息形态的教材"。[14]比如,磁盘、光盘、存储器、光纤等通信设备和因特网等,多种多样。数字教材的要素就是多媒体。不过,基于这些媒体的软件的利用,不像模拟教材那样需要各种媒介,只要借助电脑和相关设备(包括软件)就行。再有,借助今日电脑及其相关设备的性能提升,很多传统的模拟教材有可能变换为数字教材。因此只要经过一定的步骤,模拟教材也可作为数字教材来利用,或者纳入数字教材的框架中进行编辑。这样,模拟教材与数字教材的区别,以及模拟教材的媒体之间的区隔,也失去了硬件与软件之分的意义。在此基础上,文字、音声(包括音乐、语音旁白、特殊音效)、照片、动画、图表(表格、模式图、结构图、地图等)、3D图像等都可以借助电脑整合起来,从而有意识、有计划地把各种数字教材链接起来,加以编辑,就有了实现教材的多媒体化的可能。教科书也可以进行数字化的探讨与开发,可以纳入辅助教材,这样形成一体化也就有了可能,主副教材的区别也消解了,作为多媒体教材的功能就可以发挥出来。

(二)教材研究的视点

如前所述,教材是一种关系概念,但重要的是,"有哪些关系,是怎样一种关系","如何去解读种种的关系"。比如,同教育的目的与目标之间的关系,同旨在达成目的与目标的教育内容之间的关系,同教育对象之间的关系,同工具之间的关系,等等。唯有从这种关系论出发,才能完整地把握教材的概念框架,发挥各种教材的性质与功能。多年来,我国教育界对教材概念几乎是茫然无知的,于是乱象丛生:以为凭借经验,用不着教材研究的积累就可以编出好教材;以为"教育内容"、"教科书"、"教材"三者是等同的概念;以为有了统编教科书便可高枕无忧,如此等等。按照日本教育学者的研究,优质教材的设计需要满足如下四个条件:[15](1)教材必须是基础性的,教材应当反映初步的、基本的概念与法则。因此,它必须是开发智力的教材,必须是各门学科的基础。(2)教材必须具有系统性。教材应当遵循各门学科及各个领域教材的系统性,因为学生是凭借教材去深化思维与提升认识的。(3)教材必须同学生的发展合拍。一是内容本身要适应,二是能使学生掌握理解内容的方法与技术。(4)教材必须同社区实际相结合。教材要有利于学生接触社会现实。所谓"教材的社区性"是指教材本身隐含的社区性,是在具体的社区中反映了普遍性的教材。显然,在这些条件的背后,意味着诸多基本关系的研究:传统知识与现代知识关系的研究、儿童发展与教材编制关系的研究、社会发展与教材形态关系的研究等。从我国教材发展的现状来看,如何聚焦核心素养,统整地把握教材的概念,处理好教材设计中的若干基本关系,是当下迫切需要研究和解决的课题。以下试举数例。

如何求得主要教材与辅助教材的相互支撑与汇通。我们从"教育内容—教材—教科书"的概念链条中可以发现,教材的上位概念是教育内容。"教育内容不仅包括教材内容(素材内容),而且包括了引导作用、动机作用、方法论指示、价值判断、规范概念等。因此,在教材编制中明确教材同教育内容的联系与区别是很重要的。教材是教育内容的重要成分,但它不过是一种成分。"[16]一般而言,所谓主教材即教科书,除此之外的教材均属副教材。但在实际的教学中,仅仅采用"作为主要教材"的教科书是难以展开有效的教学的,兼用辅助教材(包括副读本、解说书、学习图鉴、资料集、问题集、练习册等),才能发挥最大效果。就是说,主副两种教材是相辅相成的,作为主要教材的教科书需要辅助教材来支撑和补充。这样,辅助教材需要补充教科书的哪些部分,需要多高水准、多大分量的补充教材,是教材研究的一个重要视点。

如何求得学科教材与跨学科教材的相互支撑与汇通。从国际核心素养的界定中可以发现,如果说学科教学相当于"硬件",那么,跨学科教学就是"软件"。学科是在长期的历史发展中形成的一种独特的文化,教科书和教材是分学科的,分学科的教材编制不能满足于知识点的传递,而应当指向学科素养。这种学科素养由三根相互支撑的支柱构成,即"知识与技能","思考力、判断力、表达力","向学力与人性",[17]它们成为学科教学的核心。不过,众多的教育内容(诸如环境问题、能源问题、人口问题、国际纷争问题等)单靠学科教学是难以达成目标的,需要基于核心素养重建学科,或者建构新型的学科群,诸如"科学、技术、工程、数学"(STEM,即 science, technology, engineering, mathematics)的学科群,特别是在此基础上加上"艺术"(arts)的STEAM学科群。[18]这样,跨学科教材的设计愈益成为国际教育界关注的课题。

如何求得纸质教材与数字教材的相互支撑与汇通。从纸质教材置换为数字教材将会给学校教育带来巨大的变化,这是可想而知的。然而究竟会有怎样的变化、会产生哪些利弊得失,值得大家关注。数字教材由四个要素构成:(1)作为装置的硬件;(2)装置中起作用的机制——软件;(3)在软件上能够视听的具体内容;(4)通信用的网络。这就是说,电脑、因特网、电视的发展给现代社会带来了空前的变化:人人都能借助庞大的网络,随时随地链接而形成学习的系统。学习者不仅是信息的接收者,而且能够改变和运用媒体的表现技术,开始从单纯的一对多的媒体,拓展为"多对多"的媒体。因此,"纸"与"数字"是全然不同的媒体。"新型媒体在转向'数字文化'的过程中给学校教育带来了同印刷术同样震级的冲击性影响。"[19]不过,"从教育者的观点看来,电脑终究是单纯的知识内容的提供者而已,人生所必须的智慧有许多是电脑教不了的"。[20]研究表明,数字教材也存在不容忽视的问题,即对视力与精力会造成长期的不良影响。另外,由于引进数字教材,"动手实验与进行观察的时间、使用纸笔边思考边制图和运算的活动缩减"。反观纸质教材,由于拥有一览性和俯瞰性的特点,学习者可以在一览无余、尽收眼底的状态中获得"有效理解"的效果。因此结论是,一味倡导教材的全盘数字化,不能视为正确的政策主张。[21]

如何发挥作为主要教材的教科书的基本功能。根据国际学者的研究,可以概括为三大功能:[22](1)信息化功能——作为学科内容进行的知识选择与传递的功能(真实性、思想性)。这种知识对学习者而言是有价值的、富于感染力的。通过教科书的学习,能够在儿童幼小的心灵中播下"家国情怀"的种子。(2)结构化功能——有助于学习者自身知识系统化的结构化功能(系统性)。学习者在学校中掌握的不是碎片化的知识,而必须是拥有因果关系或者一般与特殊关系的概念,有助于结构化知识的形成。所谓学科的系统学习是指:学习者学习的内容具有逻辑的连贯性,前面学到的知识是之后学习的知识的基础;后面学习的内容是作为前面学习内容的进一步提升。要使学习的系统性得以形成,就得在注重内容的逻辑结构的同时,考虑到儿童(学习者)认知法则的序列。就是说,教材的具体性(同现实生活的关联性)的学习内容更容易理解。(3)指导性功能——让学习者学会合理的学习方式的教学功能(教学性)。教科书教材在传递种种信息、帮助学习者形成结构化知识的功能之外,还要借助提示种种的问题,让学习者自主思考,在问题解决过程中自主性地获得知识、掌握技能。所谓指导性功能,重要的是不仅向学习者传授知识,而是教会学习者获取知识的方法或是做学问的方法,学会终身学习。这三个指标性要素是教师在处置教材的过程中必须遵循的。事实上,在发达国家的教材研究中格外受到关注的是,一线教师如何基于教科书基本功能展开教材解释,激活"教育内容—教材—活动"这一教学过程的教育功能的研究"。[23]

二、教材的演进与"实践共同体"的建构

(一)数字教材演进的脉络与动力

信息技术的介入极大地促进了数字教材的发展,数字教材的研究主要是在教育技术学领域展开的。这是一种跨学科的研究,旨在引进教育学、心理学、工程学的成果,确立起利用信息技术、设计可靠性高的教育活动的设计方法论。教育技术学是以欧美为中心的,从20世纪60年代开始发展起来的一个研究领域,它积累了丰富的有关数字教材研究的知识与实践经验。日本学者梳理了晚近教育技术学领域推出的数字教材的发展步伐,大体可以归纳为以下三个流程:[24]

1. 基于行为主义的数字教材开发:电子计算机辅助教学(CAI,1975—1985)。从20世纪70年代后半叶到20世纪80年代前半叶,伴随着个人电子计算机问世的同时,围绕电子计算机提示信息,并根据学习者应答的正误作出适当反馈的电子计算机辅助教学信息系统得以问世。开始是基于行为主义的教学理论开发的,尔后引进了信息处理心理学与人工智能研究的成果,能够随时把握学习者的理解度与熟练程度,调节学习进度,改变教材内容,因应学习者的个别差异。

2. 基于认知主义的数字教材开发:多媒体教材(1985—1995)。从20世纪80年代后半叶到20世纪90年代前半叶,随着个人电子

计算机的性能的提高,其具有了处理画像、音声等信息的功能。研究者基于此,根据学习者的兴趣进行了教材数据库的建设工作并推进新型"多媒体教材"的开发与评价的研究,同时进行了激活学习者能动学习方式的尝试性实践。不过,由于众多学习者并不掌握学习方略,对它的利用是极其有限的。在制作多媒体的20世纪80年代,研究者认识到基于学习者的知性、好奇心的探究,以及推论与验证的知识建构,才是有意义的学习过程。因此,研究者开始重视以学习者能动的知识建构过程为中心,谋求"图像、剧本、印刷品和电子计算机组合起来的教材结构"。从某种意义上说,体现了知识观与学习理论的进步。

3. 基于社会建构主义的数字教材开发:电子计算机协同学习(CSCL,1995—2010)。从20世纪90年代后半叶到21世纪10年代,基于网络的学习者之间的沟通有了可能。于是,展开了通过学习者的讨论活动及支持知识的社会建构的电子计算机协同学习的研究。借助网络技术的运用,使得介入思维与对话的过程变得容易,而且能够超越时间与距离进行沟通。引进电子计算机协同学习的优点是,其一,通过运用电脑展开对话与共同作业,能够促进学习者自己思考的外化。明确头脑中的思考,是同增进自身的理解联系在一起的。另外,还可以促进思考的反思。其二,网络是形成学习者共同体的基础。学习者把自己的思考在网络上展现出来,与共同体的伙伴分享,接收来自伙伴的见解,可以为自己的思考提供崭新的视点,也可以接受来自先辈的意见与指导。通过这种对话能够相互与共同体伙伴琢磨思考,了解他者的见解,增加客观地看待自己思考的机会;同时与反思息息相关的是,根据他者的见解,产生新的见解。这样,在电子计算机协同学习中基于学习者彼此分散的自身与思考,能够协调地加深了解,建构新的知识。

不过,这些研究不是靠单纯的技术普及就能够成就的。从"纸质教材"到"数字教材"的发展离不开信息技术的介入,但这种技术的背后是知识观与学习理论的进展使然。具体地说,伴随着20世纪60年代到20世纪80年代从行为主义到认知主义的转型,以及20世纪

80年代中期以后从认知主义到社会建构主义的转型,相应的数字教材随之问世,这是历史的事实。迄今为止,存在着三个学习理论的思想潮流——行为主义、认知主义、社会建构主义的学习观与相应的教材设计原理。其一,行为主义。电子计算机辅助教学的思想背景是行为主义,行为主义的学习观认为"学习是基于刺激与反应的结合而形成的可观察的行为变化,通过对刺激做出的反应进行适当的反馈,就可以支援学习"。早期的电子计算机辅助教学研究是源于斯金纳(B. F. Skinner)"教学机器"的思考方式的一种延伸。其二,认知主义。认知主义的学习观认为,"学习是学习者通过能动的探究而形成的知识结构体(图式),通过适当地提供借助探究而获得的知识结构体的部件",就可以支援其学习。因皮亚杰(J. Piaget)的认知发展研究产生了极大影响的20世纪70年代的认知革命,就是基于这样一个思想背景。其三,社会建构主义。电子计算机协同学习是基于社会建构主义的思想进行设计的。社会建构主义的学习观认为,"学习是借助沟通行为得以建构知识的,通过沟通境脉的设计与知识建构过程的介入,可以支援其学习"。迄今为止的教材发展不外乎是传承这三个思想潮流的结果。从教学活动方式来看,几乎是如下三者的组合:(1)让学习者求解问题,提供正确答案与暗示的反馈。(2)提供根据学习目标而构成的图像等多种多样的学习资源。(3)让学习者之间展开讨论。可以说,这些都是电子计算机辅助教学、多媒体教材、电子计算机协同学习所传承的。2005年以来,数字教材正在发生着变化,这种变化被视为是"上述三种思想的融合与教材的低价化所形成的流通革命"。[25]可以预期,由维果茨基(L. S. Vygotsky)开创的、列昂节夫(A. H. Леонтьев)传承的、恩格斯托洛姆(Y. Engestrom)发展的活动理论,闪耀着马克思主义哲学思想的光芒,将成为网络时代教材研究的强有力的理论支撑。

(二)数字化学习与"实践共同体"的建构

随着数字化社会的到来,知识的生产、流通、消费的循环正在变得越来越多层化、共享化、全球化。行为主义学习观的势微与社会建构主义学习观的兴盛,是时代发展的必然。在社会建构主义看来,个人知识的建构是在一定的社会关系之中交互作用的结果。就是说,认知活动不仅在个人头脑中以处理符号的方式而发挥作用,而且是把外在环境作为认知资源来利用的。从教材研究的角度来说,新的学习理论与信息技术的相互交融,正在催生支撑数字社会的数字化学习,促进学校教育的转型:从学科内容的"传递—习得"的构图转向"参与—习得"的构图;从"传递(媒介)"的范畴转向"参与(创造)"的范畴。也就是说,从"内化"的范畴转向"内化—外化"的学习。"内化—外化"的学习是借助语言为媒介的交流(交互作用)而实现的,文化创造的过程即共同参与实践共同体的过程。为了实现数字化学习,汲取当代学习科学的理论养分——何谓真正的"学习",如何把握"学习者的动机作用与认知",怎样促进"实践共同体"的建构,等等——是可取的。这里试举若干有益于数字化学习的教材设计的理论。

1. ARCS 模型。"没有主体对教材的有意识的能动的学习活动,就没有教材存在的价值。"[26]因此,要借助教材提升学习成效,首要的是学习者必须有持续使用教材的愿望。那么,怎样来引出学习者的学习愿望呢？在动机作用的理论中,ARCS 模型是可以好好利用的。[27]所谓 ARCS 模型是从"注意"(attention)、"关联"(relevance)、"自信"(confidence)、"满意"(satisfaction)四个侧面来理解学习愿望的一种模型。"注意"的侧面——抓住显眼的插图或实例,刺激自觉,引发学习者的"为什么"的好奇心。这就需要有变革教材的功夫。"关联"的侧面——把学习内容同学习者关注的事情链接起来,或者从学习者的视点出发,让其理解学习的目的。这就需要有使学习变得快乐的功夫。"自信"的侧面——明晰教材的目标,基于自身的学习步调确认学习成果,一步一步往前推进。"满意"的侧面——让学习者确认努力的成果,积极地进行表彰。测验的实施是从其以往的学习内容与目标出发的,致力于测验内容与标准的公平。所有这些视点渗透到教材设计的过程之中,将会使教材更富有魅力。

2. 认知弹性理论。不同学科处置的问题不同,教材设计也大相径庭。一般而言,语文、社会和综合学科的教材设计比起数学与理科来,难以采用课题分析的方法。[28]数学的问题解答是明确的,解答的必要条件也是明示的居多。这就是所谓的"良定义问题",亦即初始状态、目标状态、问题解决的必要手段是明确的问题。但在语文学科和社会学科中的问题,比如何谓"自由"、"公平",是没有明确答案的问题,亦即目标状态与初始状态并不明确的问题,谓之"不良定义问题"。提起学校教育中的问题或许更多地会浮现出"良定义问题",但在现实社会中更多的是直面"不良定义问题"。面对这种复杂构成的课题的一个线索,作为一种理论,可举认知弹性理论。认知弹性理论是 20 世纪 90 年代美国伊利诺伊大学的斯皮罗(R. Spiro)针对结构不良知识的习得与迁移,而提出的一种学习理论,意指"以多种方式同时重建自己的知识,以便对方式根本变化的情境领域做出适当的反应"。根据这种理论,人类的认知结构与记忆方式会随着不同的教学方式而产生巨大的变化。特别是从种种的角度探讨同一事物(或是通过种种的事例对同一事物展开探讨),其理解事物的方式以及基于这种理解而解决的方式是多种多样的,唯其如此,才能应对复杂的问题。基于这种理论的教育方式与教材设计的要点如下[29]:(1)组织的学习活动能够对学习内容提供多样的视点。(2)避免知识内容的碎片化,重视学习的脉络。(3)不是传递单纯的知识,而是通过经验多种事例,自主地建构知识。(4)给学习者提供的不是过细分类的信息,而是借助充分链接的信息来展开学习。

3. 实践共同体。毫无疑问,教材是掌握知识的一种手段。不过,单凭教材是不能掌握所有的知识的。比如,在现实场面的问题解决的方法之类,不同他人沟通,是难以掌握的。换言之,"'教材'在教学的探究过程中往往是作为学习者的思维与表达活动的具体对象物而生成、变化的一种存在。从这个意义上说,教师必须聚焦学习者的思维与表达的交互作用的过程本身"。[30]这样,对于教材设计者而言,有助于解决这个难题的一个概念,就是实践共同体。所谓实践共同体是温格(E. Wenger)倡导的学习者共同体的概念。他通过观察徒弟制中的学习,发现学习原本是通过参与共同体来展开的。作为实践共同体的要素有三个,即:"领域"(domain)、"沟通"(community)、"实践"(practice)。所谓"领域"是指成员相互之间关注的问题与课题;所谓"沟通"是指分享有关领域的思考方式,体现相互学习的关系;所谓"实践"意味着在某个领域借助沟通而产生的分享和维系特定的信息、知识和思考方式。当这三者协调之际,实践共同体就能发挥作用。在这里,从学习者的视点看来,在教材与共同体之间应当存在某种契合点,或者共同的部分。在实践共同体中要寻求特定问题解决所需要的知识,单凭传统的纸质教材是难以实现的。换言之,数字教材与实践共同体的组合,有可能求得更好的学习效果。实践共同体中的学习,"可以比喻为从已知世界到未知世界之旅,在这个旅途中,我们同新的世界相遇,同新的他人相遇,同新的自身相遇;在这个旅途中,我们同新的世界对话,同新的他人对话,同新的自身对话"。[31] 佐藤学指出,东亚教育的弊端是应试教育造成的"学习的异化",亦即"学习对象(学习内容)的丧失,学习伙伴的丧失,学习意义的丧失"。而"学习的对话实践无非就是消解传统课堂中产生的'学习的异化'的实践"。[32]

从纸质教材到数字教材的发展具有划时代的意义。"印刷术的发明产生了'书籍'这一媒体,旨在知识流通的百科全书得以编纂,原本为少数人垄断的知识得以解放,并且催生了新的教育形态。信息技术的发展产生了'网络'这一媒体,并且正在成长为远远凌驾于百科全书之上的存在。不过,即便网络媒体的规模再大,倘若信息通过理解不能转化为人们的知识,多样知识的相遇未能产生新的价值,那就不能说是超越了百科全书的存在。"[33] 我国改革开放40多年来,尽管教材的设计取得了长足的进步,特别是在实践层面积累了丰富的经验,但教材研究的团队寥寥可数,教材开发的活动有待规范,改革实践的经验尚需挖掘。我们需要变革教材研究的方法论,彰显教材研究规范性与实证性的特质。[34]而在教材研究中恐怕离不开最基本的 ADDIE 模型。所谓 ADDIE,包含了如下五个基本步骤的循环往复,即"分析"(analysis)、"设计"(design)、"开发"(development)、"实施"(implementation)、"评价"(evaluation)。遵循这个模型将有助于消弭教材设计中种种混沌的状态。日本学者通过数字教材的研究,强调了教材设计的三大原则——真实性原则、反思性原则、脚手架原则——的重要性。[35]所谓真实性亦即培育真实性学力。不是传统的学校知识,而是重视知识建构的能力,养成应对真实情境的运用知识与处理问题的能力。所谓反思性是指学习者琢磨自身的思维方式与实践方式。学习者能够把自身的思考同他者分享讨论,从不同的视点相互批判性地进行分析与判断。所谓脚手架是指学习者求得他者的帮助,形成学习支援的系统。学习是在社会情境与关系性中形成的,唯有参与协同学习才能实现真实性学习。

教材研究任重道远。从纸质教材到数字教材的发展是一场深刻的革命性变革,但这不意味着纸质教材的离场或消亡,也不意味着未来的教材应当全盘数字化。从本质上说,今日教材的变革体现了学校教育转型的诉求——从"记忆者"的培育转向"思考者"、"探索者"的培育。面对网络时代的挑战,我们需要有新的学习理论的武装和信息技术的准备,唯有如此,才能让我国的教材发展跨上新的台阶,加快学校教育转型的步伐。

参考文献

[1][5][6][7][13] 日本教材学会.教材学概论[M].东京:图书文化社,2016:7—9,8,34,33—34,41.
[2] 顾明远.教育大辞典[M].上海:上海教育出版社,1998:695.
[3] 日本课程学会.现代课程事典[M].东京:行政出版公司,2001:160.
[4][15][16][26] 钟启泉.现代学科教育学论析[M].西安:陕西人民出版社,1993:185,211,187,193.
[8] 杜威.民主主义与教育[M].王承绪,译.北京:人民教育出版社,2001:197.
[9][10] 奥田真丈,河野重男.现代学校教育大事典[M].东京:行政出版公司,1993:348—349,348—349.

[11][30] 钟启泉.读懂课堂[M].上海:华东师范大学出版社,2015:158,160.
[12][14][24][27][29][33][35] 山内祐平.数字教材教育学[M].东京:东京大学出版会,2010:1,25,2—4,122—123,124,187,54—55.
[17] 无藤隆.能动学习与教师力·学校力[M].东京:图书文化社,2017:35.
[18] D. A. Sousa, T. J. Pilecki. STEAM 教育[M].胸组虎胤,译.东京:幻冬舍股份公司,2017:5.
[19][20] A. Collins, R. Halverson.数字社会的学习方式:教育与技术之再考[M].稻垣忠,编译.京都:北大路书房,2014:34,56—57.
[21] 新井纪子.数字教科书真的好吗?[M].东京:岩波书店,2018:25—26.
[22][23] 日本教育方法学会.日本的授业研究(下卷):日本授业研究的方法与形态[M].东京:学文社,2009:22,33.
[25] 佐藤学,等.学习与课程[M].东京:岩波书店,2017:249.
[28] 秋田喜代美,坂本笃史.学校教育与学习心理学[M].东京:岩波书店,2015:115.
[31] 佐藤学.学习的快乐——走向对话[M].钟启泉,译.北京:教育科学出版社,2004:1.
[32] 佐藤学.相互学习的课堂、一起成长的学校:学习共同体的改革[M].东京:小学馆,2015:162.
[34] 日本教育方法学会.教育方法学研究指南[M].东京:学文社,2014:61.

"练习"的再认识：批判与辩护

学校教育中的"练习"有不同的语境，但是万变不离其宗的是旨在为学习（学业）而展开的外显或内隐的动作与行为。人通过"练习"而且唯有通过"练习"，才能臻于生活的完美发展与充实。从这个意义上说，人是"终身练习者"。本文旨在为学校教育中的"练习"提供批判与辩护，亦即从儿童人格发展的高度展开跨学科的考察，界定"练习"的概念，揭示"练习"的正负能量，洞察"练习"的本质——学会领悟自身的自然本性，发现自我、修炼自我、完善自我，从而有助于"练习"真正拥有人性的高度，使"练习精神"在学校教育中熠熠生辉。

一、练习的概念

（一）练习的本义及其不同语境的表述

"练习"（practice）的本义是"钻研学问技艺"（《广汉和辞典（下卷）》，是"反复学习，以求熟练；为巩固学习效果而安排的作业等"（《现代汉语词典》）。孔子倡导的"学而时习之"、"温故而知新"，可以视为练习教学的思想基础。古往今来，在教育家的经典论述中，"练习"有不同的语境，诸如"练习"、"作业"、"活动"，体现了不同的思想背景——要素主义、进步主义、活动主义，等等，它们都具有一定的合理性。这些术语尽管有微妙的差别，但是万变不离其宗的是"练习"旨在为学习（学业）而展开的外显或内隐的动作与行为。

"练习"在学校教育中构成了"指导—讲授—练习"这一传统教学

法的三个主要环节之一。"指导"是让儿童依靠自己来思考的一种影响作用;"讲授"是教授儿童使之理解的一种影响作用;而"练习"(或"训练")是旨在巩固上述环节所习得的学习内容的一种有组织的活动。克林伯格(L. Klingberg)指出:"练习是一种普遍的教育现象,是一切教育、教学过程的现象形态及其领域的本质特征。"[1]进一步说,无论是西方社会的"陶冶"传统还是东方社会的"修行"传统,无不彰显了"修炼"的观念,[2]"练习"是同这种"修炼"精神息息相关的。学校教育学中的所谓"练习"是指:"使作业与动作出色,或是形成熟练与习惯,而反复进行的活动;在练习中其结果是提升了作业与动作的品质。前者是练习活动,后者是练习效果,广义的'练习'涵盖了上述两个侧面。"[3]裴斯泰洛齐(J. H. Pestalozzi)在《隐士暮年》中力陈"练习"的必要性时说:"自然凭借练习丰富所有人类的力量,而这些力量又借由运用而得到。所以,纯粹的、正直的人,纯化而率直地应用自己的认识,而且借助持之以恒的勤勉,练习并运用自身一切的力量与素质,就能够基于人类的本性获得陶冶,达致真正的人类的智慧。"[4]所以,杜威(J. Dewey)明确地指出:"一切真正的教育,其终点必在训练之中。但是,它的过程却在于使心智为其自身的目的而从事的有价值的活动之中。"[5]备受关注的练习的法则性研究,一直被视为心理学的特殊问题。[6]事实上,在20世纪的百年间,从"行为主义心理学"到"认知心理学"再到"情境学习论",研究视点发生了巨大的进化,从不同层面为"练习"概念的建构提供了理论依据。

俄国心理学家巴甫洛夫(I. P. Pavlov)的"条件反射"的实验表明,自然不存在的刺激与反应的结合通过练习成为可能,但这也是以本能为基础的。这个实验是以狗为对象的,通过给狗提供食物的同时让其听到铃声,如此重复操作40—60次,之后狗只要听到铃声就能分泌唾液。不过,如果不给狗食物只打铃声,经过数次反复之后,狗尽管会流唾液,但次数渐渐会变少,最后狗就不分泌唾液了。这个事实表明,借助反复练习,可以强化刺激与反应的结合。但仅仅是反复练习是不行的,要重视本能性的基础。我们的问题在于,借助怎样的练习才能有效,这里面需要有人类本能的调动,狗的实验未必适用于人类。特别是在练习中,无论是知性需求还是能力上都有所差异,所以,人类的练习法则应当与狗有所区别。美国心理学家桑代克(E. L. Thorndike)倡导"练习法则"(law of exercise)。[7]他认为,刺激与反应的结合有如下两个性质。其一是,对某种刺激引起反应之时,一旦反复,刺激与反应的结合就会得到强化。其二是,这种反复不再进行之时,刺激与反应的结合就会弱化,这时反应的动作与行为谓之"练习",不进行这种练习,结合就会弱化。基于练习的行为变化,可以从两个方面来加以把握:(1)借助反复练习,可以谋求量的变化——所需时间缩减、错误减少、努力减轻。(2)借助反复练习,可以谋求质的变化——动作在整体行为中的正确性与流畅化——品质优化。学习达到一定的标准之后,倘若进一步进行练习,行为就会更加稳定和流畅。不过,由于学习课题的性质、难度、学习者的动机作用不同,其效果会发生变化。所以,桑代克强调"效果法则"(law of effect)也是必要的。确实,在单纯的刺激情境与反应的机械性反复之中,学习者的兴趣容易丧失,也难以充分达成练习的目的。因此,要发挥练习的效果就得考虑如下条件——动机作用、练习方法、练习情境。教师在教学中设计儿童练习活动的场合时,重要的不是强制性地进行单纯作业与动作的反复行为,而是不断地介入评价活动,引发儿童主动地面对练习活动,同时教师应有效地组织相应的思考与认知活动,借以提升练习的效果。

在学校教育中同"练习"相似的概念有"作业"(work)和"课外作业"(home work)。从世界教育发展史来看,针对语词主义教育、被动学习的学校教育,在"新教育运动"中倡导了"手工作业"、"手工劳动"作为基于自我教育的"全人教育"的方法。所谓"作业单元"(unit of work)就是强调以儿童的双手从事实践活动为基础而构成的单元,亦即以制作物品、原理的应用、环境的构筑等"工作"作为学习单位的单元。杜威、克伯屈(W. H. Kilpatrick)的"经验主义学习论"和凯兴斯泰纳(G. Kerschensteiner)的"劳作教育论"[8]对于旧教育的抨击并不是毫无启示意义的。事实上,针对当代儿童缺乏生活体验的弊端,在学校教学中引进通过行动展开学习的"体验学习"与"劳动生产"活动,被视为有助于矫正儿童脱离实践、脱离生活的学校教育。这不是传统意义上的狭隘的生产性作业,而是拥有多种目的、借助身心活动获得综合性教育体验的一种教育,一种在学科教学中纳入作业与体验,借以改造学科教学的活动。

学习者所处的情境对练习与学习会产生重大影响。"情境学习论"(situated learning theory)主张,所谓知识往往是浸润在环境或是情境之中的。因此,真正的"练习"与"学习"是学习者在环境与情境之中,通过同环境与情境的交互作用而形成的。以往的认知心理学认为,人的认知活动全部是在头脑之中的"信息处理"的结果。但在"情境理论"中,人的行为是处在人类生活"现场"的种种事物编织而成的"关系网络"之中的。从这个原理引申出来的"实践共同体"、"合法的边缘性参与"、"协同学习"等概念,为我们重新思考"练习"提供了新的方向与策略。[9]

可以说,我们不妨把"练习—作业—活动"作为一个概念系统来看待。"练习"即"作业",即"活动"。反之,"活动"即"作业",即"练习"。进一步说,"练习"即"做中学",即"学习","练习"几乎可以同"学习"等量齐观。

(二) 练习:从"机械性练习"走向"有意义练习"

"练习"(训练)无所不在。从幼儿时期学步、学话开始,练习在一般日常生活、学校生活乃至人类生活中都广泛占据。人类不同于动物,生活所必要的功能只存在极其有限的部分,人类首先必须学会这种功能。在这种功能产生之前,必须持之以恒、百折不挠地进行练习。在学校课程中会出现阅读、计算等各种各样的练习问题,如外语的翻译练习、歌唱的练习、体操的练习,等等。练习原本是旨在巩固知识与技能的,然而其弊端也是显而易见的,这就是:容易沦为"机械性练习",难以适应个别差异。梅耶(H. Meyer)分析了下列加重课业练习负担的因素,使得学校中难以实施"有意义练习":[10](1) 由于教学计划的教材过于庞杂,练习的课题往往份量太重。相反,能够自由支配的时间一直不足。(2) 众多教师把练习同成绩评价结合起来。然而,倘若成绩的评价始终是错误的追踪,对于学生而言则是强制性的负担。(3) 当学校完不成的练习用家庭作业来弥补之时,往往会仰赖于家长的劳力或能力。这样,把学校的练习推给家庭是极其有问题的。因为,这会由于社会阶层而产生不利的处境。由此,家庭作业会破坏家庭的平和。(4) 学生的注意力与学习动机作用是逐年下降的。这显然是同学生在校外承受过分饱和的刺激有关。(5) 轻蔑学习心理学的法则性往往会导致学生的能力水准随着练习而下降。(6) 在诸多场合进行练习时,明显地缺乏基于方法论的想象力。因此,"练习"尽管在学校的实践中如此司空见惯,但在现代教育学中是受到轻蔑的。

事实上,在19世纪末20世纪初的"改革教育学"浪潮中强烈地体现了对于练习的嫌恶,并且提供了理论的阐述。诉诸"儿童的权利",把20世纪称为"儿童的世纪"的爱伦·凯(E. Key),从儿童发展的法则性构想幼儿教育的蒙台梭利(M. Montessori)等代表人物,都同声斥责一切的强制、指导和权威。他们重视儿童的自发性、活动性、自主性,重视儿童潜在的创造力,重视儿童的自由发展。这里要特别高度评价那些直接地从内部涌现出来的表达——诸如自由的游戏、音乐、图画、体操等艺术教育。从儿童的成长出发批判"扼杀儿童创造力"的练习是无可非议的。不过,在"改革教育学"的框架内,凯兴斯泰纳也抨击了一味空喊"提高儿童想象力"之类的口号乃是"粗暴的言说"和"空前的灾难"。他在《劳作学校》中坚持"客观性原理"。所谓"客观性"是指在工作中要求可控的精确性,而这种精确性倘若没有手工技能的熟练是不可能的。因此,他力主"倘若未能习得机械性能力,那么,任何价值的创造都是不存在的"。唯有练习才能达到。他感叹学生对系统性练习准备不足:"我们的教学应当发挥前所未有的练习教学的——适当形式的课题的作用。"[11]诸多心理学家归纳了包括练习准备的重要性、习得素材的意义关联、反复的效应、练习形式的变化等在内的练习的法则。

从现代教育学的发展来看,这种轻蔑是可以理解的。赫尔巴特(J. F. Herbart)说:"无聊,是教学的最大罪恶。"[12]"许多教师由于没有研究训练的含义,造成了学生对学习的厌恶情绪,使学生感到学习不是一种极其快乐的活动,而是一件令人烦闷不快的事"。[13]教学原本应当是富于魅力的,学生越是主动地参与教学,学习就越是兴趣盎然的。然而恰恰相反的是,练习往往是无聊的。这是因为,练习长久停留于既知的东西,要经历反反复复才能达到流畅。倘若一味寻求新颖性和兴趣,尔后必要的基础就会遭到轻视。这就是所谓的"急于求成",其结果是基础不牢——产生不确凿、不扎实、不满足的弊端。如此一来,还得从头开始。从这个意义上说,无论练习如何无聊,仍然有其必要性。

练习(训练)有益于儿童人格的健全发展。不过,机械性训练不是心智的训练。杜威指出:"实在地说,训练是积极的和富有建设性的。它是一种力量,是控制种种手段,为达到目的所必需的力量——训练是指一种结果、一种产物、一种成就,而不是来自外部的某种东西。"[14]不消说儿童的"人格修炼",即便是学校教学中"预习"、"复习"的作用,也需要重新加以认识。诸如,"预习"的作用与其说是"预先获得知识",毋宁说是旨在预先了解自己,重点在于梳理自己想知道什么、不明白什么,以及自己的兴趣所在;"复习"的作用更重要的在于深化个人体验,而非单纯的"作业性训练",等等。在日本,特别是禅宗佛教确立的练习形式之所以格外引人关注,就是因为"练习不仅仅有助于一定的能力的习得,同时也将带来人的内心变化,亦即人的精神境界的突破"。[15]所谓"世事洞明皆学问,人情练达即文章"(《红楼梦》)。"练习"涵盖了"习练"、"训练"、"操练"、"演练"、"修炼"等不同层面的含义,练习是人类特有的一种生活方式。

二、练习的复权

为了充分发挥学校教育中练习的效果,教育学家一般强调组织练习的活动需要如下几个条件:其一,要求学习中积极地从事练习活动的适当动机。学习者在练习中能够不断地得到激励与肯定性的评价,或是在班级集体中组织竞赛,使其体验到练习的成就感与成功感。其二,创意地琢磨练习的方法。教师要适当规定练习量,适当选择练习的方法,诸如语言性记忆性练习法、操作性应用性练习法。其三,练习不是单纯地实施机械性反复练习的过程,重要的是,练习是同思维与认知密切结合,着力于建构学习者作为深化知识技能而展开的习得与巩固的过程。教学中的认知与练习原本是作为学习行为的两个要素,密不可分、有机联系在一起的。比如,在文学作品的理解中,唯有通过表情朗读的练习才能实现。这种表情朗读的练习过程,在学习者内心世界是同时进行着"唤起更丰富的表现"与"深化对作品的理解"这两种认知性行为的。[16]

波尔诺(O. F. Bollnow)从教育人类学的角度揭示了作为广义的练习的本质。他说:"人通过'练习',而且唯有通过'练习'才能臻于生活的完美发展与充实。"[17]这是因为,有了借由练习而掌握的能力,不单是达成目的的准备,而且意味着练习本身业已超越了生活而获得了难得的充实。从这个意义上说,人是终身练习者。人类一旦停止了练习,就会丧失生活的活力,处于僵硬状态。"我们倘若以内在自由的概念赋予人类的真实生活以特征的话,那么,练习就是人类借助自身的努力达致内在自由的道路,而且是唯一的道路。"[18]这就是说,我们需要重新思考练习的本质,扭转练习被应试教育异化的局面,重新赋予练习在学校教育中的地位。

(一)谋求练习的变化

1.练习目的的变化。初练者与熟练者的练习目的肯定是有差别的。练习的早期阶段指向的是基础性知识、技能的习得,而随着练习的进展,逐渐从旨在基础性知识、技能的习得的"模仿性练习",转向求得适当解答的种种"探索性练习"。例如,乐器的演奏,从追求"准确的演奏"到"更适当的演奏"再到"有魅力的演奏"的练习的变化,[19]这对于培育具有卓越知识、技能,又能依据情境变化做出适当处置的"睿智的熟练者",是有效的。

2. 练习内容的变化。练习伴随着教学的全过程。换言之,练习或多或少、直接间接地表现在教学过程的一切侧面。练习是为所有的教学课题服务的。教学中所进行的一切,诸如直觉、感知、观察、理解、判断、推理、思考、感悟、行动、反复、应用,都必须练习。所谓"直接性练习"主要指特殊的练习目标——一定的能力与熟练,借助明显的具有练习性的特殊方法的处置而实现的场合,诸如数学、语文教学中"纯粹"的练习情境,以及大部分的体育、音乐、美术的教学。"间接性练习"(内隐性练习)以其隐蔽性——练习的前景往往被其他的教学过程掩盖了——而有别于"直接性练习"。

3. 练习形式的变化。能力、熟练、习惯的发展总是基于一定的法则。练习过程必须按照明确的阶段有系统地进行,恪守一定的阶段顺序,必须考虑是否合乎法则。练习过程以如下阶段为其特征:(1)意识到练习的情境;(2)提供必要的知识与认识;(3)进行案例教学;(4)学生最初的模仿;(5)系统的自主性练习。当然,这些练习的阶段需要花费较长的时间,因此有必要借助练习对象与练习形式的变化,不至于使学生兴味索然。练习表现为两种可能性:一是在实践中充分地运用,二是把练习改变为游戏的尝试。邦瑟(M. Bonsch)在《批判性、手段性教学法论稿》中把"练习"界定为"借助反复的行为塑造技能,尔后加以洗练,再扩充其容量,促进其过程的人类的能力"。[20]本源的、严格意义上的练习具有两个明显的特征。第一个本质特征是形式特质——在练习中,纯粹形式训练即一定的技能养成的问题。这种技能本身是无意义的,只有"被纳入"更大的关联之中才能获得其意义。在练习中,常常有一定的技能本身是无意义的基础动作的问题。在这种视点之下的练习,实际上是期待动作的建构——从受支配的零星动作到连贯动作的建构。在纷乱的练习中,练习的目标容易从视野中消失,最终给练习者留下"无聊"的印象。第二个本质特征是"练习精神"——练习是对自身的严格要求,是严酷的纪律。

(二)探寻"练习"与"熟练"的关系

生活即能力。人类生活所必需的大半能力是靠后天的练习来习得的。然而,能力的习得同知识的习得略有差异。那就是,一次简单的学习不是借助教师和事物本身的灌输能够获得的,它需要反反复复,才能慢慢达到完善的境界。练习是必须的。人类学习的特征,其一是,比之动物的学习有更高的可塑性与自由度。不过,学习的时机、内容与方法会受到种种的制约;其二是,人类可以从他人身上学到知识,特别是拥有模仿他人行为的出色能力。正如梅尔佐夫(A. N. Meltzoff)所说:"人从幼小时期开始,就可以读取他人的意图,调节自己的模仿行为。"[21]同人类进行的所有行为一道,通过不断的反复,才能形成熟练自如的素质意义上的能力。所以说,一切能力都是借由练习形成的。

"熟练"是练习教学法的一个重要课题。在认知科学的世界里,人是如何积累某个领域的知识的,是如何掌握运用知识的技能的,是如何熟练地运用的——这种研究在20世纪60年代以来获得了长足的进步。此前诸多的熟练研究大多集中在体育运动、音乐、国际象棋、象棋等领域。研究结果表明,要成为杰出的熟练者,必须从5岁前后就开始训练。实际上,显示了杰出成就的人们具有如下共同的特征:(1)从幼小时期开始就有充分接触该课题的环境;(2)持续地进行经过深思熟虑的训练;(3)家庭能够提供儿童专心训练的经济与环境的支援;(4)拥有能够从该课题中得到乐趣的出色的教练。[22]斯洛博达(J. A. Sloboda)区分了两种"熟练"(expertise):一种是"基于练习经验的熟练"(productive expertise)，即通过能动地参与多种场合下该领域的产出活动才能实现的熟练。另一种是"基于接受经验的熟练"(receptive expertise)，即同该领域的产出活动无关，通过接触该领域的种种产物，在其文化脉络之中生活就可能产生的熟练。如果说，后者的熟练是在日常生活中以接受经验为基础靠"非正式的练习"就可以习得的，那么，在前者的熟练中，长期艰苦的练习是不可或缺的。[23]

从事终身发展心理学研究的巴尔特斯(P. B. Baltes)批判了"人的智慧能力的发展到了20岁前后达到高峰，之后走向低落"的观点，主张人的认知能力可以分为"文化知识的智能"(pragmatic intelligence)与"信息处理能力的智能"(mechanic intelligence)两种。所谓"文化知识的智能"指的是语言与社会情境中必需的能力，这种能力正如人们经验到的，不是低落而恰恰是提升。所谓"信息处理能力的智能"是指记忆力与问题解决能力，这些能力确实在20岁之后会低落。人的认知能力以及由此引出的熟练技能就是借由上述两种能力的融合而实现的。[24]埃里克森(K. A. Ericsson)还研究了众多杰出的熟练者日常练习的共同特征，强调"审慎练习"(deliberate practice)的重要性。审慎练习的特征是：(1)设定旨在提升练习者当下技能的适当难度的练习；(2)练习的成果经过反馈，由练习者自身评价其好坏；(3)练习者本人富于挑战精神。[25]

（三）重视成功练习的要素——愉悦感

倘若正确地理解练习的话，其并不是由于外在的动机作用，而是基于其自身能够产生的愉悦感而展开的。就是说，人并不是借助练习获得某种效用，而是纯粹对练习本身的兴趣使然。练习倘要达到目标，那么获得这种平稳的、快乐的心态才是有效的。威兰(M. M. Wieland)在《学校的变迁》中强调"正确练习的愉悦感"必然"转换为艺术家的冲动与快乐的精气神所获得的审美练习"。[26]"人的成熟唯有沉浸于完美的练习才能成功。然而，一切的这种练习是一丝不苟的。这种练习源自严格的纪律,亦即要求克服儿童与生俱来的怠惰。"[27]不过,过分急于求成有损于练习的效果。正确的练习者是完全沉浸于自身的行为,按照其节律使自身活动的。

我们绝不能把练习等同于机械训练。练习不仅是培育能力的手段,通过练习可以改变人的内心世界。波尔诺说:"在一切的'练习'本身之中,隐含了把人的内心世界引向更高境界的可能性。在这种更高阶段里达到更新的经验,这就不仅仅是单纯的实现更多的动作而已,而是赋予了其其他'作用'的能力。"[28]由此看来,这是练习者的本质经验与活动方式,它并不仅仅是"掌握一定能力"的指标,而且也是展示人格的升华与发展。

(四)彰显练习的文化特质

波尔诺从教育人类学的角度分析了基于传统的日本文化的练习,并从这些基本特质中窥见日本"静寂文化"的"生命线"。[29]他发现练习具有如下基本的文化特质:[30]

1. 练习的成果,亦即习练行为的成功,首先取决于练习者的内心状态——远离日常的焦虑、消弭狂野的心性。这是同练习者与其客体合而为一的内在精神世界的统一息息相关的。

2. 这种内心状态不仅是成功的前提,同样也是结果,而且是持之以恒地练习的重要表征。我们是旨在形塑"终身练习者"而练习的。这样,在完美地实现未来应当达成的目标是同业已达成的意识变化不可分割的,这种意识变化乃是作为人类生活的最高充实而经验到的。

3. 这种意识变化并不是想要经过努力所获得的能力中持续达成的任何一种进步,而是借助信仰重建才能获得理解的一种根本性的转换。亦即,从自我陶醉的自我执着走向忘我活动的信仰重建。无我的境界是重要的目标,只要这个目标未能达到,练习就不能说是完美的。

4. 在这里具有决定性意义的是,意识的变化不是沿着径直的路径,而是经历迂回曲折的、献身于一定技能的训练的路径,才能达到的。

5. 这样看来,练习所达成的人的内心状态,唯有通过反复的练习才能成功。离开了练习将一事无成。因此,持续的练习乃是人类活动的一种重要的形式——人类生活的内在高度得以维系(没有这种生活就会在空虚的习惯之中沦为僵硬的、平庸的存在)的一种形式。唯有不断地练习,人类的生活才能获得满足。

由此可见,日本传统文化背景下的"练习"是一种修身养性的"文化化"过程,是一种人格的"修炼"。

三、练习的法则

"新的教学体系不应该以教师、课本、学生三者为基础,而要以专业能力为基础,发展创造型的学习模式。"[31]罗塞(F. Loser)在他的《教学中的练习对教与学的教育学理论的贡献》中探讨了练习的特殊教学法问题——"练习有助于理解教与学"的问题,主张"关于教学的教育学理论的出发点必须是教学本身"。[32]他确信,教学的一切现象(包括练习在内)是可以从一开始就借助更好的手段回避可能的缺陷的。练习的问题与其说是学校运用的问题,毋宁说是以崭新的方式开发的问题。在这种新的教学模式的开发中,"儿童应该以'主动创造者'而不是'被动消费者'的身份得到认同"[33]。为此,我们必须跨越不同学科中有关学习研究的知识壁垒,把教育科学和神经科学以及其他相关学科链接起来,寻求新型的练习法则与模式。

(一) 教育神经科学的视点:训练发展说

按照进化论的说法,人也是动物,人是从猿变来的。但是,人猿之间的鸿沟究竟有多大？——这是世界动物学家研究的一个课题。波特曼(A. Portmann)说，人与动物相比较，动物是早熟的。动物的幼仔一生下来就能靠本能"特立独行"了，人类的幼仔却是"生理性早产"，[34]离开了成人的照料是难以成活的。但人正是因为迟熟，才有了最大限度的发展的可塑性和可能性，才有了无限广阔的发展愿景。正如杜威所说，人的生命的第一条件就是"未成熟"。"未成熟"的概念蕴含了两个特质：依赖性和可塑性。"依赖性"并不意味着无力无能，依赖性总是附随能力的成长的，未必陷入寄生性。"可塑性"是指人类的幼仔没有像动物那样的本能行为，而是靠习得具体的行为，用于别的情境，在掌握适应环境的方法的过程中成长发展的。因此，比起动物来，人的幼儿期非常长，而幼儿期越长，可塑性就越大。这就意味着"人的教育"具有绝对重大的意义。所以，康德(I. Kant)在他的《教育学》中说，"人唯有依靠教育才能成为人"。

根据认知科学的认识，人类的认知是指"使信息处理和知识发展得以进行的一系列过程"。这些过程称为认知功能。认知功能包括诸多方面，不仅包括感知觉、记忆和学习的功能，而且还包括语言、推理、计划和决策等。从神经科学的角度看，学习的概念是把学习过程与内在生理基础或外在生理反应联系起来加以界定的。就是说，"学习是对所有感知和处理的信息进行整合的结果，信息整合会带来大脑活动结构的改变"。[35]

早期练习的效果会在成年后期持续产生作用。训练发展说强调，每个人的生活——从学校走向工作，能够被分成连续的发展任务。每个年龄阶段都有特定的发展任务，且都包含多种相互作用。同时，训练发展说认为，虽然个体的学习过程会随着年龄增长而发生变化，但学习能力却能保持不变。[36]因此，尽管基本感知能力、认知加工能力以及相关的脑功能会随着年龄的增长而衰退，但生命早期习得的知识能够为成年时期建立有效学习策略提供有用的基础知识。不过，机械的反复练习不会有效。狗的条件反射的形成有其自然的基础，但在人类的场合，除了动物性需求之外，还有更重要的人类天生的知性需求。业已表明,对于人类而言,唯有在拥有目的意识、理解意义的基础上进行的练习才有效。在这里,我们必须考虑人类大脑的作用——"动机和自尊相结合,能对成功学习起到关键作用"。[37]

(二) 教育人类学的视点:练习精神说

人是思考的存在、精神的存在。归根结底,"动物的行为受环境的约束,由本能来保障,人的行为则向世界开放,拥有决断的自由",[38]这是动物所不可企及的。历史上世界著名学者对"人"的认识经历了四个发展阶段:第一阶段(17世纪到18世纪),人的概念突出的是"自然"取向的方法论。这是从洛克(J. Locke)到卢梭(J. J. Rousseau)所描述的"自然人"的形象——缔造市民社会之基础的,作为自然权的主体的人的形象。笛卡尔(R. Descartes)心目中的人是立足于自身的判断力的主体。这样,机械论的自然环境是可以借助作为人类内在的"自然之光"的认识能力加以把握和分析的。第二阶段(18世纪后半叶到19世纪70年代),人的概念突出的是"社会"取向的方法论。以亚当·斯密(A. Smith)、马克思(K. Marx)为代表,分别从功利主义和历史主义这两个不同的视角,阐明资本主义社会运动法则的人的概念。第三阶段(19世纪70年代到20世纪70年代),人的概念突出的是"个人"取向的方法论。以康德为代表,强调人类认识的"主观"能动性的理论,主张从被动主观转化为能动主观是可能的。康德主张的认识主观建构性契机——能动性,以费希特(J. G. Fichte)的自我的形成作用、谢林(F. W. J. Schelling)的自然现象学和黑格尔(G. W. F. Hegel)的精神现象学为媒介,将之凝练为辩证法,1870年之后,终于达到了基于生命哲学的"整体的人"的逻辑化的视点。第四阶段(20世纪70年代以降),人的概念突出的是"关系"取向的方法论。其代表性的视点有:马克思的革命论——主张用革命的手段来变革、重建社会关系,借以实现人的解放,以及弗莱雷(P. Freire)的批判现象学等。

我们或许可以从上述"人"的概念的演进中领略到培养"理想的人"的理想教育模式。何谓"人的教育"？20世纪80年代，罗杰斯(C. R. Rogers)在其《教育的挑战》中论述"什么是儿童真正的学习与成长"时说："学习是自我主导的，学习的本质是意义建构。因此，第一，儿童的主体参与是必要的；第二，自由的学习环境和自由的人际关系是必要的；第三，符合儿童发展特征的学习的课题、内容、方法、评价是必要的。具有重要意义的学习是兼具逻辑性与直觉性、知性与情感、概念与经验、构思与意义的。"[39] 同样，真正的练习应当是崇尚自由的人(教师)，借助自由的教育关系，促进每一个人(儿童)的自由发展。应试教育把儿童当作动物来驯教，不是教育儿童，而是束缚儿童、摧残儿童，这是现代教育的悲哀。

（三）基于人类精神的练习法则

人类唯有在持续的练习中才能满足其最固有的本质的一种方式，练习贯穿的整个生涯，本质上是属于人类的。从这种认识出发，奥登巴赫(K. Odenbach)作为长期轻视练习时代之后的第一人，在其《教学中的练习》中苦心孤诣地揭示了练习的无可替代的价值。他强调说："确实，比练习更有魅力的课题或许是存在的，但是同样确凿的是，比练习更加重要的课题是不存在的。"并且重新思考了练习的可能性。他全面认可非难"往昔学校的机械训练"的权利，因此，寻求回避这种错误的"新的练习形式"。[40] 这样，他以综合的方法研究了基于新旧心理学研究而开发的种种可能性及其在教学实践中的运用。

莱莫夫(D. Lemov)等研究者指出，练习文化的创造，并不是轻而易举的。关键在于认识"练习"的真正价值，明确何谓"有效的练习"。"'练习'的敌人是傲慢、恐怖与自我满足。练习需要谦卑，越是谦卑，就越是能够承认自己的不足，越是能够接纳指导者的意见。"[41] 他提出了有效练习设计的42项法则(如表7-1所示)。

表 7 - 1　成功练习的法则[①]

一、重建"练习"的概念

1. 让练习者体验到成功的乐趣。
2. 最重要的是精致的练习。提炼练习项目,针对 20%的关键目标持续地展开练习,可产出最大的效益。
3. 求得彻底熟练的练习。
4. 熟练有助于创造性的解放。
5. 更换目标,聚焦可计测、可管理的"目标"。
6. 发现擅长领域,展开精心打磨的练习。
7. 不是实战练习,而是通过反复练习求得技能的进步。
8. 不是一味批评,而是采用正确的方法求得纠正。

二、思考怎样的练习

9. 分析竞技游戏。人们可能未必明白带来胜利的技能到底是什么,但是借助观察、获得数据、展开分析可以获得答案,明确技能的构成要素,从而收获惊喜。
10. 分解技能,有针对性地进行练习。
11. 命名能带来出色成果的技能技巧,分享技能。
12. 整合技能,进行真刀实枪的练习,以便能够逐渐应对复杂的环境与状况。
13. 制定并修订练习计划。
14. 珍惜一分一秒,形成练习习惯。

三、发挥示范作用

15. 利用示范与练习手册。
16. 在示范之前,宣布注意事项,以便带着方法与意图去观摩示范。
17. 呈示诱人跃跃欲试的范例。
18. 呈示完整的范例。
19. 模仿范例。
20. 呈示经过分解的范例,反复练习,让练习者获得连连的成功。
21. 揭示范例体现的逻辑,理解"怎样"去实现的步骤。
22. 运用录像。作为一种简易的方法,就是利用录像分析示范的活动,供练习者反复琢磨。

四、运用反馈

23. 借助反馈,进行练习。
24. 反馈之后,再做反思。
25. 即时反馈是最有效的。

---

① 根据 D. Lemov,E. Woolway, K. Yezzi.成功练习的法则[M].依田卓已,译.东京:日本经济新闻社.2018:6.整理。

续　表

26. 运用反馈的"鼓动力"。反馈不是单纯用来修正的工具,而是有助于准确认知、反复练习,以及运用于别的情境。
27. 集中精力,攻坚克难。
28. 反馈日常化。一以贯之地做出反馈是理所当然的,要形成不仅接纳反馈,而且欢迎反馈的环境。
29. 好的反馈不是指出问题点,而是说明解决方略——做出具体的、明白易懂的、立即付诸行动的指导。
30. 要使反馈获得完美的接纳,就得要求对方归纳反馈的要点,明确优先顺序,决定首要的行动。

五、形成有助于练习的组织

31. 使纠错成为练习的一部分。
32. 打破练习的障碍。
33. 让练习变得快乐。引进游戏、竞争和令人惊异的要素,形成有意义的、愉快的练习环境。
34. 全员挑战。在真正的学习文化中,指导者不宜袖手旁观,而是亲自挑战,做出积极地接纳反馈的榜样。
35. 增强伙伴之间的责任感。
36. 选择一部分人先行练习,做示范性表演并仔细做出点评。
37. 时时做出支撑出色练习的"称赞"。褒奖的是行动本身,真心诚意地褒奖,可以帮助练习者形成"认知"的系统。

六、练习无终点

38. 观察熟练与否。
39. 在比赛和表演过程中不宜指手画脚,否则会造成当事者的混乱。
40. 不断交流练习心得。
41. 求得支持与要求的平衡。
42. 采取多种方法(自我报告、观察与评价、成绩评定),收集真实数据,测量成功与否,以便改进练习。

波尔诺从教育人类学的高度,归纳了基于人类精神的练习的"一般法则"(命题)[42]——"练习法则",为我们进一步深化练习的研究提供了基本指针。根据波尔诺的"练习法则",可以发现如下三个要诀:

第一要诀,切忌急功近利。"要使练习不至于成为讨嫌的负担,重要的是练习本身不求功利,而是引发兴趣。"夸美纽斯在其作为教学法座右铭的经典命题——"一切任其自然,但求远离强制",是十分贴切的。因此,问题不在于追求立竿见影的效果,毋宁说练习需要完全摒弃急功近利。决定性的是产生练习,这正是导致完美成功的"精神"。

第二要诀,关注道术统一。一方面强调"在练习中表现出来的内在精神状态,其本身具有高度的教育意涵。它本身超越了所训练的特殊能力而作用于人格整体,从而也作用于其他的行为领域"。不过,另一方面强调重道而不轻术。"练习要求儿童忘我地投入。练习不能刻板划一地实施,至少在练习的时间上要给予儿童自由的空间。在这种空间里要求儿童忘却其周围以及来自外界的压力,完全沉醉于他自身的活动。"一般而言,作为习练对象的"术"是受愉悦性所制约的。正如这种愉悦性使得"术"在日常生活中光彩夺目那样,练习也必须在愉悦的精神之中产生,倘若欠缺了这种愉悦性,练习就会变得郁郁寡欢,就不可能获得任何的成果和成功。

第三要诀,高扬练习精神。练习要求纪律同时又发展纪律,而既有纪律的作用是极其重要的。"对于业已获得的能力的正当的喜悦,不应当导致高傲自满。所以,应当慎用体育竞赛的元素。"波尔诺强调:"一切真正的练习总是以某种方式进行的一种虔诚行为;是借助某种独特的乃至严谨的一丝不苟的精神,从其他的生活关联之中凸现出来的行为。这种可谓'礼拜'的态度也必须渗透在最单纯的练习之中。这种状况一旦达成,练习将不再是无聊的、讨嫌的活动。倘若如此,练习就可以作为一种内在的飞跃和生活的提升而得以幸运地体验。唯其如此,练习才能达致完美的境界。"

四、练习的开发

练习的问题归根结底是教学创新的课题。"练习"不是洪水猛兽,也不是灵丹妙药。我们需要重新审视"练习"的精神与价值,展开批判与辩护。正如维果茨基(L. S. Vygotsky)的"最近发展区"与恩格斯托洛姆(Y. Engestrom)的活动理论研究[43]所解释的,我们应当求得一个学习者在教师和伙伴的协助之下能够达到的高度——"合理的负担"。

学校教育中的"练习"具有双重性。搞得好,可以发挥正能量,搞得不好,只能产生负能量。应试教育背景下的学校"练习"所形成的负面形象、所带来的负能量,是我们感同身受的。不过,越是在谴责学校"练习"的负能量的声浪中,越是需要有一个清晰的认识,寻求学校"练习"的正能量。问题在于教师的觉悟与相应的本领。

一线教师面临的挑战是:如何让"机械性练习"走向"有意义练习"。传统的作业单或是测验卷,死板、僵化、不容反思、不容修正,恪守时间、无可商量,有确定的标准答案,面对此,唯一的有效的办法就是死记硬背,这令人生厌。日本一家考试公司设计了一种新型的作业单或是测验卷,汲取了客观测验与主观测验的优势,可以反复修改、多重选择、相互商量,还可以有充分反映个性表达的空间与机会,诸如针对语文课文的主题,每一个学习者可以作出个性化的概括。练习不是被动的、窘迫的、压抑的,练习应当是主动的、积极的、生机盎然的。学校教育中的"练习"是一个系统,应当把"练习"作为一个系统来开发:第一,基于课标的练习系统设计,不能离开标准,随心所欲地去设计"学生的练习"。第二,基于单元的练习系统设计,应该以一节课为单位进行练习的习惯。第三,基于差异的练习系统设计,这里主要是指基于儿童差异的分类、分层、分型的练习系统设计。

有效的练习应当倡导开放性、探究性、自主性的作业,"必须避免灌输与强制、过重的负担以及由此产生的学习者自信的丧失"。[44]

第一,开放性作业。儿童的学习并不就是单纯的读书,而是一种实践性活动。"一盎司的经验胜于一吨的理论"。因为,任何理论只能在经验之中产生,才具有可能确证的意义。杜威说:"不断改进教学方法的唯一的、直接的途径,就是把学生置于必须思考、促进思考和考验思考的情境之中。"在学校中这种"主动作业"的进行,"不是为了物质奖励,而是为了作业本身的内容。学校的作业——能够提供本身具有价值的各种形式的经验;这种作业,在性质上是真正具有使人自由的作用的"。[45]"做中学"的"做",亦即在如何保持杜威所说的"非制度性教育与制度性教育之间、随意教育方式与有意识教育之间的均衡"之中,存在着学生作业活动的价值。我们往往指责"制度化知识"或是"学校知识"的问题,但"借助相对开放的自由的学生作业活动,从而使之获得两者之间的均衡"的必要性与可能性,是我们应当思考的。

第二,探究性作业。儿童作业设计的价值。日本教育学者上田熏认为,作为"探究学习"中的"探究性"必须具备如下三个条件。一是视野,即问题能够进入儿童的视野。二是困惑,正如杜威所说:"困惑是思考的不可或缺的刺激。"困惑使得儿童不能不做出思考。三是未定,即难以简单地得到现成答案的问题。正因为没有现成的答案,儿童才会思考自己面对的现实的意义,产生自己的见解。满足了这三个条件的问题,才能构成理想的作业活动。[46]

第三,自主性作业。按照波兰教育学者奥根(W. Okon)的界定,"自主性作业"必须满足如下前提条件:(1)所出题目必须是儿童能够理解的;(2)在选择原理性知识加以运用的场合,必须是儿童需要做出某种程度的努力的;(3)练习题的解答不得假借他人(同学)之手完成;(4)要求儿童对自己的答案做出自我检查、自我监控。[47]

唯有让学校的"练习"变得更自由、更快乐、更有趣,才会更有效。这样,练习变了,学习才会变;学习变了,学校才会变;学校变了,才会有好的人生、好的未来。

人是"终身练习者"。练习的系统开发无论如何需要超越"双基论"的束缚,从儿童人格发展的高度,展开跨学科的考察。这种考察有助于我们洞察练习的本质——学会领悟自身的自然本性,发现自我、修炼自我、完善自我,从而有助于"练习"真正拥有人性的高度,使"练习精神"在学校教育中熠熠生辉。

参考文献

[1] 克林伯格.现代教学论[M].佐藤正夫,主译.东京:明治图书,1978:91.

［2］佐藤学.学习的快乐：走向对话［M］.钟启泉,译.上海：华东师范大学出版社,2004：5.

［3］吉本均.教学论：300重要术语基础知识［M］.东京：明治图书,1981：237.

［4］斯米尔诺夫.心理学［M］.柴田义松,等,译.东京：明治图书,1959：114—115.

［5］［13］［14］杜威.我们怎样思维·经验与教育［M］.姜文闵,译.北京：人民教育出版社,1991：71,71,71.

［6］［11］［12］［15］［17］［18］［20］［26］［27］［28］［29］［30］［32］［40］［42］波尔诺.练习之精神：教学法基本经验的再审视［M］.冈本英明,主译.东京：北树出版公司,2009：13,21,3,3,13,15,27,101,119,116,115,121—123,28,26,207—210.

［7］广冈亮藏.授业研究大事典［M］.东京：明治图书,1975：92.

［8］奥田真丈.现代学校教育大事典（第三卷）［M］.东京：行政出版公司,1993：283.

［9］渡部信一.信息化时代"教育"再考［J］.东京：教育学研究,2010(12)：14—25.

［10］H. Meyer.教学方法、技术与实践理念［M］.原田信之,编译.京都：北大路书房,2004：179.

［16］日本教育方法学会.现代教育方法事典［M］.东京：图书文化社,2004：320.

［19］稻垣佳世子.认知过程研究［M］.东京：放送大学教育振兴会,2007：52—53.

［21］［23］波多野谊余夫.学习科学［M］.东京：放送大学教育振兴会,2004：81,12—13.

［22］［24］［25］大岛纯.教学过程论：学习科学的发展［M］.东京：放送大学教育振兴会,2006：70,70,67.

［31］［33］［35］［36］［37］巴特罗,等.受教育的脑——神经教育学的诞生［M］.北京：教育科学出版社,2011：3,2,17,232,19.

［34］［38］波特曼.人类与动物之间究竟有多大的鸿沟［M］.,高木正孝,译.东京：岩波书店,1961：60,95.

［39］罗杰斯.教育的挑战［M］.友田不二男,主译.东京：岩崎学术出版社,1985：24.

［41］D. Lemov, E. Woolway, K. Yezzi.成功练习的法则［M］,依田卓已,译.东京：日本经济新闻社,2018：6.

［43］恩格斯托洛姆.拓展学习：活动理论的研究［M］.山住胜广,等.东京：新曜社,1999：204—212.

［44］OECD教育革新中心.学习的本质［M］.立田庆富裕,等.主译.东京：明石书店,2013：371—372.

［45］华东师范大学教育系,杭州大学教育系.杜威教育论著选［M］.上海：华东师范大学,1977：210.

［46］影山清四郎.初中社会科的教学［M］.名古屋：黎明书房,1993：234.

［47］奥根.教学过程［M］.细谷俊夫,等,译.东京：明治图书,1976：253—254.

8

走向人性化的课程评价

在应试教育的背景下，我国中小学的课程与教学长期以来"目中无人"，误导了儿童的学习与成长。素质教育需要寻求评价观念与评价体制的根本转型：走向"人性化的课程评价"。"人性化课程评价"是对应试教育评价制度的批判和超越，是从"学历社会"走向"学力社会"的新时代所需要的。本文试图探讨"人性化课程评价"的时代特色、教育价值及其基本特征，旨在为"人性化课程评价"的概念提供一种解释。

一、课程评价：一套概念装置

（一）课程评价的定位

我国中小学在应试教育的背景下，缺乏课程的概念，当然也没有课程评价的概念。中小学历来重视的是对学生"学业成绩"的评价，社会舆论也几乎以"升学率"作为唯一的指标来评价学校。这就是说，我们历来重视体制外的、制度性的教育评价——选拔性评价。中考、高考越来越成为学校教育和社会舆论关注的热点，却忽略了学校教育体制内的教育评价——"课程评价"，这是我国教育评价体制的最大弊端。我们需要引进"课程评价"的概念，这种发展性评价体系的缺失，不仅造成了严重的教育评价制度的失衡，而且还导致了学校教育功能的扭曲。

顾名思义，教育评价是评价教育活动的行为。这里的"教育"是旨在促进儿童学习与发展的一种影响作用。广义的教育评价应当指"同教育活动直接或间接相关的实态把握和价值判断"。如果说,选拔性评价是一种国家级的教育行政行为,那么,发展性评价是每一所学校乃至每一个教师的专业行为。因此,从学校教育的角度说,好的选拔性评价需要好的发展性评价的支撑。选拔性评价固然重要,但发展性评价更是学校教育的本职所在。在应试教育的背景下,我国中小学教育评价的重心过分偏移了,需要拨乱反正:从聚焦选拔性评价转向聚焦发展性评价。

这种发展性评价就是在欧美和日本一贯倡导的课程评价。它是"以作为学习活动而开发的一连串课程内容为对象,判定其优点、价值、意义的步骤"[1]的活动,是评价课程本身的活动。不过,作为"确认教育的成败,借以改进教育"的课程评价,其上位概念是"学校评价",其下位概念是"课堂评价"、"教师评价"和"学力评价"等。这些概念犹如俄罗斯"套娃",层层相扣。因此,课程评价作为一套概念装置,可以设定不同层级的评价对象展开评价活动:课堂评价的对象包括了教育目标、教材教法、教学过程与学习形态、学力评价的方式,以及教学的单元结构等。这种评价特别是以课堂成果——对学力的评价为基础,来探讨整个课程目标的内涵与课程内容的配置。而作为课堂成果的评价——学力评价,终究应当置于课程评价的核心地位。一言以蔽之,所谓课程评价可以表述为牵涉如下层层内包的评价活动:学校评价的核心环节是课程评价,课程评价的核心环节是课堂评价(教师评价),课堂评价的核心环节是学力评价。

(二)课程评价的焦点及其革新

这样看来,课程评价的焦点是儿童的学习与学力。我国的学习评价或学力评价需要突破"双基论"的束缚。学力评价的基本范畴是:第一,知识、理解、技能的评价。这是对有关知识(对事物和现象的概念、定义的长期记忆)和对知识的理解(知识的内涵及原理、原则的把握)及其技能(原理、原则的应用能力)的评价。在这里,如何准确地评价儿童的知识、理解与技能,倡导适应个性特征的教学,避免机械划一的训练是一个重要的课题。第二,思考力、判断力、表现力的评价。这是指儿童创造性地同时运用若干知识,立足于问题情境和经验去进行自我判断,或是表达自己的思考与判断能力的评价。这些能力的掌握状态,必须作为一种目标加以设定。第三,兴趣、爱好、态度的评价。在这里,如何在课前、课中、课后把握作为教学的基本前提条件的儿童的兴趣、爱好、态度,借以改进教学,是一个重要课题。

学校课程的价值及其成功与否,归根结底不是靠揭示的理想与理念来判断的,也不是靠教师期待的教学方式来判断的,而必须靠每一个儿童实现的教育成果——实际的进步姿态来判断。从这个意义上说,教师必须真真切切地把握儿童是如何变化的,教师为其奠定了哪些作为未来成长发展之基础的学力,然后对照教育的理念、目标,进行评价。这是教师对家长以及对整个社会担当的责任。如果说,传统的课程评价强调的是"计划—实施—评价—改进"(P—D—C—A),那么,革新的课程评价是从深入观察儿童学习经验的现状开始的,即"评价—改进—计划—实施"(C—A—P—D)。C—A—P—D是学校经营活动的有力支撑,这是因为,这是从积极地评价儿童的优势与进步状态的立场出发的,它能够把握教育目标的达成状态;能够探寻儿童未能达成目标的原因;能够从原因分析中揭示改革的逻辑;能够追踪改革的进展。

二、人性化课程评价:一幅改革愿景

(一)从"存储式学习观"走向"建构式学习观"

我国教育界多年来是凯洛夫(I. A. Kairov)教育学独霸的天下,没有课程研究的地位,当然也不会有课程评价的地位,名副其实的课程研究是从20世纪80年代"改革开放"之后才起步的。这样,我国中小学的课程实施或课程评价所反映出来的学习观与评价观的落后程度,是可想而知的。弗莱雷(P. Freire)在其《被压迫者教育学》中有一段批判"存储式教育"(灌输式教育)的精彩论述,揭示了现实的学校教育的病态。他指出,现实的学校教育不过是一种存储知识的行为,是"存储式教育"而已:作为存储者的教师一味地向作为"银行"(容器)的学生单向地灌输信息。学生死记硬背的结果是,越是积累了存储起来的知识,作为世界变革者的批判意识越是衰弱。这种"存储式教育"的十大特征是:[2]

1. 教师教,学生被教;

2. 教师无所不知,学生一无所知;

3. 教师思考,学生则是被思考的对象;

4. 教师讲,学生听——温顺地听;

5. 教师制定纪律,学生遵守纪律;

6. 教师做出选择并将选择强加于学生,学生唯命是从;

7. 教师做出行动,学生则幻想通过教师的行动而行动;

8. 教师选择学习内容,学生(没人征求其意见)适应学习内容;

9. 教师把自己作为学生自由的对立面而建立起来的专业权威与知识权威混为一谈;

10. 教师是学习过程的主体,而学生则纯粹是客体。

上述这些特征,正是我国以"讲解法"独霸课堂的应试教育的真实写照。在我国中小学的日常教学中,儿童碰到学业困难的场合,大多追究于儿童如何不成熟,如何努力不足。其结果必然导致儿童被划分为优才生和差等生,儿童致力于"填鸭式"的灌输知识,借以克服学业困难。这里蕴含着一种"白板说"的学习观:以为儿童是处于白板状态的,儿童的知识恰如银行存款,一般是积累起来的。这就是所谓的"存储式学习观"。

不过,随着我国课程改革的实践,与此相反的学习观——"建构式学习观"——逐渐成为主流:儿童是学习的主体。儿童之所以碰到学习困难是有其儿童自身的理由的，儿童的"朴素概念"便是典型的一例。儿童理解的状态往往并不是无能的，恰恰是有能的一种表现。这样，以儿童的有能性为核心，重视儿童认识的建构契机的，就是"建构主义"的学习观。建构主义的倡导者杜威(J. Dewey)、皮亚杰(J. Piaget)和维果茨基(L. S. Vygotsky)，贯穿着一个共同的主张："知识不是被动传递，而是主体建构的。"儿童是在对于自身经验形成个人理解，作为建构的、能动的行为，在同环境的交互作用之中进行学习的。在建构主义者看来，知识并不是储存在个人头脑之中的，而是在同周围的人与事物进行"对话"、"合作"的过程之中社会地建构起来的。

"建构式学习观"着眼于认知活动的建构契机，并不是意味着轻视或是排除反映论的契机。事实上，建构主义的代表者之一皮亚杰也是把认知活动视为"同化"(反映论契机)与"调节"(建构论契机)这两者的交互作用的。因此，可以认为，所谓"建构主义"并不是以建构论契机与反映论契机的二元对立为前提，偏向前者的立场，而是从反映论契机的立场出发，推崇建构论契机，并求解两种契机的辩证法的立场。

这种建构主义的认识论为我们提示了"儿童学习研究"的必要性。首先，必须确认儿童迄今为止拥有的学习经验与生活经验之类的既知知识；其次，具体地把握儿童已有知识与学校提示的知识之间引起了怎样的"纠葛"(建构论契机与反映论契机的辩证法)；再次，剖析儿童自身对于已有知识与未知知识的循环过程，判明儿童以何种接受方式进行知识重建。另外，布卢姆学派研究了教育评价过程中"反馈"的意义，强调"反馈"并不是单纯的表扬，而是有意识地参照目标进行对照来判断真实的状态。

(二) 从"育分评价观"走向"育人评价观"

长年的应试教育造成了重"育分"而不重"育人"的社会风气：重

视学科知识点的掌握与基本技能的训练;重视把各科成绩的总和作为儿童排行的唯一依据,并把排行的名次视为对儿童真正姿态的把握。然而,信息不等于知识,知识不等于智慧,智慧不等于德性。学科成绩的相加不等于整体的人。尽管这种"育分评价"对于每一个儿童来说并不是没有任何积极意义的,但问题在于,仅仅抓住考分来区分儿童的高低优劣的"育分评价观"显然是背离了教育目标的。

第一,"育分评价"颠倒了儿童学习(发展)与考试评价之间的目的与手段的关系,它把考试当作目的本身,而把儿童学习(发展)当作是为考试服务的手段,当作是教师垄断的、给儿童贴上标签的、排"排行榜"的行为了。

第二,"育分评价"混淆了"应试能力"与"基础学力"的概念。"应试学力"不等于"基础学力"。尽管从理论上说,"应试学力"与"基础学力"并不构成一个对立的概念,它们之间有重叠的部分,不过,在教育实践中明确地区分这两种概念之间的差异,却是非常必要的。日本学者尾木直树对"应试学力"作了如下的界定:(1)思考能力局限于出题者意图的范围,成为彻头彻尾的被动接受者。在这里,质疑、反驳、创意是不被容许的。(2)学习的课题是教师施以敏捷地抓住出题者意向的训练。借助这种训练所培养的,不是抓住真实问题的能力、综合分析能力,而是机器人那样的只能做出机械反应的"条件反射人"。(3)回避逼近本质的学习。在成百上千道习题的解答操练之中总会认知到纸笔测验方式必然出现的各门学科的出题形式,这种认知能力就是"应试学力",是通过反复训练得以提高的得分能力。[3]显然,这种"应试学力"不应当是我们所追求的。多年来,我国一些中小学沾沾自喜于"应试学力"的成就而忽略了"基础学力"的追求,大众媒体热衷于"高考状元"的炒作又进一步加剧了这种偏差。我们是该痛定思痛,好好反省一下了。

"育人评价"则恰恰相反,它把考试评价当作手段,而学习(发展)才是目的本身。摈弃应试教育的"育分评价",绝不是全盘否定考试和评价。"育人评价观"主张,没有评价活动就难有优质的教育实践。

特别是在新课程背景下出现的跨学科的"研究性学习",由于没有共用的"教科书",这里的评价活动对于实践经验的"梳理"和系统化尤有重大的价值。素质教育背景下的评价活动并不等同于"考试",并不是搞"排行榜"。它着眼于每一个儿童的成长,充分关注每一个儿童的个性特征,同时活用"育分评价"(纸笔测验)中得来的信息。它是旨在充实每一个儿童的学习过程,更准确地把握学习的状态,为改进学习提供指引而实施的。这样,"育人评价"具有明确的革新性,与"育分评价"形成了鲜明的对照。其基本性质可以概括如下:

1. "育人评价"是以整体的儿童的整个生活为视域,求得儿童人格的发展为目的的;

2. "育人评价"不仅关注教育的结果,而且重视学习的过程;

3. "育人评价"不仅由教师来进行,儿童的自我评价也是一个重要因素;

4. "育人评价"是从长远的发展眼光来追踪儿童成长历程的。

我们需要发展儿童的"基础学力"。"我们所期望看到的是主动追求知识的儿童,而不是受制于知识的儿童。"[4] "育人评价"正是支撑这种有效课程教学活动的不可或缺的要素。

(三) 从"功利化课程评价"走向"人性化课程评价"

儿童的教育不应当是片面的教育或是走极端的功利教育,而应当是着眼于儿童整个人格发展与学力奠基的教育。辛普森(E. L. Simpson)说,前者是"反人性化教育"或"伪人性化教育",唯有后者才称得上"真人性化教育"。① 我国教育界长期信奉"教育即训练"的信

---

① 辛普森在她的《人性化教育:一种解释》(*Humanistic Education: an interpretation*)中开宗明义地区分了三种教育:"反人性化教育"、"伪人性化教育"、"真人性化教育"。所谓"反人性化教育"是指,教育者信奉这样的教育信念:人的教育目的与目标不是从人自身的内部,而是从外部的某种权威赋予的。儿童的学习与发展是基于对过去的缅怀与对未来的期待,眼前的体验过程是全然被无视的。人与动物一样,是恶的本能所驱动的存在,而社会就是弹压这种"兽"的猖獗而形成相互制约、俨然有序的金字塔。因此,教育的目的不是形成可以支撑每一个人成长的相互合作的共同体,而(转下页)

念,而且这种信念得到"目中无人"的凯洛夫教育学的"理论支撑"。这是典型的走应试主义极端的教育,是一种"反人性化教育"。正是凯洛夫教育学,把课程窄化为学科,把学科窄化为教材,把教材窄化为知识点,最终把教学窄化为现成知识点的灌输。于是,"教育评价"也被矮化成赤裸裸的"现成知识点的记忆率"的测量了。然而,儿童的学习与发展存在种种侧面。教育的过程是改善人的行为范式的过程,而人的行为是复杂的。因此,评价的侧面应当是多样的,仅仅凭借教师从有限的时间、机会和视点设定的纸笔测验,是难以把握儿童的学习与发展的多样侧面的。

"人性化"原本是扎根中国文化的教育思想的精华,我国的儿童教育应当回归人性化的传统。儿童教育当然不能否定"训练"的要素,但终究不能等同于动物的训练。我国多年来的应试教育强行让儿童进行不堪重负的机械训练,走到了"熟能生巧"的反面,导致"熟能生厌"、"熟能生笨",乃至"自残自杀"的悲剧,并不鲜见。所谓"考、考,教师的法宝;分、分、分,学生的命根",就是这种应试教育的写照,但这是"反儿童"、"反人性"、"反教育"的歪门邪道。

事实上,同样一种课程方案在其实施过程之中,由于不同的社会背景和不同的教学立场,会赋予其不同的效应和意义。[5] 这样,儿童

(接上页)是形成一种借助对权威的服从来维持的社会集体。所谓"伪人性化教育"和"反人性化教育"则恰恰相反,在这里,它们既忽略了过去与未来,也把传统积累起来的智慧当作无用的东西丢弃了。社会集体并不是带来亲密性和合作性的组织,而不过是一种追求个人利益的工具罢了。这里所谓的"人性"不过是一种无视他人,只关注自己的业绩与地位的极端个人主义者而已。所谓"真人性化教育"具有如下五种基本认识。第一,学习的过程是认识主体积极地探究认识客体的过程。学习者借助这种学习来调控自己的生活,获得作为一个世界舞台上的演技者的能力。第二,传统、信念和价值观需要根据现实的需要加以有选择地保持、变革、修正。第三,仅仅着眼于情感、精神、合理性的智慧能力,发现与价值之中的某一个要素是不充分的,因为这些要素和整体的人是不可分割的。第四,每一个人直面的现实,尽管是以现今的体验为基础的,但也是面向未来、背负过去的。由此,才会产生真正意义上的"此时此地"。第五,不要忘记,自律性是在同社会集体交融的场合才能发挥出来的,创造性不是为私,而是在为公的探求中才能实现的。(参见:梶田叡一.教育的人性化[M].东京:人间教育协议会,1989:9—10.)

从这种课程中得到的损益绝不会是一样的。随着学校知识商品化的加剧,划一的学校文化绝不能为所有儿童带来同样的结果、同样的利益。因此,"平等性与划一性"、"多样性与差异性"、"选择与选拔"之类的概念也应当成为区分新旧教育的关键概念。我国新课程改革的实践表明:在应试教育的背景下,即便是新课程的实施也仍然摆脱不了"知识商品化"、"课程功利化"的泥沼。因此,在课程评价的研究中就得关注"为什么会发生这种差异","产生这种差异的要素是什么"等的问题。那种简单化的研究方法论,诸如"应试教育+素质教育"的机械调和论,是难以实现课程评价的革新的。我们在推进素质教育的过程中面临的一个挑战是:需要积聚新的能量,迸发一场巨大的课程评价的地壳变动:从"功利化课程评价"走向"人性化课程评价"。

三、人性化课程评价:一种质性描述

儿童是学习与发展的主体。按照联合国教科文组织的界定,0—18岁属于"儿童"的范畴,这里的"儿童"绝不是抽象的"儿童",而是指具体的活生生的"儿童"。认识儿童世界,就得亲近每一个儿童、尊重每一个儿童、信赖每一个儿童。这是"儿童教育"的本质所在,也是人性化课程评价的灵魂所在。人性化课程评价的基本特征有以下几点。[6]

第一,真实性。所谓"真实性"是指,评价的课题与活动必须是现实的。真实性评价就是在儿童解决现实课题的过程之中对儿童进行的评价。在这种评价中强调的是现实的社会、生活、实际的课题。显然,这是对"标准测验"的人为性和程式化的一种批判。这里的"现实"意味着贴近儿童的生活逻辑的意义,而评价的"真实性"相当于布卢姆(B. S. Bloom)在教育目标分类学中的"应用"与"综合"水准的内涵。众所周知,教育目标分类学中的"应用"与"综合"水准是高级目标。智慧是什么?智慧是不断吸收知识、融合旧经验,对所遭遇的问题做出明智的判断与处理,使得问题圆满解决。按照威金斯(G. Wiggins)的说法,所谓"综合题"应当是指对教学中未出现的新问题,给予运用教科书和参考书等资料进行试验的机会。所以,评价的"真实性"无非就是评价的问题对于儿童来说是有一定的"困难性"的。确实,体现生活的问题对于儿童来说有其"亲切性",容易激发挑战的动机。不过,要解决它,需要综合的、深刻的理解力。认识到"真实性"所蕴含的双重性——"亲切性"和"困难性",是不至于误读"真实性评价"的关键。

第二,"儿童参与"与"共同决策"。儿童是拥有"学习权"的主权者,是学习的主体,不是教师教育作用的客体。因此,需要强调在实现"学习权"的过程中儿童自身的"参与"。所谓"儿童参与"是指儿童在获得必要信息的前提下,参与学校的经营管理过程乃至学校的决策过程。这种参与的意义在于,儿童不仅仅是教学的对象,也是构成教育过程本身的参与者、合作者。同时,通过这种参与,培养儿童行使权利的能力。这种参与概念,正是儿童作为一个有为的学习者形象的前提。当然,儿童如何参与,参与的程度如何等,需要慎重探讨。关于参与的程度,有人主张区分"儿童参与"与"共同决策"。这里的"儿童参与"是指倾听儿童的见解,最终行使决定的是教师。顾名思义,"共同决策"是师生经过协商之后做出决定,而"儿童参与"的领域与内容必须根据儿童发展阶段的特征,加以有区别地对待。

20世纪70年代以来,美国的教育评价研究开始使用"评价参与者"的术语。评价行为原本是教师拥有权威的"法宝",儿童作为"评价参与者"是对于教师权威的一种挑战。从本质上说,在"儿童参与"评价的行为受到限制的场合,儿童是不会真正地"参与"学习的。有人主张,评价参与者也可以扩大至监护人和社区居民。不过,一旦多种多样的人参与评价行为,就得重新界定教师的专业性,以及探讨如何共同做出决策的模型了。评价参与者的概念将会引发评价性质和学校体制的变革。

第三，儿童表达与教育鉴赏。所谓"表达"是指借助肢体动作和绘画、语言等媒体，把自己内心的所想所感表现出来，亦指如此表现出来的表征。通过挑战"真实的课题"，可以让教师好好琢磨——真实地把握儿童借助五官所"表达"的学习的丰富色彩的评价方法，还可以使儿童能够选择"表达"学习成果的方法。作为表达的方法，不仅是作文表达，还可以是图示和描绘。进一步可以说，如何选择表现的媒体，可以由儿童自己做出判断。这样表达出来的"作品"群一旦在班级里展示，儿童一定会对于跟自己不同的形形色色的想法感到惊讶，而重新审视自己所理解的意义。这就是所谓的"异化效果"。这样，在评价情境与教学情境中通过有意识地嵌入"表达"，儿童"参与"教学的方式就会进一步丰富起来。

从泰勒（R. M. Tyler）、布卢姆倡导"行为目标论"，到艾斯纳（E. W. Eisner）主张"行为目标、问题解决目标、表现性目标并列论"，清晰地体现了国际教育界统整地把握"软目标"与"硬目标"的诉求。艾斯纳强调，在学校课程设计与评价中必须发展教师"对复杂课堂生活的鉴赏力"。亦即，发展教师倾听儿童的能力、解读儿童生活经验的能力、提升儿童自我认识的能力。"教育鉴赏是有效进行教育评价的必要条件。"[7]

第四，自我评价与相互评价。所谓自我评价是儿童自身评价自己和学习活动的状态，借助所获得的信息确认自己，调整之后的学习与行动。所谓相互评价是指在学习集体中，同学之间相互评价学习活动。自我评价的教育价值是：（1）提供反思自身的机会；（2）通过自我评价，可以克服独善倾向；（3）倘若从若干视点出发设定自我评价的机会，可以解剖自己的真实状态，客观地认识自己；（4）倘若能够出色地运用自我评价，可以培育效能感、成就感、自信心等的积极性自我情感；（5）基于自我评价，可以期待不断进取的决心和意欲。[8]一言以蔽之，有助于培育儿童对自身学习的主体性和元认知。所以，自我评价能力也叫做"元认知"或是"监控力"。这种元认知可以区分为"元认知性知识"（自我认知知识、关于课题的知识、关于方略的知识)与"元认知活动"(元认知监控、元认知控制)。相互评价的教育价值是,有助于培育彼此琢磨各自的知识和见解,提示合作精神。

现代教育着眼于这种自我评价能力的形成。这是因为,儿童往往处于排他性竞争的漩涡之中,丧失自信的儿童越来越多。解决这种状态的策略之一,就是必须提供这样的教学情境:儿童能够发现自身的价值、能够自己确认前行的步伐的"自我探索"与"自我决策"。随着信息化社会和终身学习社会的发展,越来越要求儿童在学校教育期间形成自我学习能力。从学校毕业不等于就摆脱了学习。这是一个借助终身学习有可能开拓更加丰富的人生的时代,一个需要重新改造学校的学习方式的时代。不消说,自我学习能力倘若抽去了自我评价能力是难以发挥作用的。

归根结底,课程评价革新与儿童的自我评价能力的形成息息相关,其旨在调节"未知"与"既知"矛盾的自我评价,整合种种自身的表现形态的自我评价,以及为使自我评价不封闭于个人的条条框框就得向外界开放,支撑"参与"与"表达"。而作为评价的方法,真实性评价受到关注:一方面积累起学习过程之中生成的"作品",另一方面在同教师和同学共同展开研讨的情境中促成自我评价。正是在这个过程之中,自我评价能力才得以扎扎实实地形成。

四、人性化课程评价:一场文化变革

(一) 从"学历社会"走向"学力社会"

诺丁斯(N. Noddings)说:"传统学校教育无论在智力上还是道德上都已经不能满足当代社会的需要。我们面临的社会问题促使我们重新思考学校的一切活动。"[9] 人性化课程评价是一场文化变革。这里面,当然涵盖了课程评价的活动。

中小学"分数崇拜"的社会风气根深蒂固,学历价值的交换作用被无限地放大。这种应试教育的弊害集中反映了"学历社会"①固有的社会结构。学历主义的教育体制给社会带来的功绩是:第一,可以促进社会的角色结构或阶层结构的流动性。不管家庭的社会地位及其贫富如何,只要自身努力,都可以得到升迁发展。第二,可以广泛发现精英,培育有用人才。但学历主义的恶性发展所造成的巨大弊害也是有目共睹的:(1)学校教育体制不是发展个性的机构,而成为"个体出人头地"、"社会人才选拔"色彩极其浓厚的机构。(2)由于注重名牌、门派效益而造成的身份等级的僵化,导致个人实绩与实力的泡沫化。可以说,我国应试教育的课程评价是畸形的,导致学生的成长也是畸形的。"学历社会"是"新的文明病",[10]从"学历社会"走向"学力社会"是人类社会发展的走向,而人性化课程评价正是新时代发展所需要的。

(二) 从"畸形发展"走向"整体性发展"

课程评价的"整体性"视点是保障课程发展、保障儿童学力的不可或缺的条件。[11]在应试教育背景下,分科主义教学盛行,导致课程意识薄弱,缺乏课程评价的"整体性"视点。具体表现在以下几点。

第一,忽略了人格形成的"整体性"考察。首先,儿童是"整体的人",不是拼装的机器人或是动物,人的教育区别于动物的训练。其次,基础教育区别于一般教育之处就在于它形成学力基础与人格基础,而且终究必须瞄准人格的形成,因此,应当寻求人格形成不至于扭曲的学力形成,特别是基础教育意义上的"全面发展"。这种全面

---

① 根据教育社会学的研究,"学历"具有三种价值:其一,工具价值。指的是作为一定的学习成果的学历有助于从事一定的职业角色。诸如医生、律师和教师等。其二,秩序价值。人一旦取得学历,可以保障其终身拥有一定的资格。这是一种归属地位的保证书。这样,学历便具有依其高低把人加以"分层化"的作用。其三,选拔价值。选拔价值意味着旨在实现工具价值与秩序价值,由此选拔稀缺人才的意义。上述三种价值"三位一体",便构成了"学历主义",崇尚"学历主义"的社会便是"学历社会"。(参见:奥田真丈,河野重男.现代学校教育大事典[M].东京:行政出版公司,1993:401—403.)

发展不是单纯的"全面性"——"片面发展"或是"平庸发展",而是促成每一个儿童作为一个整体的人的"整体性"的发展。

第二,忽略了学科教育的"等价性"与"多元性"的认识。从教育学的视点看,人所拥有的能力不存在价值上的高低贵贱,都是等价的或是多元的。例如,把有逻辑思维能力的儿童与有艺术思维能力的儿童相比,以为前者的价值高于后者,从教育学的角度看这是不妥当的。多元智能理论的倡导者加德纳(H. Gardner)强调"智力的等价性",值得我们倾听。我们应当平等对待不同学科的教师,不同学科的教师各自承担着最大限度地发展儿童的种种能力的独特作用。

第三,忽略了课程内容的"学习阶段性"与"价值层级性"的具体分析。把课程内容转换成课程目标来表达,借以明确学习阶段的尝试,诸如程序学习的"逻辑分析"与"行为分析",乃至更为广域的"课题分析"。借助这种手法,可以明确从易到难的"逻辑阶段性",从而依据目标来编制课程内容。不过,另一方面也是不可忽略的,即儿童的"发展阶段性"。如何设计兼容上述两种阶段性的"学习阶段性"是重要的。另外,也必须考察课程内容所拥有的价值上的"层级性"。诸如取舍某些教材时需要权衡其所拥有的"育人价值"的分量与适切程度。

第四,忽略了儿童学习过程的"连贯性"与"最优化"的保障。这里所谓的学习过程的"连贯性"是指,"教学目的—教学内容—教学方法"这三个要素的相互关系在整个教育的过程之中是否具备了严密的连贯性。即便目的如何精彩,倘若内容与方法不恰当,仍然是无意义的,不能实现目的的。这里的"连贯性"依存于这样的作业:如何具体地明确目的、内容、方法之间隐性的内在的关联。这种具体化阶段的寻求就是所谓的"最优化"。这意味着,依据目的来决定内容与方法,需要视不同目的与不同学习者做出不同的选择,不可能是划一的设计。

(三)从"暗箱操作"走向"评价的评价"

课程评价改革涵盖了课程测量技术、课程经营管理、课程评价文化等不同层次和侧面的改进,不可能一蹴而就。期望通过一项研究就能够完善素质教育课程评价是不现实的。素质教育课程评价体系的建构有赖于一线教师的评价改革实践。

教师是课程评价改革的主力军。作为课程评价者的教师所需要的核心能力是什么呢?这就是观察力、判断力和鉴赏力。具体地说,第一,观察力——现行课程是否适应学习者的教育需求。这种教育需求未必是学习者本人觉悟到的。课程评价的"观察眼"不是评价书面教育计划的技能,而是从教育需求的角度能够"诊断、处置"课程的技能。第二,判断力——锤炼评估课程,洞察课程成效及其局限性的判断力。为此,需要积累丰富的课程评价的经验。第三,鉴赏力——让更多的教师分享、鉴赏课程评价成果的沟通技能。这不是个体单位的技能,而是以学校为单位发挥的组织能力[12]。归根结底,这意味着崭新的"评价文化"的再生。

不过,任何课程评价体系的建构本身都具有假设的性质,需要在实施过程——儿童的"抵制"、"纠葛"与社会舆论的"责难"之中不断加以精致化。正因为此,我们需要"评价的评价"①。素质教育课程评价体系绝不是秘密的"暗箱操作"的东西,而应当是公开的,以及能够得到儿童和成人社会积极评价、理解与支持的东西。

参考文献

[1][12] 田中统治,根津朋实.课程评价入门[M].东京:劲草书房,2009:31,22—24.

[2] 弗莱雷.被压迫者教育学[M].顾建新,等,译.上海:华东师范大学出版社,2001:25—26.

[3] 菊地良辅.学力的构图[M].东京:民众社,1992:95—96.

[4] 托宾·哈特.从信息到转化:为了意识进展的教育[M].彭正梅,译.上海:华东师范大学出版社,2007:30.

---

① 当评价活动普及之时,需要"评价的评价"。世间不存在唯一的绝对的评价步骤。为了提高课程评价的质素以及评价者的质素,"由别的评价者B去评价A做出的评价"是不可或缺的。就是说,跟实验结果的追踪实验一样,课程评价的结果也需要"追踪评价",亦称"元评价"。(参见:田中统治,等.课程评价入门[M].东京:劲草书房,2009:45.)

[5] 长尾彰夫.基于"学校文化"批判的课程改革[M].东京:明治图书,1996:129.
[6] 田中耕治.新教育评价的理论与方法(理论编)[M].东京:日本标准出版股份公司,2002:24—30.
[7] 艾斯纳.教育想象——学校课程设计与评价[M].李雁冰,译.北京:教育科学出版社,2008:226.
[8] 梶田叡一.教育评价入门[M].东京:协同出版公司,2007:122—126.
[9] 内尔·诺丁斯.学会关心——教育的另一种模式[M].于天龙,译.北京:教育科学出版社,2003:220.
[10] R. P. Dore.学历社会:新的文明病[M].松居弘道,译.东京:岩波书店,1978.
[11] 安彦忠彦.以课程开发促进学校改革[M].东京:明治图书,2003:152—154.

下编

教师教育：
寻求观念与
体制的同步变革

凯洛夫教育学批判
——兼评"凯洛夫教育学情结"

20世纪50年代末,苏联教育界就已彻底超越凯洛夫教育学。但在我国教育学界,某些学者至今依然沉醉于"凯洛夫教育学情结"而不能自拔。更有甚者,把凯洛夫教育学捧为现代教育学术的精华,似乎离开了它,中国的教育就注定要失败。[1]本文旨在梳理20世纪二三十年代苏维埃教育学界不同教育势力围绕"教育与生活相结合"原理的博弈,回顾苏联教育史上几个重大的历史事实,借以揭示凯洛夫教育学在苏维埃学校教育的发展中究竟充当了怎样一种角色;同时阐明,在我国改革开放三十年后的今天,重新捡起"学习凯洛夫教育学"的口号不仅没有任何积极意义,而且是一种历史的倒退。

凯洛夫教育学究竟是不是现代教育学术的精华,不是仅凭一连串的大胆假设①就能够成立的,尚须作一番小心求证的功夫。笔者以

---

① 王策三先生在《课程·教材·教法》(2008年第7期)发表《"新课程理念""概念重建运动"与学习凯洛夫教育学》一文(以下简称"王文"),为凯洛夫教育学"没有重印再出版"而"遗憾","王文"一面把杜威进步主义教育理论当作"教育失败"的代名词而加以全盘否定;一面夸耀"凯洛夫教育学对夸美纽斯、赫尔巴特以来的整个现代教育学传统实质性的发展和推进",而且生造了四词组合的"专门术语"——"夸美纽斯、赫尔巴特、要素主义教育理论、凯洛夫教育学",并频繁地使用,认为凯洛夫教育学"构筑了现代学校教育理论的基石","占据着现代教育学传统的主导地位",声称"(凯洛夫教育学)在几十年间,在世界广大地区存在和发展,至今继续发挥着影响";"凯洛夫教育学在今后相当长的历史时期里还有意义";"凯洛夫教育学不是,也没有被抛弃",而且"批而不倒,确切说是基本批不倒",如此等等。按照"王文"的"从夸美纽斯、赫尔巴特、要素主义教育理论到凯洛夫教育学"的发展逻辑,似乎到了凯洛夫教育学,世界教育学术的发展便戛然而止了。倘若凯洛夫果真"名至实归",那么,为什么在欧、美、日权威性的《世界教育辞书》中可以查到"维果茨基"、"列昂节夫"、"赞科夫"等人的名字,却根本找不到"凯洛夫"的踪影呢? 由(转下页)

为,倘若欲把凯洛夫教育学放在世界教育学术发展的天平上予以考量,那么,就得回到事实本身,并有明确的概念界定。换言之,就得首先明晰两个基础性、根本性的问题,这就是:其一,我们不能孤立地议论凯洛夫教育学的价值,割断了其产生的社会历史背景,掩盖了其"出身成分"。其二,我们不能把凯洛夫教育学混同于"苏维埃教育学",偷换了概念。笔者试着求解这两个问题。本文的具体任务是,回顾苏联教育史上基本的历史事实,借以揭示凯洛夫教育学在苏维埃学校教育的发展中究竟充当了怎样一种角色;同时阐明,在我国如火如荼地实施新课程改革的今天,重新捡起"学习凯洛夫教育学"口号来抗衡"新课程理念"和"概念重建运动",究竟意味着什么?

一、凯洛夫教育学形成的社会背景及其本质特征

苏维埃教育理论的特色何在?我们当然可以从苏维埃学校教育的目的、内容、方法等诸多方面作出检视。不过,作为表征苏维埃教育理论之特色的最重要的基本原理,当推"教育与生活相结合"原理。[2]无论从十月革命之后苏联教育研究的历史发展步伐来看,还是从1973年苏联制定的《苏联和各加盟共和国国民教育立法纲要》[3]第4条"苏联国民教育的基本原则"的规定来看,①我们都不难断定,"教育与生活相结合"在苏维埃教育理论中占有何等重要的位置。其

(接上页)苏联教育学家和日本教育学家共同策划编辑并于1983年在莫斯科和东京同步出版的《现代苏维埃教育学大系》(12卷本)是一套旨在系统地反映现代苏维埃教育学发展全貌的丛书,其中收有巴拉诺夫的《教育学》、赞科夫的《教学与发展》、彼特洛夫斯基的《心理学论集》等分卷,却偏偏抛弃了凯洛夫。由松岛均、川野边敏等人主编的《现代教育思想精粹》(8卷本)中(第6卷·苏俄卷)的苏维埃教育部分,分章阐述了列宁、克鲁普斯卡雅、卢那察尔斯基、沙茨基、布隆斯基、马卡连柯、苏霍姆林斯基等人物的生平及其教育思想,却同样没有凯洛夫教育学的立足之地。这就是事实。看来,要把凯洛夫捧上天,就像鲁迅先生曾经讽刺的——想要拔起自己的头发飞上天,一样可笑!

① 苏联《国民教育基本法》(1973年7月)第4条"苏联国民教育的基本原则"由12款组成,其中第8款规定:"年轻一代的教育同实际生活、共产主义建设的实践相结合。"(参见:海老原治善.现代世界的教育改革资料[M].东京:三省堂,1983:444.)

实,在十月革命之后,苏维埃教育学界围绕这个教育原理展开了多次论争,并且波及整个教育制度的改革。同时,从世界范围看,这个原理也是现代教育理论的具有普适意义的基本原理。下面,本文就来梳理一下20世纪二三十年代苏维埃教育学界不同教育势力围绕这个基本原理的博弈,同时,勾勒出凯洛夫教育学形成的社会背景及其本质特征。

(一)领导苏维埃学校建设的思想基础与"学校消亡论"的越轨

众所周知,教育必须在学校中进行,而学校教育是从社会生活中分离出来、独立出来的。这是社会生活的发展所要求的。因此可以说,源于社会生活并基于社会生活的要求而产生的学校教育必须同生活保持密切的联系,这是天经地义的要求。然而,现代学校教育的问题就在于,它往往是游离于社会生活之外的。教育与生活相结合的要求也是现代教学论的一个重要原则。但是,关于学校教育究竟应当怎样跟社会生活相结合的问题,并不是不言自明的。在这里,何谓"教育"、何谓"生活"的概念的界定,往往是见仁见智的。那么,在当年苏维埃教育学中,究竟是怎样一种含义呢?不同教育思想之间又经历了怎样一种博弈的轨迹呢?弄清楚了这个问题,就可以揭示凯洛夫教育学的"出身成分",其真实的面目也就一目了然了。

列宁在《青年团的任务》中这样说:"资本主义旧社会留给我们的最大祸害之一,就是书本与生活实践完全脱节。"[4]这里的"书本"可以解读为"学校教育"。同样,列宁的夫人克鲁普斯卡雅(Н. К. Крупская)也在《国民教育和民主主义》一文中批判"教科书学校、知识灌输学校"。她一针见血地指出:"在这种学校里,学生们规规矩矩地坐在书桌跟前,听教员在讲台上讲课。除了书本的知识(这种知识与实际生活几乎没有什么关系)之外,这种学校里什么也不讲,学生的个性备受摧残,并且由于严格的外表纪律而使他们变成了一部机器,无休止地接受传授给他们的知识。"[5]这里需要注意的是,他们是在双重意义上批判旧社会的学校与生活的脱节的。其一,学校传授的知识不能正确地反映生活的实际,是实际生活中无用的知识。换言之,这是知识的真实性,即知识与实践如何结合的问题。其二,学校教育的阶级性问题。即便在学校中教授了毫无作用的知识也是容许的,这是因为这种教育是符合统治阶级的利益的。对于统治阶级来说,是恐惧人民大众获得活生生的知识的。列宁指出,"旧学校是死读书的学校,它迫使人们学一大堆无用的、累赘的、死的知识,这些知识塞满了青年一代的头脑"。[6]这样的学校应当废除。

不过,列宁一方面彻底地批判旧学校,另一方面又对全盘否定旧学校教育并与之彻底决裂的态度,发出了严厉的批判和警告。他说:"当我们听到有些青年以及某些维护新教育制度的人常常非难旧学校,说是死记硬背的学校时,我们就告诉他们,我们应当吸取旧学校中的好东西。我们不应当吸取旧学校的这样一种做法,即用无边无际的,九分无用、一分歪曲了的知识来充塞青年的头脑——只有了解人类创造的一切财富以丰富自己的头脑,才能成为共产主义者。"[7]这样,一方面批判"旧学校充塞着阶级的精神——这种学校的每一句话,都是为资产阶级伪造的"。另一方面又说,"必须从旧学校汲取好的东西"。表面看来,这似乎是自相矛盾的。然而,正是这个看似自相矛盾的思想,隐含着苏维埃建设新学校的极其重要的意义。可以说,这是列宁由于对阶级社会的矛盾性及其学校与文化本身所具有的矛盾性的深刻洞察而产生的。在对资产阶级起作用的知识中,隐含着也对劳动者起作用的知识,两者在性质上有所区别,但不是完全割裂的。否定资产阶级文化,非难旧学校是容易的;非难并丢弃同实践生活脱节的教科书是简单的;然而建设怎样的学校、编制怎样的教科书却是摆在苏维埃政权面前的一个难题。列宁设想这个问题的复杂性时说:"无产阶级文化并不是从天上掉下来的,……无产阶级文化应当是人类在资本主义社会、地主社会和官僚社会压迫下创造出来的全部知识合乎规律的发展。"[8]这就是说,新的无产阶级文化是从与旧的资产阶级文化的对立和斗争中确立起来的。这种文化之间的对立和斗争是与生活中的斗争不可分割的。因此，当列宁倡导学校与生活相结合的时候，他强调："训练、培养和教育要是只限于学校以内，而与沸腾的实际生活脱离，那我们是不会信赖的。我们的学校应当使人们在学习期间就成为铲除剥削者这一斗争的参加者。"[9]

在列宁思想的指引下，克鲁普斯卡雅在理论和实践上指导着苏维埃新型学校与教育的建设，为马克思列宁主义教育学的创立与发展作出了巨大的贡献，奠定了苏维埃教育思想的基石。

克鲁普斯卡雅阐发了马克思主义全面发展的教育理论，提出了苏维埃教育的目的就在于培养"全面发展的人"。[10]她在《论自由学校的问题》一文中探讨了支撑这种教育目标的儿童观，这就是："尊重儿童作为一个活生生的人所拥有的固有性（人格）的发展。"在她看来，儿童人格的发展隐含着三个过程。[11]第一过程，儿童是观察的主体。所谓"观察"，是从观察对象获得"印象"、"感情"、"问题"的活动，是形成世界观之基础的活动。就是说，第一过程是培育主体性、唤起自我教育的一种认识进展的过程。第二过程，儿童具有强烈的愿望要把自己的知识与他人分享。儿童是基于活动的需求，展开实践性活动与创造性活动的存在。这也是一种借助自我评价、自我认识而获得自信、感受自身能力发展所带来的喜悦的过程。儿童的劳动就是这样一种实践活动。第三过程，儿童是迫切要求成为一个有益于他人、有益于自己的个人劳动的存在。因此，实践活动自然应当在有益于他人这一明确的目的之下来展开。这就是儿童的社会性发展的过程，是儿童作为个体的自我实现的喜悦和作为社会存在的自我实现的喜悦同时得以形成的过程。这样，克鲁普斯卡雅分析了基于内部生命的作为一个人的固有性的发展过程，阐明了儿童发展的自我运动性。正是儿童自身发展其作为人的固有性的过程本身，构成了全面发展过程的核心。因此，她主张学校应当唤起儿童的自我活动，回应其精神的道德的诉求，促进其个性的发展。这种儿童观和发展观，构成了其劳动学校的教育理论与集体主义教育的理论基础。同时，克鲁普斯卡雅也把儿童作为生物学的存在来看待。她认为,关于遗传、脑、神经系统的研究,对于揭示儿童人格形成的法则具有重要意义。

那么,克鲁普斯卡雅是怎样把教育与生活相结合的原理在苏维埃新型学校的建设中加以具体化的呢?十月革命后,克鲁普斯卡雅把儿童实现全面发展的学校界定为"统一劳动学校",进而致力于综合技术教育的实施。面对旧社会的学校,克鲁普斯卡雅以"劳动学校"与之抗衡。她领悟了马克思的教育思想,追寻前者变革为后者的历史必然性。在马克思看来,教育与生产劳动的结合,不仅是提高社会生产力的手段,而且是造就全面发展的人的唯一手段,也是改造现代社会的有力手段。克鲁普斯卡雅认为,这正是工人阶级所组织的学校的基本原理。十月革命后的苏联,就是基于马克思、克鲁普斯卡雅等人的教育思想,立即着手"劳动学校"的建设的。在1918年9月30日制定的《统一劳动学校宣言》第12条中规定了"学校教育的基本原理":"学校生活之基础,不是旨在赚取儿童必要经费的手段,不是单纯的教学方法的变革,而必须是生产性的社会必要的劳动——生产劳动。它必须同以知识之光阐释周围生活之一切的教学,紧密地、有机地结合起来。"[12]在这里,与综合技术教育一起,生产劳动与教学的结合,成为劳动学校的基本原理。不过,克鲁普斯卡雅在20世纪20年代极力主张的"学校与生活相结合",并不含这双重的意义。"生活"与"生产劳动"并不是一回事。她当时受杜威(J. Dewey)"生活教育论"的激励,特别强调在劳动学校中,"儿童的生产劳动不应当同生气勃勃的生活脱离开来";强调把学校周围蓬勃开展的社会主义建设、工人和农民的生活与学校教育紧密地联系起来。变革中的生活空前地教育着人们,而教育者自身也必须受教育。作为这种结合的手段,她重视共青团和少先队的青少年运动,这是学生同工农青年直接交流、有机结合的场所。在社会主义革命狂风暴雨的时期,旧学校被否定,学校和教师自身必须在生活的惊涛骇浪中接受教育。这种主张是无可厚非的。

不过,克鲁普斯卡雅并没有片面地思考来自生活的教育。她同时也主张学校应当在新生活的建设中发挥积极的作用,即"环境的教育化"的"巨大作用"。特别是进入20世纪30年代以来,改进学校教育中的学科知识教学的呼声越来越高涨。即便在1931年联共(布)中央颁布《关于小学和中学的决定》[13]之初,"学校的综合技术教育化或是与生产劳动相结合"仍然是苏维埃学校的基本方针,但由于当时的义务教育是四年,培养社会主义工业化所需要的中等职业学校和大学招生人数绝对不足。因此,这个时期的工作重心转移了:与其说是学校接近生活,不如说是借助学校的力量使得生活更富于文化。克鲁普斯卡雅也在1932年对这次变动作了如下的评价:"联共(布)中央在整个1931年度里,聚精会神地致力于教学质量的提高和普通教育知识水准的提升。当然,这丝毫并不意味着党放弃了综合技术教育化的问题。"[14]然而,这种趋势不久便导致了教学与生活的重新脱节。从20世纪30年代后半叶开始,特别成为问题的是"理论与生活实践之间的割裂"、"学校与生产劳动的分离"。克鲁普斯卡雅在1937年2月给联共(布)中央书记的一封信中以严厉的口吻表述了她的忧虑:"近年来学校中的劳动教育已经消失得无影无踪。……不是重组劳动课程,而是干脆取消了。……作出这样的决议是绝对不能容忍的。"[15]但是,教育人民委员部不久就以"陷入手工业主义"为由,废除了独立开设的学科——劳动科,导致了"关闭学校中的劳作室,闭口不谈劳动教育和综合技术活动"[16]的后果。随着社会主义工业化的推进、中等教育网的扩大以及二战期间个人崇拜和官僚主义的蔓延,这种趋势一发不可收拾了。尽管综合技术活动的旗帜没有降落,但学校事实上已经放弃了同生产劳动的结合,而走向了语词主义(灌输主义)的学校教育了。

重提"学校与生活相结合"的主张,是在20世纪50年代后半叶的事情。斯卡特金(М. Н. Скаткин)在《八年制学校教学与生活的结合》(1962年)一书中强调:"教学,是以掌握科学为基本课题的。科学反映了自然和社会的生活,学校的学科课程原本应当是同生活密切联系的。"[17]在他看来,教育与生活相结合的最重要的路径是进一步提高学科内容的水准和质量,但这决不意味着教师给学生灌输预设好的教材内容就可以了。恰恰相反,教师必须把知识的教授跟学生周围日常生活方式的现实联系起来。不过,斯卡特金主张"生活"概念是极其多义的,并进一步阐述了实现"教育与生活相结合"的七条基本路径。① 由此看来,联系克鲁普斯卡雅所阐发的"教育与生活相结合"的原则,开始是同未分化的整个生活环境(革命斗争)相结合的,然后逐渐地采用分化的状态,强调了同社会生活中重要的基本侧面的结合。在克鲁普斯卡雅直接论述"学校与生活相结合"的唯一论文《学校与周围社会生活的结合》(1924 年)[18]之中,她曾经警告"学校的孤立化",主张学生同工农青年相结合、同共青团基层的交流和工人劳动者的生活相结合、同工厂和农场相结合。不过,在打破学校"高墙深院"之后,学校教育的内容如何具体地与社会生活相结合,尽管克鲁普斯卡雅没有作出进一步的论述,但坚持列宁的教育思想路线——"学校应当跟沸腾的社会生活打成一片"的主张,却是清清楚楚的。

　　上面的概括,大体梳理了以克鲁普斯卡雅为代表的列宁主义教育思想路线的基本主张。这些主张成为当时苏维埃学校建设的主导思想。

　　引人注目的是 20 世纪 20 年代末期苏维埃社会迎来了转折期的教育改革声浪。苏联在 1926 年经济水平很快恢复到战前水平之后,1928 年 10 月 1 日开始执行第一个五年计划,社会主义建设事业正式开始。在这种背景下,苏维埃教育界也在激情燃烧。学校活动方法研究所的休里金(В. Н. Шульгин)、克鲁佩尼娜(М. В. Крупенина)等教育学家抨击教育人民委员部不能应对社会主义建设阶段的文化革命课题,并在平克维奇(А. П. Пинкевич)、卡拉希尼科夫(А.

---

① 七条基本路径是:(1)同服务于政治、服务于共产主义建设之斗争的结合;(2)同国家和地区的经济、生产生活、周边企业体生活的结合;(3)同科学成果与科学方法的结合;(4)同文学艺术的结合;(5)同乡土生活的结合;(6)同学生自身的生活、经验与实践的结合;(7)同学生的社会公益劳动、生产劳动的结合。(参见:柴田义松.苏维埃教学理论[M].东京:明治图书,1982:17.)

Г. Калашников)等一些著名教育学家之间展开了一场论争,他们激烈地主张所谓的"学校消亡论"。"学校消亡论"的基本论断是:"大众不是在学校之中而是在生活之中,在工厂、农场和阶级斗争之中基于自己的实践经验才开始学习的。儿童也必须通过参与建设和斗争,基于自身的经验来学习。生活本身、社会主义建设的现场,正是教育的场域。"[19]他们预言,"在共产主义社会里,学校亦将随着国家的消亡而消亡"。[20]就这些论断和预言本身而言,我们是大可不必把它"妖魔化"的。但问题的要害在于"非此即彼"式的思维方式和一系列引向极端的做法所带来的破坏性:在学校教育实践中一味推崇美国的"设计教学法",班级、教学计划、学科教学、教科书等一概被视为旧学校的遗物加以否定,这就越出了列宁主义的教育思想路线和当时社会主义建设人才需求的轨道了。学校消亡论者的矛头也指向了著名教育家沙茨基(С. Т. Шацкий)。由于他肯定了学校的作用而被他们攻击为"右倾"思潮,不过,沙茨基受到了克鲁普斯卡雅的热情维护。20世纪20年代末至30年代,沙茨基出于学校教育与生活相结合的立场,对来自美国的道尔顿制和设计教学法持肯定态度。不久,这些方法连同教育人民委员部国家学术会议主持编制的"统一劳动学校教学计划"一起,受到了联共(布)中央的严厉批判。

十月革命之后,20世纪20年代的苏维埃教育同20世纪30年代以后的教育格局是天悬地隔的。那是一个基于尊重儿童人格、大胆求索"劳动"与"生活"问题的摸索时代。沙茨基对于那个时代的苏维埃教育产生了深刻影响。以沙茨基为首的一批教育家在革命后的艰难岁月里为寻求崭新的教育建设而呕心沥血的业绩,尽管在20世纪30年代之后被等闲视之,但在战后斯大林批判之后,重新恢复了名誉。沙茨基当时尽管由于"学校消亡论"思潮的牵连而受到联共(布)中央的批判,但仍然作为教育人民委员部参议会的成员主持"中央教育学研究室";同时,从1932年2月开始出任国立莫斯科音乐学院院长,潜心音乐学院的教育改革。日本教育学家评论道,"在20世纪30年代的苏联,包括沙茨基在内的20世纪20年代的教育家们倾注心血致力于消弭的旧式学校——脱离生活、偏重理论、灌输主义的学校——得以回潮了"。"在理论上谈论'科学'与'生活'是不难的,然而,现实的教育的历史,似乎仍然在延续着人们围绕这个问题的苦恼和苦斗";"沙茨基从体验和实践之中产生出来的教育思想,似乎仍然在今日我们直面的教育现实中时刻敲响着摄人魂魄的警钟。"[21]

(二) 1931 年学校政策与凯洛夫教育学的沉浮

20 世纪 30 年代,联共(布)中央通过对"学校消亡论"的"反列宁主义左倾"思潮的批判,使得苏维埃学校教育现场发生了微妙的转折。1931 年,苏联学校史上最引人注目的教育文件——联共(布)中央《关于小学和中学的决定》颁布,开始了"1931 年学校政策"的实施步伐。贯穿该决定的主旋律是"扎实系统地掌握科学知识"和"加强意识形态上的阶级斗争",并且采取了一连串的步骤。[22]

第一步,制定学科课程的教学大纲。在 1931 年的"决定"中要求在 1932 年 1 月 1 日之前编定学科课程的教学大纲。教育人民委员部在 1931 年 11 月提出了立足于分科主义原则编制新教学大纲,以便系统地传授基础知识的"基本方向"。

第二步,重组适合于系统传授知识的教授法和学习活动的组织方式。联共(布)中央在 1932 年 8 月出台《关于中小学教学大纲和教学制度的决定》,强调教师系统地讲述学科知识的讲解法具有普遍意义,同时主张必须在学校的教学活动中无条件地保障教师的指导作用的前提下,来谈学生的自主性、积极性、探究性的发展。作为中小学学习活动的基本形态,必须是在严格规定的课时表、固定的班级定额的一定集体的课业。

第三步,重新编制教科书。1933 年 2 月联共(布)中央发布《关于中小学教科书的决定》,禁止"活动性教科书"的出版,规定所有学科必须有固定的教科书。所谓"活动性教科书"不是一个学年或一个学期使用的教科书,而是相当于可以随课调整的活页课本和杂志课本。

第四步,确立"核查学生知识的制度"——评分、考试制度和奖惩制度。根据1918年的《统一劳动学校宣言》废除的所有考试制度重新得以恢复,并且改二级评分制(或三级评分制)为五级评分制。1933年春,首次实施测验性升学考试,考试成为学校生活的常规。

第五步,展开儿童学批判。根据联共(布)中央《关于教育人民委员部系统中的儿童学曲解的决定》(1936年7月),采取了完全恢复教育学和教师的权利、撤销学校中儿童学者小组、取缔儿童学教科书等一系列的措施。

从联共(布)中央《关于小学和中学的决定》(1931年9月)到联共(布)中央《关于教育人民委员部系统中的儿童学曲解的决定》(1936年7月),苏联教育史上所谓的"1931年学校政策"告一段落。儿童学在苏维埃教育的理论与实践中究竟在何时又是如何渗透的,具体过程并不清晰。不过,尽管儿童学的见解在20世纪20年代初期已经显现,但所谓的"儿童学曲解"的问题最早也是在20世纪30年代以后的事情。从1933年1月人民教育委员部的指令特别提及的情形看来,"儿童学曲解"开始成为现实的问题该是在1933年前后。那么,何谓"儿童学"? 根据苏联心理学史专家彼特洛夫斯基(A. B. Петровский)的研究,[23] 当时苏联的儿童学存在两个潮流:其一称为"生物学发生论学派"。该派理论认为,人(因而儿童)的心理发展是由生物学因素决定的,主张"儿童心理发展的自发性"、"发展不依存于教育"的思想。对于他们而言,所谓教育不过是单纯的外部因素,或阻滞或促进受先天遗传制约的某种心理特性而已。其二称为"社会学发生论学派"。它与生物学发生论学派针锋相对,主张社会环境对儿童发展起决定性作用,把儿童单纯地视为被动地接受外部环境刺激的装置。这些儿童学者根据人民教育委员部的指令,编制班级,赋予其组织学校生活规程的义务,从儿童学的观点出发,承担指导教学过程,甚至开除差生的任务。两个学派各自从遗传制约性和社会制约性的观点出发,分析造成差生的原因。他们把儿童成绩不良的原因或者归因于遗传,或者归因于环境,却排除了教师的责任。两者均过低地评价教育与教学在儿童发展中的作用。"决定"声称,所谓儿童学的理论与实践是以伪科学、反马克思主义的命题为基础的。儿童学的主要法则——归因于儿童的生物学因素或是社会性的因素、受遗传或不变的环境影响的宿命论"法则",是同社会主义建设的一切实践水火不容的。不过,彼特洛夫斯基在《教育科学重建的若干课题》(1989年)一文中指出:"当时儿童学批判前后出版的儿童学最后的教科书(查尔金德编《儿童学》,索科洛夫编《儿童学》)并不存在宿命论的发展观,至少到1933年为止就已经克服了,儿童学批判是没有理论根据的。即便是实践层面的问卷测验的问题,维果茨基等人建构的发展诊断学是以最近发展区为其视野的,心理测验的机械使用的问题也是不存在的。"[24]

应当说,在"1931年学校政策"的渗透过程中充塞着苏联现实社会中的种种内部矛盾,分析各种教育势力的博弈过程及其后果是一件相当繁难的工作。不过,在教育政策展开的过程之中,特别是从20世纪30年代后半叶开始,同文化专制主义体制的强化纠缠在一起,在苏维埃教育理论与实践方面出现了诸多新的缺陷,这也是显而易见的。这里可以指出两点"1931年学校政策"所带来的"教育学结局"。

其一,"语词主义学校"的回潮。"1931年学校政策"确实带来了诸如剔除"学校消亡论"干扰的积极效果,但在学校现场却开始出现两种缺陷:一是形式主义,语词主义的教学方式死灰复燃。二是教师不再关注儿童的兴趣和自主性或是教学过程中儿童的思考,而是一味灌输知识。其结果是,"目中无人的教育"占据支配地位。马克思主义的综合技术教育、教育与生产劳动相结合的理想则荡然无存了。对此,晚年的克鲁普斯卡雅对教育人民委员部表达了强烈的不满,严厉地抨击了走向"语词主义学校"——脱离实际生活、轻视学生的自主性活动、以牺牲知识习得的质来追求知识的数量——的倾向。[25]

其二,"实验探究时代"的终结。从教育科学研究层面说,以联共

(布)中央决议的形式,来替代教育科学问题、教学论和心理学问题的科学研究,给苏维埃教育科学工作者带来了"动脉硬化症"。[26]尽管1936年的决议"从系统地掌握科学基础知识作为教育目的的观点出发,注重教师的作用。同时断定,注重儿童心理发展中的内在遗传因素的儿童学是反马克思主义的,批判了将儿童的发展归因于生物学或不变的社会因素所制约的符号论的传统倾向。注重借助教育变革儿童的可能性。在这一点上,具有一定的历史意义"。[27]然而,党的决定给儿童学家戴上了紧箍咒。根据党的决议,取缔了儿童学家对于学习过程、教学过程的实验性"探究",并且以党的教条主义式的解释替代了教育学者的自主的研究活动。"儿童学偏向"被批判之后,取缔了儿童发展中的遗传、环境因素的研究,代之而起的是"教育万能论"甚嚣尘上。换言之,"儿童固有的内部发展法则被轻视了,不是把儿童视为受教育的主体而是视为受教育的被动的客体了。当时的苏维埃教育学批判儿童学是伪科学,却把建筑在真正科学基础之上的儿童研究,也一概摒弃了"。[28]"儿童学被批判之后,克鲁普斯卡雅曾对年龄发展的问题将在苏维埃教育学、心理学研究中丧失意义,表示了深深的忧虑。"[29]如今这种忧虑成为了现实,教育学的"儿童缺失"的缺陷被益发凸现出来。这样,20世纪20年代"尊重儿童、研究儿童"的教育诉求,从此销声匿迹了。这一被誉为苏维埃教育科学流派纷呈、自由探讨的"实验探究的时代"宣告终结。[30]这是文化专制主义①的必然结局。

---

① 我们从维果茨基的案例中可以窥视出文化专制主义的一个侧面。维果茨基兴趣广泛,才华横溢。1913年考入莫斯科大学医学院,出于兴趣旋即转读法学院,同时在沙尼亚夫斯基大学攻读心理学和哲学课程,谙熟人文科学。在学期间完成论文《哈姆雷特之悲剧》,一生爱读斯宾诺莎的著作。1924年起,先后在心理学研究所、缺陷学研究所任职,出任教育人民委员部身心障碍儿童教育司司长,并在克鲁普斯卡雅共产主义师范学院和列宁格勒师范学院等校执教。去世前不久被任命为全苏实验医学研究所心理学部部长。他从大学时代开始从事心理学实验工作,积累了不少有关儿童发展的资料。1928年《儿童学》杂志创刊,他陆续发表论文,建构了维果茨基理论的精髓——高级心智功能发展论。尽管维果茨基38岁英年早逝,但他留下了近200篇学术论文,另有大量尚未整理的手稿。主要著作有《意识:行为心理学的问题》(1925年)、《教育心理学》(转下页)

凯洛夫教育学就是在这样的社会历史背景下冒头的。应当说，凯洛夫教育学系统地总结了苏联中小学在20世纪三四十年代的历史时期里一系列整顿学校教育活动的工作经验，这是有其积极意义的一面的。但是，由于以"党的决议"替代"教育研究"的方式被传承了下来，教师只要按照"定型化"的教学步骤去做就万事大吉了。在凯洛夫教育学体系之中根本没有"儿童研究"、"课程研究"、"教师研究"的地位。所以，诸多教育学者把它视为"工作手册"的评价，是符合事实和恰如其分的。凯洛夫教育学主张的三大基本概念——"教育"、"教养"、"教学"，尽管多少汲取了世界教育学先驱人物诸如夸美纽斯(J. A. Commenius)、赫尔巴特(J. F. Herbart)的卓越见解，但由于时代的局限和意识形态的偏差，围绕儿童观、知识论的诸多论断早已过时了。其三大概念也是百孔千疮的：在"教育"概念的界定中充塞着把"教育的阶级性"引向极端的"阶级斗争工具说"的片面性；在"教养"概念的界定中由于缺乏必要的课程概念而带来的游移不定、模棱两可的模糊性；在"教学"概念的界定中有强调"特殊认识论"的局限性，如此等等。从其教育思想路线的角度说，凯洛夫教育学显然是文化专制主义的产物。

苏共第20次大会后不久，苏联教育科学院的理论刊物《苏维埃

(接上页)(1926年)、《儿童期随意注意的发展》(1929年)、《思维与语言》(1934年)、《心理学研究论文集》(1956年)、《高级心智功能的发展》(1960年)、《艺术心理学》(1965年)等。1934年6月，维果茨基因患结核病逝世，同年12月大清洗运动开始。1936年展开对儿童学的批判，各大学停授儿童学课程，儿童学文献被毁于一旦。维果茨基被扣上"折中主义者"的帽子，封存其著作，葬送其业绩。由于"最近发展区"论与儿童学相辅相成，即便在斯大林个人崇拜被批判的时期，他的有关儿童学部分的著作仍然无人问津，连贴近维果茨基学派的学者也退避三舍。西方学者，特别是布鲁纳(J. S. Bruner)关注"最近发展区"的概念，通过鲁利亚(A. Лория)了解到维果茨基的思想并且挖掘了"最近发展区"赋有的双重含义，即教育、心理问题的含义，社会、哲学问题的含义。1991年由于苏联的解体，其所有著作才得以重见天日。20世纪90年代，随着认知科学在美国的发展而形成了一股"维果茨基热"，维果茨基遂成为世界知名学者。(参见：К. Левитин.维果茨基学派——苏维埃心理学的形成与发展[M].柴田义松，主译.东京：奈鸥卡股份公司,1984：23—24；维果茨基."最近发展区"理论——教学过程中儿童的发展[M].土井捷三，等，译.大津：三学出版公司,2003：219—227.)

教育学》发表两篇未署名文章：《要深入、全面地研究儿童》（1956年8月）和《克服教育学中的个人崇拜的后果》（1956年9月）。[31]两篇论文均以批判个人崇拜和教条主义为前提，倡导儿童研究的必要性。文章指出，引起苏维埃教育学的种种缺陷的一连串原因之中，头等重要的是"教育学中个人崇拜的泛滥"。"许多教育学家，对教条主义顶礼膜拜、畏缩不前，忘却了教育实验和自主思考，以及发表一定的教育见解的权利"。文章进一步指出，诸多教育理论家由于对20世纪30年代党中央决议盛行"教条主义式态度"，诸如对儿童学曲解的态度，直至今日也是不可容忍的。教育学家几乎不参与儿童研究、拒绝儿童研究，结果导致了教育科学的致命弱点是："儿童缺失的教育学"。苏联中小学存在的种种缺陷——死记硬背、机械训练，把智力发展过程归结为知识堆积的过程，等等——也成为众矢之的。文章强调，唯有把儿童视为"拥有其内在固有的发展法则的活动的主体"，才能摆脱"儿童缺失"的教育学的束缚。[32]由于凯洛夫教育学的"儿童缺失症"及其文化专制主义的本性，使得它早在20世纪50年代末苏联教育思想解冻的时期就遭到了被批判、被唾弃的命运。

准确地说，我国教育界是从1956年开始凯洛夫教育学批判的征程，倡导建构我国自己的教育科学的。① 然而，在今日中国，仍然存在

---

① 在新中国刚刚诞生的百废待兴的岁月里，凯洛夫教育学从教育制度和教育方法层面总结的苏联在20世纪30年代开始采用的一些具体教育策略，对于我国当初学校教育的整顿起到了一定的积极作用，但我国的学校教育和教育科学终究不能靠全盘照搬凯洛夫教育学的模式发展起来。我国教育界对凯洛夫教育学的批判可以追溯到1956年，正是因为当年毛泽东在《论十大关系》和《同音乐工作者的谈话》中作出了一系列的指示——学习苏联"必须有分析有批判地学习，不能盲目地学，不能一切照搬，机械搬运"（人民教育出版社.毛泽东同志论教育工作[M].北京：人民教育出版社，1999：230.）。"中国的文化应当发展。……要向外国学习，学来创作中国的东西。"（同上书，第241页.）接着，1958年毛泽东又在成都会议上直接批评了我国教育领域"一切照搬苏联"的做法，才开始部署重建我国自身的教育科学的。"王文"却用特写加脚注的方式，大肆渲染"文化大革命"中批判凯洛夫教育学的史实，力图给读者一个想象的空间，暗示读者把凯洛夫教育学批判跟"文化大革命"等同起来，进而又把它跟这次新课程改革实践中的凯洛夫教育学批判等同起来。谁都知道，"文化大革命"中的凯洛夫教育学批判势必带有浓厚的政治色彩，那不是严格意义上的学术批判，采用这种"写作手法"有悖学术讨论的规范。

一股百般神化凯洛夫教育学的力量,并且重新捡起"学习凯洛夫教育学"的口号:"凯洛夫教育学不是也没有被抛弃,而是得到了很好的继承和发展"。[33]甚至有意混淆"凯洛夫教育学"与"苏维埃教育学"的区别,把"后来维列鲁学派、赞科夫、达维多夫等人的教学发展性研究"也当作"凯洛夫教育学发展"的佐证。[34]试剖析一下他们的百味杂陈的心态,或许可以作这样的描述:交织着对于旧教条的怀旧、对于新学说的恐惧以及对于创新实践的傲慢。迷醉于历史的混乱和逻辑的颠倒之中,力图重新演绎旧日凯洛夫教育学的情愫。——这就是"凯洛夫教育学情结"(或可简称为"恋凯情结")的典型症状。这些人为专业偏见所囿、为时代烙印所累,产生这种现象是不足为怪的。但我们总不能也跟在这些人背后亦步亦趋,死抱住时过境迁的东西不放,为落后于时代的"凯洛夫教育学情结"所困。我们需要寻求新的视野、新的超越。正因为如此,笔者一再强调:"如果说,没有建国之初大张旗鼓地学习苏维埃教育学的运动和教育经费的投入,就没有新中国教育的早期建设,那么,建国以来的第八次(从教育思想和课程范式转型的角度说是第二次)国家规模的课程改革,倘若没有相应的舆论准备,没有新一轮概念重建运动,没有必要的配套经费的支撑,那是不可想象的。"[35]"概念重建运动"是发展我国的教育科学所需要的,而批判凯洛夫教育学则是其不可回避的严峻课题之一。

二、"文化—历史学派"的崛起与凯洛夫教育学批判的意义

我们需要严肃的"摆事实、讲道理"的学术讨论,切忌信口开河。当我们理性地审视和评判凯洛夫教育学功罪的时候,我们绝不能混淆了"凯洛夫教育学"与"苏维埃教育学"的区别,把两者等量齐观;更不能将之后所有苏联教育学家和心理学家的成就统统归结为"凯洛夫教育学"的传承与发展。这是因为,两者所隐含的教育思想路线并不是一码事。特别是在苏维埃教育思想"解冻"之后,恰恰是诸多苏

联教育学家和心理学家回归了列宁主义、克鲁普斯卡雅的教育思想路线,同"凯洛夫教育学"作了区分、切割和批判。因此,佟谈之后"发展性教学研究"的发展是"凯洛夫教育学"的"传承与发展",是有悖于历史的真实的。① 准确地说,两者之间的关系是一种批判与被批判的关系。谓予不信,就来看看苏联教育科学发展史上几个重大的历史事实。

(一)"儿童缺失"教育学的批判与"发展论争"的意义

我们先来考察一下,针对苏联 20 世纪 30 年代"儿童学批判"的恶果,特别是针对凯洛夫教育学的"儿童缺失症",众多的苏联教育学家、心理学家在苏联教育思想解冻的 20 世纪 50 年代末的历史时期里,是怎样秉承了克鲁普斯卡雅的儿童观及其关于儿童研究的主张,围绕"发展与教育"的问题掀起了一场生机勃勃的"发展论争"的。正如日本学者指出的:"像苏联那样围绕发展与教育问题的论

---

① "王文"在举述了凯洛夫教育学的三个基本概念之后说,"后来维列鲁学派……对凯洛夫教育学的超越和发展"云云,给读者造成一种错觉,以为凯洛夫教育学同维列鲁学派之间的关系是先后传承的关系。这是违背历史事实的说法。其实,这里所谓的"维列鲁学派",规范地说,是指当年从事人类心理研究而著称的"文化—历史学派"。该学派的思想理论基础是:"心理及高级心智功能是人类社会的文化历史的产物。个人及个人的心理,唯有通过社会经验的本性及其起源的研究才能把握。"倘若把这个思想运用于儿童的心理发展,就可以说,"儿童认识活动的发展是拥有具体的历史性、社会性的过程发展的基本阶段及其特征,终究是受个体接受的社会经验、社会文化的组织体系及方法制约的"。这个思想源于维果茨基在 20 世纪二三十年代展开的"文化—历史发展论"。因此,"文化—历史学派"也往往被称为"维果茨基学派"。这里面既有由维果茨基的同僚和学生组成的研究团队谓之"维果茨基学派"的;也有把之后基于"发展—掌握论"的心理学家形成的团队谓之"维果茨基学派"的。也可以说,前者是广义的"维果茨基学派",后者是狭义的"维果茨基学派"。其代表人物有列昂节夫、鲁利亚、赞科夫、加里倍林(П. Я. Гальперин)、查普罗热茨(А. В. Запорожец)、艾利康宁、达维多夫,达里济娜(Н. Талызина)等。"维果茨基学派"的学术成就举世公认(且不说维果茨基研究活动的年代稍早于凯洛夫)。我们没有任何理由把凯洛夫教育学凌驾于维果茨基学派之上,哪怕是把它们相提并论也是站不住脚的。顺便提一句,"发展性教学研究"是一种国际现象,德国、日本的教育学者都有著作问世,总不能说西方教育学者的这些研究也是传承了凯洛夫教育学思想发展起来的吧。(参见:К. Левитин.维果茨基学派——苏维埃心理学的形成与发展[M].柴田义松,主译.东京:奈鸥卡股份公司,1984:9—119.)

争如此波澜壮阔,这在世界各国也是罕见的现象。从历史的角度看,可以从'1936年儿童学批判'中找到根源。"[36]在这场论争中,科斯鸠克(Г. С. Костюк)的"发展—自我运动论",敏钦斯卡娅(Н. А. Менчинская)的"年龄特质可变性说",列昂节夫(А. Н. Леонтьев)的"唯物论发展观",交相辉映,展现出有别于凯洛夫教育学的崭新的教育思想及其理论视野。

值得一提的是,《苏维埃教育学》在1956年12期发表乌克兰心理学家科斯鸠克的论文——《关于儿童教育与发展的关系》,掀开了这场苏维埃教育学史上"发展论争"的热潮。[37]科斯鸠克针对一般教育学教科书中抽象地,甚至机械地解读"教育的主导作用"的通病,提出了深入研究"教育与发展的相互关系问题"的必要性。他试图通过"在怎样的教育、怎样的条件下才具备'发展性'(引导儿童发展)"论题的探讨,回答应当如何从理论上解读"教育的主导作用"的内涵,为"教育与发展关系"问题的解答提供理论前提。他在文章中阐述了如下著名的论断。

其一,儿童发展的社会制约性。他说:"儿童的心理发展是在儿童与周围环境的交互作用过程之中进行的。不过,这种交互作用以及在该过程之中展开的对客观现实的认识,是以儿童与成人之间的交际、以借助语词的帮助所习得的社会经验为媒介的。"因此,把儿童智慧发展的前提视为儿童本性中先天的心理活动形式的开发,乃是错误的。但是,包括教育作用在内的来自外部的影响,并不是直接地作用于儿童的,而是通过儿童对它的态度、通过其生命历程中实际发挥作用的倾向和意欲联系在一起的活动,折射地起作用的。

其二,教学与发展的相互依存性与非同一性。他说:"教学是儿童知性和精神发展的最重要的条件,但不是唯一条件。儿童的知性和精神发展不仅依存于教学,而且也依存于儿童与周围环境及其他活动的关系,还依存于儿童的器官组织和神经系统的成熟。"

其三,作为儿童发展原动力的内在矛盾。一切现象的发展均源于其自身特有的内在矛盾。他认为,唯物辩证法的这个基本命题同样适用于儿童发展、儿童的心理发展。儿童固有的内在矛盾包括：儿童新的需求、兴趣、志向与其可能的发展水准之间的矛盾；社会环境对他提出的要求与其接受并践行这种要求之间必要的技能、熟练水准之间的矛盾；新的课题与此前熟悉的思考方式与行动方式之间的矛盾；寻求自身生活方式而成长的儿童与青少年的内在可能性，与他们同客观环境关系之间的矛盾，以及这些内在矛盾与他们在家庭内、集团内的地位之间的矛盾；此外，还有从这些矛盾中派生出来的诸多矛盾。阐明这些内在矛盾，正是真实地认识儿童心理发展过程及其发展法则之道。他强调，所谓"人格"并不是无缘无故地接受外力而产生的一种惯性过程，而应当作为"自我运动"、作为自发性的和内在必然的运动来加以理解。

其四，"发展—自我运动论"同教学的主导作用并不矛盾。对于苏维埃教育科学的两个基本命题——"作为自我运动的发展过程"与"教学在儿童心理发展中的主导作用"是不是矛盾的问题，科斯鸠克解释道："决不矛盾。""许多人以为，承认人格发展的自发性与承认这个过程的社会制约性和教育的主导作用，似乎是相互矛盾的。这种认识是由于"一方面基于对发展的自发性的唯心论解释，另一方面又基于对发展的被制约性的单纯化、机械论的解释"所使然。其实，发展的自发性并不是不受任何因素的制约。反之，它是在特定条件下产生的。一切存在的发展，其"自身的运动"、"自身的发展"都是受其与周围现实本身的"种种关系之总和"所制约的。

其五，教育的可能性与发展的内在法则。科斯鸠克认为，倘若否定了儿童发展的自发性，那么，发展过程的指导就会沦为简单化。倘若否定了发展的自发性，站在教育万能论的立场，表面看来，是在推崇教育的所谓的"无限可能性"，但在实质上，却会迷失中小学教师的方向，使他们解除武装，这恰恰限制了教育的可能性。他说："所谓'教育的可能性'是指，教育倘若愈是把握了作为一个整体的儿童的生命（生活），教育工作者倘若愈是深刻地认识到了儿童的生命发展现象的实质与法则，并把这种认识成果灵巧地运用于自己的实践活动之中,那么,教育的可能性就愈大。"

其六,重视教师的高超技艺。他说:"一切的教育与教学未必给儿童带来发展,唯有灵动的、熟练的、高超技艺的教育与教学,才能带来发展。"而这种技艺的重要构成要素是:(1)把握作为整体的儿童的生活,他们既是教育的客体,又是教育的主体;(2)对儿童发展的年龄特征和个人特质具备充分的知识;(3)不断地观察儿童的生活,他们在接受教育的影响之后是如何发生变化的,他们在思考什么、经验什么和追求什么。

科斯鸠克的这篇论文得到了波戈亚夫林斯基(Д. Н. Богоявленский)、敏钦斯卡娅、列昂节夫等一批心理学家的热烈回应。不过,敏钦斯卡娅根据其对儿童智慧发展基准作出的独特解读,提出了"年龄特质可变性说",并且据此主张:(1)"发展阶段的划分必须与学校阶段一致起来"。在她看来,怀疑教育与教学条件的变化是否对儿童的心理,特别是对认识活动具有决定性影响,是没有任何根据的。(2)重视儿童的思维训练和自主性。在她看来,要使得教学对儿童的智慧发展真正起到"主导性作用",就得重视儿童自身活动的能动化。必须为儿童创造自主思考的条件,同时,必须给予儿童有计划地训练自主思维的操作(分析与综合、比较、概括、分化、类推、演绎与归纳的推理等)。"智力训练与自主思考的展开"是敏钦斯卡娅"发展与教学"相关论的一个主要特征。列昂节夫则主张"唯物论发展观"。[38]在他看来,"形而上学发展观"把发展的原因求诸于外部力量、外部因素的作用,而"辩证唯物论发展观"则把发展视为"自我运动"。就是说,承认发展的自发性,即发展过程中所隐含的固有的内在法则的存在。但是,"形而上学发展观"并不是一味强调外部作用能够自动地影响儿童的,其并不拒绝外部作用是借助现在的状态(例如,儿童的先行经验、已达到的发展水准等)作为媒介的。因此,外部作用的"被媒介性(间接性)"并不能区分两种对立的发展观。再有,是否把"矛盾"视为"发展的原动力"本身,也不能区分这两种发展观。问题在于,"形而上学发展观"把这种原动力理解为单纯的外部

"矛盾"。那么,区分这两种发展观的本质特征是什么呢?按照列昂节夫的解释是,在于是否把"发展"理解为发展主体的内在矛盾所引发的自我运动",承认这种过程的自发性。他在这里阐发了毛泽东在《矛盾论》里的"外因通过内因起作用"的原理。这个见解与科斯鸠克的主张是基本一致的。不过,列昂节夫强调了发展主体(儿童)的"活动"的作用问题,提出了"活动的教育学控制"的思想。

这场从20世纪50年代后半期一直延续到20世纪60年代的"发展论争",冲破了凯洛夫教育学的教条主义、经验主义的坚冰,使得苏联教育思想迎来了"解冻"的曙光。在《苏维埃教育学》杂志编辑部的支持下,赞科夫(Л. В. Занков)对这次"发展论争"作了总结,并且归纳了如下两点意义:第一,强调了儿童不仅是教育、教学的对象,而且是学习的主体、发展的主体。确认了儿童发展的研究乃是克服包括凯洛夫教育学在内的所有教育学教科书的"儿童缺失症"的重要路线。第二,明确地指出了教育学缺乏关于儿童心理发展的年龄特征、个性特征的资料积累,缺乏教学过程中儿童心理发展的资料积累。同时,强调了开展儿童心理发展的实验研究的必要性。[39]

总之,作为克服苏维埃教育学种种缺陷的理论努力之一的"发展论争",大大解放了苏联教育学家、心理学家的实践力和创造力,催生了教育理论的多元化,意味着苏联教育科学开始迈入"现代"意义上的教育研究的新阶段。

(二)赞科夫"新教学体系"与凯洛夫"教学原则"的对峙

如果说,"发展论争"是对凯洛夫教育学思想在理论层面上的清算,那么,以"发展论争"为契机,在20世纪60年代着重以初等教育为中心展开的活跃的实验研究,则是对凯洛夫教学原则在实践层面上的批判。赞科夫的"新教学体系"实验便是一例。[40]其研究的中心课题是,探讨在怎样的教学体制(教学内容与教学方法的体系)之下,才能对低年级(1—4年级)儿童的整体发展发挥教学的最优化作用,并试图根据实验数据揭示"教学体制与儿童发展过程之间的法则性关联"。

那么,赞科夫是基于怎样的方法论基础设计新的教学体系的呢?其方法论基础可以归纳如下三个特征。

第一,强调教学是对儿童整体发展的作业。赞科夫发现,在知识技能的掌握与儿童的发展之间存在"剪刀差"。即在知识技能的掌握方面取得了优异成绩的儿童,其整体发展并没有相应的进步。为什么会出现这种"剪刀差"现象呢?这是由于仅仅定位于知识技能的掌握的教学,单纯聚焦知识技能的教学是无助于儿童的整体发展的。因此,赞科夫主张教学的设计应当是拥有"特殊方向性"的设计,关注儿童的整体发展。

第二,重视儿童智慧活动的自主性。赞科夫高度评价维果茨基(Л. С. Выготский)的"最近发展区"理论。他认为,维果茨基关于儿童智慧发展的两种水准的观点,对于教学活动的设计和组织具有重要意义。其理论立场的本质在于,儿童心理活动的发展拥有社会性。就是说,这里出现了作为决定性条件的教学,但是,发展并不单纯地归结为知识技能的掌握。在教学过程中,儿童的心理功能得以重建,新的性格得以获得。这个理论赋予了教育科学与教育实践以正确的方向,赋予了推动儿童心理发展的高效教学方法的创造及其运用的刺激。赞科夫指出:"在实验研究过程中明白了一点,即'最近发展区'并不是只有唯一的教学途径影响儿童的发展。"教学的具体作用不仅仅表现为成人借助诱导性的提问、范例去帮助儿童的知性活动,以及儿童模仿成人这一点。比如,教师可以借助一定的方式组织儿童去处置材料,在这种场合,儿童完全可以依靠自身的自主性努力,用不着教师的帮助,也用不着再模仿了。儿童在自主性地解决直面的问题的过程之中,心理活动的某些领域便前进一步了。因此,把重点放在儿童自主性活动的组织上乃是教学设计的重要课题。

第三,在教学内容层面,同现行教学体系的"显著"差异。在探讨教学与发展关系问题之际,学生年龄特质的问题是以其具体性和复杂性表现出来的。教学的过程必须要根据学生的年龄特质来加以组织。这是理所当然的。不过,赞科夫认为,我们不能允许离开了具体的教学条件下的学生去收集某种年龄特征的一般性资料。

作为旨在实际地形成具有上述三种特质的教学体制的教学论原则,赞科夫倡导了新教学体系的教学论三原则(并非同上述三特质一一对应)。其一,与凯洛夫教育学的"量力性原则"相抗衡的"高难度原则"。传统的"量力性原则"使得教学过程过分容易,难以唤起儿童的创造性智慧活动。赞科夫认为,新教学体系必须以针锋相对的原则加以组织。这就是必须以高难度的水准展开教学。不过,在这种场合必须"难度适中"。唯有在学生紧张的智慧活动中系统地给予丰富营养的教学过程,才能带来他们快速的急剧的发展。其二,高速度原则。与第一原则有机结合,在新教学体系中儿童不仅要学习该学年度的教材,而且要学习下一年度指定的教材。知识技能的快速习得本身决不是目的。赞科夫的实验研究揭示,习得知识技能的最优速度取决于能够以怎样的步骤去促进学生的整体发展。从这个观点出发,赞科夫不赞成学校中目前采用的教学方法。倘若教师对于儿童已经懂得的东西还要反反复复、细嚼慢咽地去施教,就会培养智慧怠惰者、心智迟钝者,就会妨碍儿童的发展。其三,引进理论比重高的教材。赞科夫强调,应当断然地提高初等教育的教材内容中理论知识的作用,把技能习得同理论知识的掌握有机地结合起来。

围绕赞科夫的实验研究所引发的论争,特别是对上述三原则所展开的激烈的攻防战,进一步开拓了教育改革者的思路。在最后的论争总结中肯定了赞科夫的实验研究"部分改良了现行教学体制"。达维多夫(В. В. Давыдов)则从"教学内容的问题是初等教育的基本问题,其他问题全是由这个问题派生的"观点出发,指出赞科夫的新教学体系不过是在数量上提出了与现行体制不同的内容,诸如扩大"理论性教材"的比重或是"更深刻地理解法则",等等,但并没有建构出适应于新的教学内容的新教学体系。[41]同时也发出了"警惕过高估计儿童学习可能性"的警告。① 尽管如此,赞科夫在教学实验中秉持的"儿童发展观"所表现的特征——(1)重视维果茨基的"最近发展区"理论;(2)强调儿童认识活动的自主性——是值得我们重视的。[42]

教育和教学是兼具科学性和艺术性的工作。在这个问题上,赞科夫不仅借助教学实验批判了凯洛夫的教学原则,而且通过他的论著——《教学论的对象与方法》(1962年)点名批判了两本教育学教科书。一本是凯洛夫主编的教育学教科书(1956年版),该书认为"教育学是借助教育工作者和家长掌握教育的理论,为青少年教育、教学工作的实施提供实用性指针的"。[43]另一本是叶希波夫(Б. П. Есипов)和冈察洛夫(Н. К. Гончаров)主编的教育学教科书(1950年版),该书认为"必须以教育学这一'科学'知识为基础,掌握教育的技术或教育工作的技艺"。[44]赞科夫指出:"在这些命题中,贯穿着这样一种认识:教育技术是以'教育科学'为基础实现的。这样一来,就跟乌申斯基(К. Д. Ушинский)的——教育学不应视为一门科学,它不含规律,教育理论的规则是以'人类学'为基础的立场——大相径庭了。"[45]他批判了这些教育学教科书没有清晰地界定教育科学与教育艺术之间的相关关系。然而,"只要这种相关关系不明晰,那么,人们就会产生疑惑:在教师工作中是否存在着同科学无关的要素以及不遵从客观规律的非合理的东西;教师工作中某些创造和艺术是否应当成为科学分析的对象"。[46]赞科夫感叹道:"在迄今为止的教育学中,即便是

---

① 耐人寻味的是,苏联教育科学院心理研究所所长达维多夫也加入了讨伐凯洛夫教学原则的行列。他通过"智力加速器计划"的实验,主张传统的学校教学论和学科课程编制原理必须加以根本变革。他针对传统的教学原则——衔接性原则、量力性原则、科学性原则,等等,相应地提出了针锋相对的新原则。比如,针对"衔接性原则"强调初等教育与学前教育衔接、中等教育与初等教育衔接的要求,主张教学的各个阶段应当是不同的质的阶段,学科课程应有质的变化。针对"量力性原则",则强调"发展性教学"原则——儿童的智慧发展本身是自然成长的,必须以教学为主导。教学不是追随学生的发展,而必须先于发展。另外,尽管新旧教学论都提到了"科学性原则",但达维多夫认为,"科学性原则"的真正体现应当同改变学生的思维类型挂起钩来。他主张从初等教育阶段起就着手奠定"创造性态度",亦即奠定从"经验思维"过渡到"理论思维"的基础。(参见:钟启泉.现代教学论发展[M].北京:教育科学出版社,1992:370—372.)

不同教学方法效率之比较,也没有确立起真正科学的地盘。"[47]

(三)"文化—历史学派"的"发展—教育论"与凯洛夫教育学的分野

在某些人看来,以维果茨基为代表的"文化—历史学派"的"发展—教育论"竟也成了凯洛夫教育学"之后"的"传承和发展"凯洛夫教育学的学派。不过,只要我们品味了"文化—历史学派"的理论假设及其解释框架,就不难发现这种观点的悖谬之处了。

一般认为,维果茨基的"发展—教育论"由两根理论支柱构成,这就是"心理发展的'文化—历史论'"和"教育主导论(最近发展区)"。维果茨基批判关于人的心理及其发展的生物学观点,提出了与之抗衡的"文化—历史论"。该理论的核心思想是:"人的发展是在社会的历史性发展行程中及个体的发生性发展行程中心理的自然机制的改造";以及"基于这种改造,在人与人的交际(沟通)过程中个体习得人类文化产物的结果"。[48]维果茨基指出:"我们可以把文化发展(高级心理功能的发展)的一般发生学法则界定如下:"在儿童的文化发展中,一切的功能会在两个局面登场。最初是社会的局面,然后是心理的局面。换言之,最初是作为个体间的心理范畴在人际之间,然后是作为个体内的儿童世界登场的。"[49]这就是说,"任何高级心理功能在儿童的发展中表现为两个回合。最初的回合是作为集团活动、社会活动,即作为个体之间的心理功能;第二回合是作为个人活动,即作为儿童思维的内部活动、作为个人的心理功能表现出来的"。[50]这个文化发展的基本法则对于我们理解教学与发展的关系具有极其重要的意义。在维果茨基看来,不用说,教学总得在某种程度上同儿童的发展水准相适应。在这里重要的是,发展水准有两个:第一个是现有的发展水准,第二个是最近发展区。而教学的真正作用不在于"训练"业已形成的内部心理功能,"唯有走在发展前面的教学才是好的教学"。[51]我们从这个论断出发就自然引出了这样一个命题——

在儿童的知性发展中,教学的主导作用就在于"创造心理过程的最近发展区"。事实上,在苏维埃教育思想"解冻"之后,赞科夫、艾利康宁(Д. Б. Эльконин)、达维多夫等众多心理学家的发展性教学研究的一个重要依据,就是维果茨基的"发展—教育论"。

在理解人的心理发展问题上具有原则性、关键性意义的是"文化—历史学派"的"掌握"这一概念。可以说,该学说就是以"掌握"这一概念为核心,展开它们的发展理论的。列昂节夫认为,"人所特有的种的经验并不存在于人类的遗传组织之中;并不存在于内部而存在于外部(外在的客观世界之中)——人们周围的人类社会的客体和现象之中"。[52]这种存在于外部的社会历史经验被个体所掌握的结果使得个人得到发展——这个"发展—掌握论"就是"文化—历史学派"的中心思想。"发展—掌握论"同"发展—自我运动说"存在微妙差别,尽管它并未明确地否定依据内在逻辑、内在法则进行加工、变形的内部过程(即自我运动过程),但对作为"自我运动的发展"的解读持有警戒的态度,因而丧失了"发展的自发性"、"发展的内在逻辑与法则"等概念所占有的地位。在"文化—历史学派"的"教学与智力发展关系"的见解之中,极端重视"生成"、"唤起"、"驱动"发展的内部过程的外部作用,而教学是驱动学龄期儿童心理发展的外部作用的主要形态。这样,即便列昂节夫秉持同样的命题——"儿童智力发展中教学的主导作用",也是跟科斯鸠克、赞科夫的解读迥异其趣的。

列昂节夫在他的《活动·意识·个性》一书序言中说:"作者认为自己的任务不在于肯定某些具体的心理学原理,而是要根据历史唯物主义关于人的本性、人的活动、意识与个性的学说,去寻求获得这些原理的方法。"[53]下面,试以列昂节夫的代表作《人类心理研究中的历史观》[54]为中心,梳理一下"文化—历史学派"的"发展—教育论"的基本论点和关键概念。

1. 在人类系统发生学发展的一定阶段里,其进步不是受生物学法则,而是受社会历史法则制约的。这种社会历史法则也制约着个体的发生学发展。这是列昂节夫论述"人类社会历史发展的生物因素与社会因素"的基本论断。

2. 先天素质是人类心理发展的必要条件。不过,这种"自然前提",特别是作为个体的解剖生理学的特质的素质决不是能力本身;素质不会作为能力显现出来,也不会发展为能力。人的能力发展更不会由于自然前提而受到宿命论的制约。他主张,必须区分人类的两种能力:一种是自然性的能力(从根本上说属于生物学范畴的东西,诸如敏捷反应的能力),另一种是人类特有的能力(特殊的人的能力),后者拥有社会历史的起源。

3. 心理发展的"源泉"是人类特有的环境——人类的客观世界。对于儿童的发展而言,"环境并不是作为发展的平台、作为其条件显现的,而是作为发展的源泉显现的。"[55] 这里所说的发展"源泉",不是科斯鸠克所理解的原动力的意涵,而是相当于发展的"外部原因"。这种环境就是社会环境,即人类的客观世界。作为这一意义上的发展之源泉的"环境",与动物面对的"环境"显然是有着根本差别的。

4. 儿童在生存过程中同外部的"人类的客观世界"结成关系,但这种关系具有相互作用的性质。其特质之一,儿童不是适应周围的"人类的客观世界",而是能动地"掌握"、"获得"、"习得"这个世界。这种结果便是发展。其特质之二,儿童对客体世界的掌握是通过组织并指引这种掌握的成人与儿童的沟通作为媒介的。这里所谓的"沟通"亦可译为"交际",含有接触、合作、结合等意蕴。"沟通",最初采取外在形式的沟通,作为人类共同活动的一个侧面的沟通,亦即"直接的集团性"形式的沟通;而后采取内在性的、内化形式的沟通,对于个体掌握人类历史发展成就的过程来说,……是人类特有的必需的条件。在这里,列昂节夫特别强调了作为高级形态的沟通手段的"语言"对于儿童心理发展的"巨大的、真正决定性的作用";同时指出了语言性沟通对于"掌握"过程本身而言乃是不可替代的。

5. 儿童心理发展的原动力就是儿童自身的能动的掌握活动。这是借助同成人(人类积累起来的社会历史经验的具体载体)的沟通作为媒介,作为人类客观世界的种种"客体"所外化的独特的人类能力的一种"再生产"活动。不过,这种活动必须是以成人与儿童的沟通活动为基础来进行的。可以说,教学本质上属于社会历史的现象,是一种沟通的特殊形态。在这里,教师既不是单纯的儿童经验的组织者,也不是教师自身的个人经验的传递者,而是作为科学的代表者、儿童掌握新知的担当者,出现在同儿童的沟通之中的。列昂节夫强调指出:"学习过程不能够只归结为掌握一定范围的知识。在学习过程中,学生的智力和个性的许多高贵特点应当得到发展,应当实现学生的全面发展。"[56]

苏联"文化—历史学派"的学术成就,特别是维果茨基的学说作为当今社会建构主义的理论基础之一,在当今世界学术界享有其独特的地位。以维果茨基为旗帜的"文化—历史学派"是苏维埃教育学发展的历史长河中积累起来的光彩夺目的精华。鉴往可以知来。当我们检视世界教育思潮发展之际,我们不难发现,只要是把儿童当人来看待的教育思潮,只要是关乎儿童心理发展的研究,无不聚焦"教学是一种特殊的沟通形态"、"教学是儿童人格发展的过程"、"教学过程也是集体组织的社会过程"、"从适应发展的教学走向促进发展的教学"等的命题,也都离不开对"活动理论"的一系列概念——"沟通"、"自主"、"活动"、"体验"、"个性"等的界定和应用。西方进步主义教育思潮、后现代教育学思潮、社会建构主义思潮是如此,苏联"文化—历史学派"的发展也概莫能外。正是在这一点上,与凯洛夫教育学形成了鲜明的反差①。这也正是凯洛夫教育学在 20 世纪 50 年代

---

① "王文"说,"在它(凯洛夫教育学)的故乡,它的后来者们如赞科夫、苏霍姆林斯基……无论谁,他们坚持现代学校教育理论(与'学校消亡论'对立)的基本立场,跟凯洛夫教育学是完全一致、一脉相承、一直没有改变的"。这又是一个混淆是非的论断。众所周知,苏霍姆林斯基被誉为"马卡连柯二世"。日本教育家评论说,苏霍姆林斯基教育思想及其教育实践的最大特征就在于"对儿童充满着爱和信赖"。正是在这一点上,跟凯洛夫教育学划清了界线。"目中无人"恰恰是凯洛夫教育学的致命弱点,怎么能说是"完全一致、一脉相承"呢?况且,"只要教育是以人为对象的工作,那么,就不能把儿童的人权、儿童的发展置之度外。……有儿童,才会有教师,然后才谈得上学校制度论和教育方法论的探讨"(参见:松岛均,川野边敏,等.现代教育思想精粹(第 6 卷·苏俄卷)[M].东京:行政出版公司,1981:387,419.)。看来,"王文"赞赏的坚持现代学校教育理论的"基本立场"恰恰忘却了"儿童"这一教育的根基。

末被苏联教育界毅然决然地抛弃的缘由。列昂节夫指出:"马克思将活动概念引入认识论时,给了它一个严格的唯物主义含义:马克思认为,活动的起初形式和基本形式乃是实际的感性活动,在活动中人们与周围世界的对象进行实际接触,自身感到对方的阻力,并根据它们的客观属性,对它们施加作用。这就是马克思主义的活动学说与唯心主义的活动学说——只承认抽象的、思辨形式的活动——的根本区别。……现代某些歪曲马克思主义的人企图将这个原理说成似乎是实用主义观点的表达和论证。"[57]列昂节夫在几十年前说的这番话仍然具有现实意义。可以说,它也是对我国那些"恋凯情结者"动辄挥舞"实用主义"棍棒的一个严正警告。

"青山遮不住,毕竟东流去。"我国改革开放四十多年,不正是教育理论战线解放思想、概念重建的历程吗?新课程改革,不正是革新的教师以其实践的武器批判凯洛夫教育学的历程吗?想要搬出半个世纪前的凯洛夫教育学来抗衡生机勃勃的"新课程理念"和"概念重建运动",无异于"一枕黄粱"①。我们当然应当好好汲取以维果茨基学派为代表的苏联教育科学的精华,秉持"把童年还给儿童"②的教育改革信念。这是没有任何疑问的。重新捡起"学习凯洛夫教育学"的口号不仅没有任何积极意义,而且简直就是一种历史的倒退行为!

---

① "新课程理念"最概括的表述就是"为了中华民族的复兴,为了每位学生的发展"。这是时代的要求,谁也否定不了。基于该理念的"概念重建运动"也是势所必然、势不可挡的。"王文"却以洋洋三万言的篇幅加以矮化和中伤,辩称这跟"学习凯洛夫教育学""不能等量齐观,不可同日而语,很难相提并论"。至于新课程实践中存在的一些问题,谁也不会否认。但理论层面的问题同实践层面的问题毕竟不能混为一谈,况且理论本身亦会随着改革实践的发展而发展。

② "把童年还给儿童"——这是以沙茨基为代表的 20 世纪 20 年代一批苏联教育学家高高举起的一面教育改革的旗帜,也是经历长年的教育实践孕育起来的沙茨基教育思想的精华。沙茨基强调,把儿童视作单纯"为未来生活作准备"的思想"是一种压抑儿童、摧残儿童、损害儿童生活的偏见"。他针对"语词主义学校"的弊端——"学校里教授的各门学科剥夺了儿童本来应有的探究姿态、拒绝了儿童的自觉性努力",主张"学校必须教会儿童如何通过能动的活动去获取知识"。"所谓'学校'必须是儿童自身经验成果的加工、系统化以及分享他人成果的场所"。(参见:松岛均,川野边敏,等.现代教育思想精粹(第6卷·苏俄卷)[M].东京:行政出版公司,1981:307.)

因为,一个"儿童缺失"的凯洛夫教育学,一个学术奠基不足的凯洛夫教育学,一个与文化专制主义有着千丝万缕联系的凯洛夫教育学,是同我国和谐社会的建设与素质教育的发展大局格格不入的。顾明远教授在总结"改革开放以来我国教育科学的重建与发展"时说道:"解放以后,我国实行向苏联学习的一边倒的政策,教育科学以苏联为蓝本,批判、抛弃了一切西方教育理论,从此,苏维埃教育学一统天下。"[58] 历史的这一页已经远去。当今各种流派、各种学说的声音多元交响的教育学术世界,远比昔日被"王文"赞赏的"形成了比较完整体系"的凯洛夫教育学一叶障目的局面,要好上千百倍!我们再不能闭目塞听、固步自封了,我们更不能走一边倒的回头路。事实上,我国教育研究的每一个进展,无一不是"立足广阔的国际视野"和"扎根本土的改革实践"取得的。我们有充分的自信和能力,"破旧有之陋习,求知识于世界",在回应教育实践问题的种种挑战之中,重建和发展我国自己的教育科学。

参考文献

[1][33][34] 王策三."新课程理念""概念重建运动"与学习凯洛夫教育学[J].课程·教材·教法,2008(7):10,16,11.

[2][13][14][15][16][17][18] 柴田义松.苏维埃教学理论[M].东京:明治图书,1982:9,15,15,16,16,17,18.

[3] 海老原治善.现代世界的教育改革资料[M].东京:三省堂,1983:444.

[4][6][7][8][9] 列宁.青年团的任务[A]//华东师范大学教育系.列宁论教育[M].北京:人民教育出版社,1990:241,242,244,243—244,251.

[5] 克鲁普斯卡雅.国民教育和民主主义[A]//李月章.克鲁普斯卡雅教育文选(上卷)[M].卫道泊,译.北京:人民教育出版社,1987:153.

[10][11][19][20][21] 松岛均,川野边敏,等.现代教育思想精粹(第6卷·苏俄卷)[M].东京:行政出版公司,1981:228,229—230,299,299,311—315.

[12] 岩崎次男,等.西洋教育思想史[M].东京:明治图书,1987:160—161.

[22] 康斯坦丁诺夫.苏联教育史[M].吴式颖,等,译.北京:商务印书馆,1996:445—461.

[23] 彼特洛夫斯基.发展教育心理学[M].柴田义松,译.东京:新读书社,1977:6—9.

[24][29] 维果茨基."最近发展区"理论——教学过程中儿童的发展[M].土井捷

三,等,译.大津:三学出版公司,2003:225—226,226.

[25][26][30][32][39][41][52] 驹林邦男.现代苏维埃教学理论[M].东京:明治图书,1975:59,60,59—60,71,112—114,158,176.

[27][28][31] 钟启泉.现代课程论[M].上海:上海教育出版社,1989:422,422,421—424.

[35] 钟启泉.课程的逻辑[M].上海:华东师范大学出版社,2008:36.

[36][37][38][42] 平井久,等.儿童发展理论[M].东京:艺林书房,1982:319,319,305—308,323.

[40] 赞科夫.小学新教学体系实验(1964)[A]//胜田守一.教与学的构造[M].星野喜九三,译.东京:明治图书.1968:141—185.

[43][44][45][46][47] 赞科夫.教学论的对象与方法[M].三泽正博,译.东京:明治图书,1964:29,29,29,30,32.

[48][51] 泷泽武久.教学在儿童发展中的作用——维果茨基学派的发展论评述[A]//钟启泉.现代教学论发展[M].北京:教育科学出版社,1992:298,302.

[49][50] 维果茨基.心智发展理论[M].柴田义松,译.东京:明治图书,1970:212,212.

[53][57] 列昂节夫.活动·意识·个性[M].李沂,等,译.上海:上海译文出版社,1980:11,3.

[54][56] 列昂节夫.人类心理研究中的历史观[A]//列昂节夫,等.苏联心理科学(第一卷)[M].孙晔,等,译.北京:科学出版社,1962:1—31,Ⅷ.

[55] 艾利康宁.苏联儿童心理学[M].驹林邦男,译.东京:明治图书,1960:236.

[58] 顾明远.改革开放以来我国教育科学的重建与发展[J].教育研究,2008(9):3.

10

维果茨基学派儿童学研究述评

维果茨基(Л. С. Выготский)是在十月革命后苏联致力于确立马克思主义心理学的著名心理学家。正如他所强调的,马克思《资本论》中的辩证法的一般原理是通过——价值、阶级、商品、地价之类的概念范畴的中介而起作用的。大凡以马克思主义为指导的学术,无一不是以《资本论》为楷模的。在心理学中必须有心理学的《资本论》。[1]维果茨基在十月革命后苏联方兴未艾的建设潮流中就是秉持这样一种理念,倾注了整整10年的心血,在儿童学研究的方法论问题、思维与语言的关系、儿童的概念发展、发展—教育论乃至艺术心理学、精神病理学的广泛领域,展开了气势如虹的理论研究与实证研究,并且以其卓越的见解孕育了维果茨基学派的崛起。他是名副其实的苏联心理学的先驱者与指导者。

然而,维果茨基学派的儿童学研究并不是一帆风顺的。在20世纪30年代随着文化专制主义的抬头,以凯洛夫(И. А. Каиров)为代表的教育学思想把维果茨基及其儿童学研究,套上了"资产阶级伪科学"的罪名给镇压下去了。彼得罗夫斯基(А. В. Петровский)在阐述苏联心理学发展的这一段历史时指出,[2]20世纪二三十年代苏联发展心理学与教育心理学中的主要动向有如下四个:第一,对当时业已形成的儿童学研究的三种取向——生物发生论取向(把遗传因素视为心理发展的决定性因子,在反射学主义与机械行为主义相结合的基础上建构的发展论);社会发生论取向(把直接性的环境视为行为的决定性因子,强调对环境的适应与均衡来描述的发展论);以及兼有遗传说、环境说弊端的折中的"复合说"取向——展开了彻底的批判。第二,适应当时苏联国民教育飞速发展的社会需求而展开的庞大的"发展—教育心理学"研究,积累了丰富的研究资料。第三,著名教育学家马卡连柯(А. С. Макаренко)所确立的儿童人格研究与儿童集体理论体系。第四,出现了真正科学发展观的雏形——未必是完美的体系,却赋予今日发展心理学以方法论框架的维果茨基的高级心理机能的发展理论。1936年的儿童学批判运动①不仅瞄准第一个动向,而且维果茨基的发展论也成了批判的对象。然而,维果茨基发展论的杰出的核心思想及其方法论尽管在表面上被扼杀了,但并没有停息。在其后的20年间,形成、壮大了维果茨基理学派的研究团队,以列昂节夫(А. Н. Леонтьев)、鲁利亚(А. Лурия)、赞可夫(Л. В. Занков)、加利培林(Ц. Я. Гальперин)、艾利康宁(Д. Б. Эльконин)等人为代表的一大批学者,强有力地推进了维果茨基的基本构想之下的具体研究。他们的研究夯实了尚欠实证依据的过早建构的理论——维果茨基学说的基础,并且积蓄起强大的学术能量,终

---

① "儿童学"原本是霍尔(G. S. hall)和克里斯曼(O. Chrisman)所开创的"关于儿童研究的综合科学"。苏联的一大批从事儿童学研究的学者曾经围绕"作为整体系统的儿童"、"儿童观中的发生性原理"、"儿童社会环境的考察"、"儿童学的理论性格与实践性格",展开了诸多论争。不过,伴随20世纪30年代文化专制主义的抬头,联共(布)中央从1931—1936年期间以一连串"中央决定"的方式,采取了"克服学校的根本缺陷"的改革步伐,旨在"加强学校教学中系统知识的传授"和"强化教育理论战线的阶级斗争"。1936年,联共(布)中央发布《关于教育人民委员部系统中的儿童学曲解的决定》,发动了对20世纪20年代活跃的儿童学的批判——"儿童学是资产阶级伪科学"、"解散儿童学研究的团队"、"没收儿童学教科书",呼吁"马克思主义儿童研究的科学创造"。苏联"20世纪30年代的学校政策"对于纠正20世纪20年代学校教育改革中"轻视知识的偏向",消除苏联教育科学中的"理论与实践的某些缺陷",确实有其积极意义。然而,以联共(布)"中央决定"的形式来纠偏学校教育的问题,全盘否定科学的儿童研究,使得苏联教育科学最终沦为"中央决定的教条主义解释",造成了苏联教育科学研究者的"动脉硬化症"。在儿童学批判之后,克鲁普斯卡娅曾对苏联教育科学中"丧失了儿童研究的意义"深表忧虑。《苏维埃教育学》杂志在整整20年后的1956年连续发表了两篇佚名的卷首语——《要全面、深刻地研究儿童》(第8期)与《克服教育学中的个人崇拜的后果》(第9期),强烈主张"儿童研究的必要性","清除个人崇拜"。接着在第12期发表科斯鸠克《儿童的发展与教育的相互关系》的论文,揭开了声势浩大的"发展论争"。这样,一大批维果茨基学派的儿童学者终于重新登上了儿童学研究的舞台。从1936年的"儿童学批判"到1956年的"儿童学复兴",20年的历史事实表明,在维果茨基学派的学术能量面前,尽管当时的文化专制主义张狂一时,但终究归于灰飞烟灭。这就是历史的判决。

于在1956年爆发了以科斯鸠克（Г. С. Костюк）的论文为主轴的"发展论争"。这场论争不仅覆灭了"儿童缺失"的凯洛夫教育学，而且极大地推展了基于维果茨基的"发展—教育论"的儿童学研究，成为苏联教育科学研究中举世瞩目的瑰宝。

本文旨在勾勒维果茨基学派[①]围绕"教学与发展的关系"研究的主要论述，为批判凯洛夫教育学提供儿童学研究的思想资料。

一、维果茨基的"发展—教育论"

（一）方法论基础与发展的"文化—历史论"

维果茨基的"发展—教育论"包含心理发展的"文化—历史论"与"最近发展区"两根理论支柱。

维果茨基批判了传统儿童心理学中的高级心理机能发展的具体侧面的研究，亦即儿童的语言与绘画、读写能力的习得、儿童的逻辑与世界观、数的表象与数运算的发展、代数与概念的形成等的研究，认为它们统统都是从自然侧面——停留于其过程与现象，或是停留于这些行为的心理机能与形态——展开的研究。这种传统见解的片面性与谬误在于，不能把这些事实当作历史发展的事实来看待，而是片面地视为一种自然的形成过程。这就把自然要素与文化要素、儿童心理发展的自然要素与历史要素、生物学要素与社会学要素混淆

[①] 维果茨基是苏联杰出的心理学家，马克思主义心理学的创始者之一。他在儿童心理学、教育心理学、临床心理学、缺陷儿童学、艺术心理学、普通心理学等诸多研究领域，留下了不灭的足迹。尽管维果茨基遭遇1936年"儿童学批判"的灾祸，其本人被贴上了"折中主义"的标签，其著作被封杀，苏联的儿童学研究从此偃旗息鼓，但维果茨基生前的业绩仍然在此后的岁月里熠熠生辉，并且为之后二十九年间形成苏联心理学中一个完整的科学流派——维果茨基学派，奠定了坚实的基础。20世纪70年代，维果茨基被西方心理学家喻为"心理学界的莫扎特"。晚近欧美心理学界掀起了一股"维果茨基热"，甚至有人称20世纪80年代是维果茨基的"文艺复兴时代"。需要指出的是，当今一般指称的维果茨基学派，并不局限于狭义的基于"发展—掌握论"的心理学家团队，而是指广义的包括了"发展—自我运动论"在内的维果茨基的同僚及其弟子组成的研究者团队。这里探讨的范围属于广义的维果茨基学派。

起来了。这是对所探究的现象本性的根本的原则性错误的理解。根据传统心理学的方法，儿童高级心理机能的复杂构成与发展过程，被肢解成构成要素，不能整体地把握其结构。依靠这种分析方法是不可能揭示发展的固有特质与法则性的。归纳起来，维果茨基指出了传统见解的三个问题：其一是单纯从自然过程的侧面研究高级心理机能；其二是把高级的复杂过程还原为要素性过程；其三是无视行为的文化发展所固有的特质与法则性。

维果茨基的发展理论有三个理论来源：一是唯物辩证法的研究方法论，二是马克思恩格斯的人类活动论，三是巴甫洛夫（И. П. Павлов）的信号系统理论。

第一，维果茨基秉持唯物辩证法的立场，对传统心理学的分析方法提出了根本性的质疑。他把传统的方法同自己的方法进行了对比——前者是记述性、描述性分析的方法，后者是解释性、动态性、因果性、发生性分析的方法；前者是把行为的高级形态还原为低级形态的要素性分析，后者是把行为的低级形态置于高级形态的单位（作为整体的拥有固有性的更一般性的事物）的分析。一言以蔽之，维果茨基主张唯物辩证法的研究方法论。

第二，马克思恩格斯的思想是"文化—历史论"形成的导火线。维果茨基批判了那种仅仅基于环境中有机体的受制约性的一面而展开的"刺激—反应"式的自然主义（把人类贬为动物的阶段）研究。他说，倘若承认"工具是人类对自然的影响作用，是改造生产的人类特有的活动"，从根本上改变了人类适应自然性质的劳动的话，那么，就不能不考虑人类行为范式的变化。在人类的心理学或行为的发展中，人类和动物区分了出来。人类的劳动活动是以工具为媒介开始的，发展为基于符号为媒介的心理活动。工具是旨在支配自然的手段，符号是旨在控制思维、记忆或行为的手段。两者同样是改变人类活动为媒介性质，从而把身心活动体系提升到高级水准的。

第三，"行为的新的控制原理必然是同新的行为范式相适应的，我们在借助符号所实现的行为的社会原理之中发现了这种行为范式,在社会链接的整个体系中具有核心意义的是语言"。由此,根据巴甫洛夫的第二信号系统理论进入下一个阶段。开始语言是人与人之间的结合,一个人同他人竞技的场面,然后是一个人的内部发生新的类型的心理的链接。就是说,从个人的外部的社会作用过渡到个人内部的社会作用。基于这种论述,维果茨基说道:"我们可以把文化发展的一般法则界定如下:在儿童的发展中,所有的高级心理机能都两次登台:第一次是作为集体活动、社会活动,即作为心理间的机能,第二次是作为个体活动,作为儿童的内部思维方式,作为内部心理机能。"[3]高级心理机能就是经由这种过程社会地发生的。正因为如此,人类的心理发展是社会文化的发展。进一步可以说,社会文化是人类历史发展的一个局面,正是在这种文化—历史的现实中,进行着心理发展、高级心理机能的形成。

不同于自然主义、要素主义的研究,维果茨基把心理发展的历史研究作为基本原则,揭示了两个命题——从符号的媒介性发现了人类心理活动的本质;以符号为媒介的人际间的社会活动转化为以符号为媒介的个人内的高级形态的心理活动(称之为"内化"),为全面地阐明心理发展开辟了道路。这个理论在他最重要的著作——《思维与语言》中得到了阐述,而后借助列昂节夫的"发展—掌握论"和加里培林的"智力行为的多阶段形成论"得以传承。

(二) 维果茨基发展理论的两个假设

维果茨基的发展理论有两个假设。第一个假设,关于人类的心理机能的被媒介性(间接性)的假设。以前"无媒介性"(直接性)、"自然性"的过程在活动中借助某种中间环节的插入而转化为被媒介的过程,在这种转化过程中发生人类心理的特质。维果茨基把这种中间环节用"工具"、"手段"的术语来表达。马克思在《资本论》中写道:"当他(指人类——引者)通过这种运动(劳动)作用于他身外的自然并改变自然时,也就同时改变他自身的自然。他使自身的在自然中沉睡着的潜力发挥出来,并且使这种力的活动受他自己控制。"[4]然而,人类在这种劳动的活动中并不是无媒介地自然地发生作用的,而是以劳动的手段——工具——为媒介的。维果茨基认为,社会生活的基本结构构成了劳动的基础,不同于动物,人类心理的独特性也在于动态的"手段"、"工具"的使用。对于维果茨基而言,作为这种手段与工具起作用的是一切种类的符号。这种符号的使用从根本上重建了人类心理的结构。就是说,自然的、本质上是动物性的和低级的心理机能(无媒介性、直接性心理机能)更替为高级的、社会历史的心理机能(被媒介的心理机能),而形成特殊的人类心理的结构。

不过,这种特殊的人类心理的结构不是一蹴而就的。例如,婴幼儿还不能使用旨在组织自己的心理机能的手段(工具),他的外部知觉是无媒介性的过程,而不是借助语言媒介的过程。那么,被媒介的心理结构是如何生成的呢?对于这个问题的回答,是维果茨基发展理论的第二个假设。根据第二个假设,被符号媒介的心理结构并不是从内部自然发生的,而是有其社会的本源。最初,符号、语言是以外在的形式出现在儿童面前的,是在得到使用的条件下成为儿童组织自身的心理机能的手段(工具)的。儿童之所以能够把语言(符号)在自己的头脑中作为"自己的话语"来使用,是在外部的交际之后。可以说,这不仅仅是语言,而且包括其他所有的符号。就是说,特殊的人类心理机能最初是作为外在的、人际间的心理现象而形成的,然后才转化为内部的、个人内的心理现象。维果茨基把文化发展(高级心理机能的发展)界定为一个非常独特的"两次登台、两个局面"的过程——开始是社会局面,然后是心理局面。就是说,第一次是作为集体活动、社会活动出现的心理间的机能,第二次是作为个体活动(儿童的内部思维方式)的内部心理机能。

所以,第二个假设就是作为内部智慧过程之起源的外在人际间心理活动的假设——"最近发展区"。上述的文化发展的基本法则,对于教学与发展之间关系的理解具有重要的意义。不用说,维果茨基强调教学必须以某种方式关照儿童的发展水准。在这里,重要的是发展水准也有两个。如前所述,第一次出现人际间的心理机能的发展水准,第二次出现个人内的心理机能的发展水准。第一发展水准是现有的发展水准,维果茨基借助"最近发展区"的术语来表述第二发展水准——在同成人合作的条件下,在他们的指导帮助之下,儿童所获得的在其自主活动中原本力所不及的发展水准。从某种意义上说,儿童正在成熟的智力发展的可能领域,叫做"最近发展区",或者说,"最近发展区是儿童的现有发展水平与可能的发展水平之间的距离"。[5]

在维果茨基看来,倘若强调教学"适应发展水准",因而仅仅定位在"现有的发展水准"的话,那么,教学就会跟随在发展的尾巴后面爬行,也不可能产生任何新的进步。这种场合的"教学与发展的关系"类似于"生产与消费的关系"。例如,儿童在凭借自身的能力能够读写之前,由于他的注意、记忆、思考、运动技能发展了,当他开始读写的学习之际,教学不过是从外部"利用"与"消费"儿童发展中业已形成的学习可能性罢了,并不能唤起、发生新的心理机能,即不能形成人际间的心理机能,充其量不过是训练、强化业已形成的个人内的心理机能而已。

教学的真正作用并不是"训练"业已形成的个人内的心理机能。"只有走在发展前面的教学才是好的。它能激发和引起处于自己发展区中成熟阶段的一系列机能。教学在发展中的最主要作用就在于此。儿童训练与动物训练的区别就在于此。"[6]维果茨基在这里发现了教学在儿童心理发展中的主导作用。"发展的过程是追随着创造最近发展区的教学过程的轨迹而前进的。"他说,教学与发展的关系好比是最近发展区和现有发展水平的关系。童年期的教学只有走在发展前面并引导发展,才是好的教学。但这只能教会他能学会的东西。"基本的命题是,任何教学都存在一个最佳期。超越了这个最佳期的上限与下限,亦即过早或过迟的教学,从发展的观点看,对儿童智力的发展的进行都是有害的或不当的。"[7]教育学必须定位在儿童发展的明天,而不是儿童发展的昨天。唯有在这个时候,我们才能在教学过程中唤起"最近发展区"的发展过程。

维果茨基指出,支撑陈腐的学校教育体制的"教育学根据"是:"教学必须面向发展的昨天,面向业已成熟的儿童思维的特质。"他们错误地把教学路线定位在挑战最小的路线,定位在儿童弱势的一面,而不是强势的一面。维果茨基反其道而行之,他强调,教学必须引领儿童的发展。"最近发展区是尚未成熟但处于成熟过程的机能,是处于萌芽状态却是每日成熟的机能,亦即不是发展的果实,而是可以谓之发展的花蕾、发展的花朵的机能,是终究会成熟的机能。现有的发展水平是昨日的发展成果,体现发展的总和,最近发展区体现明日的智慧发展。"[8]可以说,维果茨基的"最近发展区"概念所隐含的重大意义在于,"把人的发展从作为'灌输'的'教育'束缚中解放出来,从根本上重新审视教育现场的'能力'观的内涵"。[9]

(三)儿童发展的"教育主导论"

按照维果茨基的分析,关于儿童的教学与发展的关系问题的回答大体可以分为如下三种类型:[10]

第一种回答是把教学与发展视为两个相互独立的过程——把儿童的发展设想为服从于自然法则的过程和尊重自然成熟的过程,教学则被视为以某种形式适应儿童的成熟展开的,利用发展成果的纯粹外在的过程。"教学紧随发展,先是发展,后是教学。"这种观点的典型代表就是皮亚杰(J. Piaget)。

第二种回答是将教学与发展混为一谈。在这种见解看来,讨论哪个先导、哪个从属的问题是没有任何意义的,它们的同时性、共时性是这种见解的独断。"发展即教学,教学即发展"——儿童随着教学的发展而相应地发展。儿童的发展和他所受到的教学是等同的。这种观点的典型代表是詹姆斯(W. James)和桑代克(E. L. Thorndike)。

第三种回答是试图克服上述两种回答的极端性,把两者结合起来;同时把教学视为一种结构性的形式训练的过程,主张"发展具有双重性"。这就是以考夫卡(K. Koffka)为代表的二元论见解。按照这种二元论见解,教学与发展是相互联系、相互制约的,但在本性上是以两种不同的过程为基础的:其一是直接依存于神经系统发展的成熟,其二是教学本身也就是发展过程。在这里,维果茨基用了形象的比喻批判道:"如果第一个理论是砍断而不是解开结子,第二个理论是消除或者避开这个结子,那么,考夫卡的理论则更是抽紧了这个结子,结果是在事实上,在两个对立的观点方面他的立场不仅不解决问题,而是使它更加错乱了,因为这个观点将问题提法中的主要错误奉为原则。"[11]

不过,维果茨基说,第三种见解为我们思考"教学与发展的关系"问题提供了新的思考——"教学不仅能跟随发展,不仅能与之齐步并进,而且能走在发展前面,将它推向前进,导致新事物的产生。这是极为重要的,也是极其可贵。"[12] 基于上述的批判与思考,维果茨基从两个不言而喻的事实——儿童的教育在学校教育产生之前早就存在,教育必须同儿童的发展水准相一致——出发,提出了他的最重要的概念:"我们至少应当确定儿童发展的两个水平。如果不了解这两种水平,我们将不可能在每一个具体情况下,在儿童的发展进程和他所受教学可能性之间找到正确的关系。我们称第一个水平为儿童的现有发展水平。这是指一定的已经完成的儿童发展周期的结果和由它形成的心理机能的发展水平。"[13] 维果茨基强调儿童发展的"教育主导论"。他说:"如果教学只能利用发展中已经成熟的东西,如果教学自身不是发展的源泉,不是产生新的东西的源泉,那么根本就不需要教学。因此教学只有在由第二个水平(最近发展区)决定的一定时期的界限之内进行时,才能最有成效。"[14] 事实上,我们在学校教学中几乎总是与这一现有发展水平打交道的,但经验表明,这一现有发展水平不能完全充分确定今日儿童的发展状态。维果茨基研究了两个智力年龄同样是七岁的儿童。就是说,两个儿童都能演算七岁儿童力所能及的问题,但是对其中的一个稍作帮助,这个受到帮助的儿童就能解答九岁的问题,另一个人只能解答七岁半的问题。这两个人的智力发展是同样的吗？从他们的自主活动这一点上说是同样的，但在发展的最近发展区这一点说，他们是有巨大差异的。这种得到成人的帮助的儿童能够解题的事实，我们用他们的"最近发展区"来表述。"今天儿童靠成人帮助能够完成的事情，明天他便能自己独立地完成。这样，最近发展区将帮助我们确定儿童的明天，确定他发现的动态，不但可以查明发展中已经达到的状态，而且能发现他正在成熟中的状态。"[15]案例中的两个儿童，从业已完成的发展周期看，显示的是相同的智力年龄，但他们的发展进程是不同的。

这样，儿童智力发展的状态至少可以借助两个发展水平——现有发展水平与最近发展区——来加以确定。那种"以已经完成的发展阶段为目标的教学是无所作为的，它不会带来新的发展过程，自己只会在发展的尾巴后面爬行"。[16]

上述认识为教学与儿童发展关系的整个学说带来了巨大变革。就是说，关于最近发展区的学说提出了教育引领儿童发展的原理。换言之，"教学的本质特征是教学形成了最近发展区，就是说，教学唤起了、唤醒了、启发了一系列内部发展过程。这些过程，对儿童来说，目前只是在他与周围人们的关系中，在与他的伙伴的相互合作的环境里才是可能的，但这些内部发展过程，在它们完成了内部进程之后，便成为儿童自身的内在财富了。"[17]就教学与发展的关系而言，"正确组织的儿童教育，引领儿童的智力发展，使之产生除了教育之外一般不可能产生的一连串的发展过程。正因为如此，教育被视为社会历史特质的发展过程（不是儿童的人类自然特质）中内在的不可或缺的普遍机会"。[18]由此可见，"文化—历史论"与"教育主导论"实质上是表里一体的理论。

（四）"生活概念"与"科学概念"内在统一的发展过程

最近发展区概念的独创性就在于，它是阐明学校教育中的教学过程与这种教育背景下的儿童智力发展之间的关系、科学知识体系的教学与儿童思维发展之间关系的关键概念。维果茨基说:"教学并不就是发展,但正确的教学却能促进儿童智力的发展。"[19]"发展过程与教学过程之间存在着极其复杂的、变动着的依赖关系,不可能用单一的、预先提出的、臆断的、思辨的公式来反映这些相互关系。"[20]就是说,教育的问题不是现实的某种理论问题,而是实践的、实证的问题。他自身并不停留于这种论述,而是在进行诸多的实验(实践)之中提出关于这个问题的实践性的回答。这就是在《思维与语言》中提出的关于"科学概念"的考察与论述。

维果茨基从"儿童发展的教育主导论"出发,提出了"科学概念"的重要性的问题。他一边批判皮亚杰的重视自然发生概念的理论,一边指出自然发生的概念与非自然发生的(在成人的教育关怀下发生的)概念为代表的"科学概念"的复杂发展过程之间的差异。皮亚杰认为,通过探讨自然发生的概念的发展,可以理解儿童思维的特征。相反,维果茨基则认为,正是"科学概念"发展的研究,才能"表征该年龄发展阶段儿童的思维所固有的本质特征"。这是因为,"科学概念并不是为儿童所掌握和记诵的,也不是用记忆吸取的,而是借助其思维的全部积极性的最紧张工作而产生和成型的"。[21]

在维果茨基看来,"生活概念"与"科学概念"的根本差异在于,"科学概念"是儿童在学校中习得"科学概念"的体系发展起来的;"生活概念"是在儿童的个人经验中出现的一种欠缺系统性的发展。"科学概念"被赋予了自觉性与随意性的性质,"生活概念"却由于欠缺系统性而没有自觉性与随意性。他说:"科学概念的发展是在认识性和随意性的范围里开始并继续向下延伸进入个人经验和具体性范围的。自发概念的发展则开始于具体性和经验的范围并进一步向概念的高级特性推进:认识性和随意性。这两条对立的发展路线之间的联系无疑显示了这种发展的真正的本性,这就是最近发展区与现有发展水平之间的关联。"[22]处于系统化的"科学概念",其概念本身处于与其他概念的关系之中,超越经验,是从其他概念的内部发生的。就是说,这不是自然发生的,而是基于学校的教学过程中确立起来的概念之间的共同性关系,自觉地产生的。他说:"自然发生的概念,作为其自身的本性是自然发生的,所以是非自觉的,不宜随意运用的。正如业已看到的,'非自觉'缺乏概括化,亦即意味着共同性关系体系未发展。这样,概念的自然发生性与非自觉性、自然发生性与非系统性是同义词。恰恰相反,非自然发生的科学概念,作为其自身的本性,由于是非自然发生的缘由,从一开始就必须是自觉的、系统的……学龄期概念发展的全部历史,基本上就是围绕系统这个中心运转的。系统同科学概念的发展一起,把儿童思维中产生儿童的整个智力发展提升到了高级阶段的新的生成物。"[23]这样,"倘若科学概念的习得能够引领发展……那么,就可以认为,科学概念的学习对于儿童的智力发展起着巨大的决定性的作用"。[24]通过学校中的教学过程,在儿童自发习得的生活概念群与有意识地习得的科学概念群之间,产生相互渗透。"儿童的自发概念的发展是由下至上的,从较简单的和低级的特性到高级的特性,而科学概念的发展则是由上而下的,从较复杂的和高级的特性到比较简单的和低级的特性。"[25]这就是说,维果茨基把这种相互渗透的过程,表述为生活概念的发展是"自下而上"的,亦即从具体(个别)到抽象(一般)的发展;科学概念是"自上而下"的,亦即从抽象(一般)到具体(个别)的发展。这种相互渗透的过程就是所谓的"生活概念"与"科学概念"内在统一的发展过程。

(五)"内言论"即"人格论"

在理解维果茨基"文化—历史论"的总体构想中,"内言论"具有独特的意义。按照维果茨基的发展图式,思维是经由作为外在符号的自我中心语言为媒介,发展为作为内部符号的语言——内部语言(内言)——为媒介的。因此,意识的发展是同内言的发展不可分的。他区分了内部语言(内言)的两种格局:一是"语言性思维,特别是概念思维的发展"的格局,二是"内言的意义论"的格局。无论从哪一种格局上去把握,实际上贯穿着一条红线——"内言论"即"人格论"。

这里所谓的"内言",就是内化了的(不出声)的语言。通过内言,人事先在头脑中计划必要的行为,再根据计划调节自己的行为。在这种场合中,语言作为内部符号来介入思维。这样,以"内言"为媒介的思维就是"语言性思维"。维果茨基根据其介入的语言的意义发展水平,把"语言性思维"分为"复合性思维"的阶段与"概念性思维"的阶段。构成前者的语言的意义,是基于具体事物中间实际存在的客观的事实关系来加以综合的,意义具有明确的含义,但以缺乏层级性和系统性为特征。就其心理本性而言,是复合的,但不同于真正的概念,不过是走向真正概念的过渡形式。构成后者的语言的意义,则是存在于客体之间的单一的、基于本质特征的抽取而结合的,这种本质特征是受它同其他概念的层级关系所制约的。在维果茨基的"文化—历史论"中,处于各种高级心理机能发展的核心地位的就是"概念性思维"。以"内言"为媒介的语言性思维从"复合阶段"向"概念阶段"发展,据此,其他一切的心理机能得以重建,从而转换为名副其实的高级心理机能。"在发展过程中,这些机能塑造着一切复杂的层级性的体系。在这种体系中,思维发展、概念形成的机能,发挥着核心的或主导的作用。其他一切的机能都是同这种新的形成物的复杂的嵌入,这是一种基于概念性思维的知性化、重建化。"[26]

维果茨基"文化—历史论"的核心是,从人类历史地、社会地创造性的语言为媒介的见地出发,来提供历史发展与个体发展的依据,借以说明人类固有的高级心理机能的发展。维果茨基之所以关注作为高级心理机能发展的本质性要因——语言,就是因为语言是"人类意识的历史本性的最直接的表现","意识,正像一滴水见太阳一般,在语言中照见出来了。……赋有意义的语言是人类意识的小宇宙"。[27]维果茨基是在语言性思维发展的最终阶段——概念性思维的阶段里,展望人类最高层次的人格发展的。这就是所谓的"内言论"即"人格论"的缘由。

二、维果茨基学派儿童学研究的发展

上述维果茨基的"发展—教育论"的构想,其理论侧面自20世纪50年代以来借助苏联发展心理学、教育心理学家的努力而获得了强势的发展。特别是在"发展论争"之后,大体出现了两大流派。其一是以列昂节夫、加里培林、达里济娜(Н. Ф. Талызина)、艾里康宁、达维多夫(В. ВДавыдюв)等人为代表的"发展—掌握论"的理论假设。他们强调的命题是:(1) 在心理发展中生活条件(教育、教学条件)起主导作用;(2) 在发展与教学的相互关系中教学不应当追随发展,恰恰相反,教学应当引领发展;(3) 社会经验的习得、心理机能的形成,谓之"发展";(4) 遗传的、天生的素质不过是显示发展的可能性,并不是既成的心理特征。其二是以科斯鸠克、赞可夫、鲁宾斯坦(С. Л. Рубинштейн)为代表的"发展—自我运动论"的理论假设。他们强调的命题是:(1) 所谓"发展"是个体内在矛盾的扬弃过程,亦即"自我运动";(2) 外部条件总是通过内在条件起作用的。

(一)"发展—掌握论"的理论假设

1. 社会历史经验的掌握(列昂节夫)。列昂节夫基于马克思关于人类劳动的论述,把维果茨基的发展的"文化—历史论"提升到新的理论高度,其理论的核心称之为"社会—历史经验的掌握论"。列昂节夫在其长篇论文《人类心理研究的历史观》(1959年)中系统阐发了"社会历史经验的掌握问题"。"掌握"的概念从此成为维果茨基学派的关键词。

列昂节夫说:"人积累种族发生经验的这种形式之所以可能,是因为人类专有的活动与动物的活动相比,具有生产的性质。这种活动首先就是人们的一种基本活动——劳动活动。"[28]在人类的才能和属性的历史发展中所达成的东西,不同于动物,它不是作为遗传决定的形态学的特质,而是借助独特的外在形式世代传承的结果。这种形式就是人类的劳动(物质生产的劳动和精神生产的劳动)——把人类心理能力、才能作为劳动生产的对象——的过程,同时,也是作为人类能力成就转化为外在的、物质形式的过程——而形成的。就是说,作为种的人类能力的发展,是作为劳动生产物的一切人工的事物、现象(包括艺术作品和书籍)而刻印下来,并以此为媒介得以发展的。列昂节夫根据马克思的思想,展开了如下论述。

列昂节夫把马克思论述的人类能力的"物化"过程当作人类能力的"掌握"过程来分析。[29] 就是说,把"精神的东西→物质的东西(外化)"的过程,当作逆向的过程——"物质的东西→精神的东西(内化)"——来看待的时候,表现为先行世代的社会历史经验的积蓄,亦即"内化"(掌握)人类能力发展的成就的过程。"在个体发生性发展的过程中,人是浸润在其周围的由先行世代所创造的事物与现象世界的独得的、人类特殊的关系之中的。这种关系的特殊性首先受制于这些事物与现象的性质本身。不过,这是一方面。另一方面,这种特殊性又是受制于这些关系在其中所形成的各种条件。"[30] 就是说,前者意义的特殊性是同"掌握什么"相关的,后者意义的特殊性是同"如何掌握"相关的。对于心理发展的问题而言,首先是后者的问题。

社会历史的事物与现象的世界,对于发展中的个人而言并不是直接赋予的,它是作为个人直面的课题表现出来的。就是说,"甚至儿童最初碰到的最基本的工具、器具或生活用具,儿童也都积极地揭示其特殊的品质。换句话说,儿童应对它们进行实践的或认识的活动。也就是说,儿童对于这些物体必须进行适合于这些物体之中所具象化了的人类活动的实践性或认知性的活动"。[31] 这就是掌握的第一个特殊性,掌握过程是借助活动来展开的。从这个意义上说,这种掌握不同于生物学的适应,"生物适应过程是有机体的种的特性和能力及其种的行为改变的过程","掌握的过程则是历史上形成起来的人类能力与机能通过个体而进行的再生产过程"。[32] 而"人在这个过程的进行中形成的能力和机能是心理的再造,对它来说,遗传的、天生的机制和过程只是使再建有可能发生的内部（主观）条件；然而这些条件既不决定其组成部分，也不决定其特殊的品质"。[33]在这里，列昂节夫明确地否定了天生的、遗传性的东西在环境的条件下发展之类的"二因素说"。这种"二因素说"认为，儿童的发展是受两种因素——纯粹生物学上的年龄与遗传素质，以及来自儿童周围环境的外部影响——宿命论地决定的。

关于掌握过程的第二个特殊性，列昂节夫说："在正常的事态中，人类同其周围的客观世界之间的关系总是以人际关系、社会关系为媒介的。"……交际，当表现为原始的外部的形式，如人们联合行动的方面，也就是表现为'直接的集体活动的形式'，或者表现为内在的、内化的形式时，组成个人掌握人类历史发展成就过程的第二个必要的和特殊的条件。"[34]这个条件表明，儿童同社会的事物与现象相遇，是作为这些事物、现象的生产者的活动；或是通过作为这些事物、现象的生产者的活动，或是通过业已终结了掌握这些事物、现象的成人的活动，来与成人的交往为媒介的。

列昂节夫进一步指出，高级形态的交际手段——语言，在儿童的心理发展中起着决定性的作用。同时，语言的交际不可能取代"掌握"过程本身。他说："虽然语言具有巨大的、真正决定性的作用，可是语言不是人类身上人的东西的造物主。语言是概括和向别人传递人类社会历史实践经验的东西，从而也是交际工具、个体取得这种经验的条件，以及个体意识存在的形式。换句话说，人的心理形成的个体发育的过程不是在言语刺激本身的影响下形成的，而是上述特殊的掌握过程的产物，这个过程取决于个体在社会中生活发展的各种情况。"[35]可以说，掌握过程实现着人的个体发育的发展的主要的、必要性和主要的原则——正是维果茨基学派赋予"掌握"的过程以上述的界定，人们才把他们称之为"文化—历史学派"。他们以这个理论为中心，同"发展即个体内的自我运动"的观点相抗衡，确立起新的立场，即从根本上重视教学过程作为组织化的掌握过程的立场。

2. 心理的东西的形成(达维多夫)。列昂节夫的"发展—掌握论"的更为激进的表现,是达维多夫的"心理的东西形成"说。他在其《心理的东西的"形成"与"发展"两个概念的相互关系》[36]中澄清了有关教学与发展关系理论的混乱,同时提出了消解"个体的心理发展"概念的命题。这个命题的矛头是直接指向皮亚杰的,同时也是指向苏联的发展教育心理学者的。在这里,达维多夫列举了皮亚杰无视的两个事实。其一,人类的心理拥有社会的本性,人的本性的各种能力在人类的物质文化中得以客体化,每一个人都是掌握这些能力的存在,每一个人都是依其掌握的程度而成为发展了的人的存在。其二,这种掌握本身的方法与手段也拥有社会历史的性质。就是说,教学系统本身是历史地变化和发展的。不理解这两点,就会陷入把教学对立起来、割开开来的谬误。

事实上,列昂节夫、达维多夫的这个"发展—掌握论"同科斯鸠克的"发展—自我运动论"是针锋相对的。不过,达维多夫并不认为是矛盾的:科斯鸠克的所谓辩证法理解的"发展"是对每一个人而言的"发展"概念。尊重概念仅适用于"基于自己的、仅属于自身的法则而存在的构成整体的系统的东西"。问题是,究竟每一个人(个体)是否是这样的系统,是存在疑问的。"每一个个体自身并不是输入和输出的系统,每一个人不过是构成'社会'本质的真正统一的系统的要素而已。正是社会,而且唯有社会,才是每一个人作为固有的东西、固有的矛盾的自我发展的存在。对于所有的个体而言,这种发展并不是固有的。"[37]倘若是这种认识,那么,"心理发展"的术语当然是不适于每一个个体的。这样,就无异于否定了传统心理学者援用的"发展"概念。

那么,每一个个体从生到死产生的变化究竟是怎样来认识的呢?达维多夫说,这是一种"形成"。就是说,在劳动生产物被基于对象化的社会本性的个体掌握过程中就形成了人类本来的活动,也就展开了作为控制这种活动的机制的心理的形成。这样,所谓的"心理形成",会令人想到似乎是这样的一种假设——只能视为无视"能动性"

和"内在冲动"的被动的个体。其实不然,达维多夫充分认识到这种能动性,主张"能动性本身也是一种发现的形式,这一点是重要的,但也包含了决定其效果的能动作用的水准。"[38]达维多夫强调,归根结底,教学论和心理学的真正问题是人格的"教学与形成"的相互作用的问题。

3. 心理发展的原动力论、发展阶段论(艾里康宁)。传承维果茨基的基本构想,艾里康宁批判了那种把儿童视为被动的存在的观点,如一方面从遗传素质,另一方面从环境之中发现和发展的原动力的"天生说"与"经验说",以及认为遗传决定发展,环境构成发展实现的条件的"复合说"。"在各自的瞬间达成的儿童的身体发展的水准,儿童高级神经活动的特质,作为社会成员的儿童的发展,这些都是儿童心理和意识发展的必要条件。当然,不用说,这些作为心理发展的条件是必须的,但无论是儿童心理发展的进程本身还是其水准本身,并不是预先决定的。"[39]"环境与儿童发展之间某种关系的特殊性质,随着发展的进行而发生,不能不接受发展的结局。无非是原本从一开始就已经在环境中被赋予的。儿童的人格发展,以及对于人格的特殊的、人类特性的发展而言,环境作为发展的舞台,并不是作为条件表现出来的,而是作为发展的源泉表现出来的。"[40]"作为社会成员的儿童发展的原动力,构成其心理及意识发展的原动力的,只能是借助积累了人类一切财富的承担者的成人同儿童之间的关系为媒介的、掌握现实的儿童自身的活动。"[41]这样,在艾里康宁看来,遗传性、生理性的素质是发展的条件,环境(人类的现实、语言、科学、文化)是发展的源泉,而掌握印刻在环境之中的人类历史的成就的能动的活动本身,就是发展的原动力。

然而,并不是所有的环境都是发展的源泉,唯有以某种形式借助成人媒介的,或是借助教育与教学组织起来的构成儿童活动之对象的环境(现实)才构成各个时期的发展的源泉。艾里康宁把构成这种发展的原动力的活动,称为"发展的主导性活动"。它拥有如下四个特质的活动:其一,这种活动是在某种发展时期中最典型的儿童与成人的关系,以及以这种关系为媒介的儿童对待现实的关系中得以完美发挥的活动。其二,主导性的活动是构成一个时期里心理发展源泉的周围现实的要素与儿童的结合。其三,在发展的某个时期里受到观察的儿童人格的基本的心理变化,是借助主导性活动引起的。其四,儿童的基本心理过程的形成或是重建,是在主导性活动的内部进行的。这种主导性活动是以变化、发展着的儿童心理发展的面貌为其特征的。

艾里康宁阐述了建构发展阶段论的原则:第一,儿童心理研究的历史观;第二,从发展的全局性周期的视点出发,展开各个发展阶段的研究;第三,把发展视为辩证矛盾的过程;第四,把一个发展时期过渡到下一个时期的急剧的危机,视为发展的不可或缺的指标;第五,撷取不同性质的过程,从它们的关联上,区分发展的阶段和特征。艾里康宁进一步批判历来的发展阶段说,是从儿童对"自然世界"的适应形态,亦即从智力发展的侧面的阶段论(皮亚杰),和对"人类世界"的适应形态,亦即从需求—情感、需求—动机发展的侧面来分割的阶段论(弗洛伊德派);同时认为,其实对于儿童而言,客观的事实是,"儿童—事物(社会客体)"系列与"儿童—他者(社会的成人)"系列是相分离的。然而这种分离,在以某个系列为轴心展开活动之中,是作为统一的过程出现的,儿童的人格就是在这个过程中形成起来的。

从这个见解出发,前述的发展的"主导性活动",根据其客体与内容的特征,有可能分为两类。第一类主导性活动的内容,主要是习得人类活动的基本意义、其任务与动机、人际关系的标准,这是以"儿童—社会的成人"系列为轴心的活动。在这里,发展的东西主要是需求、动机的领域。第二类主导性活动的内容,主要是习得社会地形成的对客体的行为方式——这是以"儿童—社会客体"系列为轴心的活动。这样,艾里康宁区分了主导性活动的类型,并且按照发展顺序排列如下。[42]

1. 直接性、情绪性交际活动(第一类)。形成定位性行为和感觉运动—操作性行为之际,幼儿与成人之间的直接的情绪性形态的交际活动。

2. 操作性活动(第二类)。对社会地形成的对客观世界(工具之类)的行为方式的掌握,这是幼儿前期所进行的活动。

3. 角色游戏(第一类)。这是对人类活动的最一般、最基本的意义进行定位的幼儿后期的活动,形成有社会价值取向的活动。

4. 学习活动(第二类)。这是在低年级形成儿童的智慧、认知能力的活动。

5. 密切的个人交际活动(第一类)。少年儿童的基本活动是学习活动。产生巨大变化的是,以少年的行为为媒介的、基于一定的道德伦理标准的交友关系之上的沟通活动。在这里,形成生活的个体意义。

6. 学习活动(第二类)。立足于儿童自身未来的生活和活动的课题与动机所获得的具有职业性质、学习性质的活动。

在上述六个主导性活动的转变中间,存在着发展剧变的过渡期,即所谓的"发展危机"。这就是,2 与 3 之间的"3 岁危机",4 与 5 之间的"性成熟危机",以及 6 的"青年危机"。这些危机是儿童自主性、自立性倾向强化的表征。据此可以分为三个时期——幼儿期、儿童期、少年期。这三个时期主要是依据人的活动的课题、动机、基准的显得与需求—动机领域的发展来划分的。

艾里康宁的发展阶段论的意义在于,其一,体现了人格的"需求—动机"侧面的发展与"智慧—认知"侧面的发展的矛盾统一。其二,把发展过程视为螺旋式上升的过程。其三,研究每一个发展时期之间的关联,揭示了从"先行时期"向"后行时期"过渡的功能性意义。其四,基于发展的内部法则进行时期划分的取向。其五,提示了学校教育制度的区段划分,有助于儿童发展的每一个时期对于一定的外部作用的敏感性问题的解决。所有这些,同"儿童缺失的教育学"以及"只见分数,不见人格"的应试教育体制形成了鲜明的反差。

(二)"发展—自我运动论"的理论假设

不同于"发展—掌握论",科斯鸠克则把发展视为"以主体的内在矛盾为原动力的自我运动"。科斯鸠克说,在苏联的儿童学研究中,教育在儿童的发展中起着主导作用的命题,早就确立起来了。然而,这个命题不仅停留于抽象的公式化,而且是片面的公式化。就是说,并没有进行教学与发展的关系之中,教育怎样才能发挥引领成长中的儿童发展的相关条件的分析。他说,儿童的心理发展是在儿童与周围环境的交互作用的过程中进行的。这种交互作用及其在这个过程中进行的客观实在的认识,是以儿童与成人之间的交际为媒介的,是以借助于语言的帮助所习得的社会经验为媒介的。

1. 促进发展的教学论前提。不过,"教育的作用,包括外部的影响在内,并不是直接地对儿童产生作用的。而是通过儿童对教育的态度,通过在其生命中跃跃欲试的倾向与意欲的活动,曲折地起作用的。……所谓教育,不是指教师单纯地说教,而是在实际上如何组织、引领学生的生活与活动,从而达成目的的。这种教育的组织化是否成功,是同教师在多大的程度上重视并运用每一个学生在其发展过程中业已形成的其对环境的主体的态度、触发其行为的动机及其他性质,息息相关的。……外部因素是通过内部条件的媒介起作用的。"[43]毫无疑问,"在教学过程中,进行着儿童智力发展的内部条件的创造"。但是,科斯鸠克补充道:"教学是儿童智力发展的最重要的条件但不是唯一的条件。儿童的智力、心理的发展不仅依存于教学,而且也依存于儿童同周围环境之间的活动性连接,以及儿童的内脏器官和神经系统的成熟度。成熟,在人的智能的个体发生的最初时期起着特别重要的作用。"[44]儿童智力活动的质的变化,其智力活动从低级向高级的过渡,儿童观察力、记忆力、思考力等新的特性的发生,儿童对学习与知识以及其对周围环境的新的态度的发生……所有这些发展都有其特征。这些质的变化,都是在儿童的生命活动(儿童的学习是这种生命活动的一种表征)中进行的内在矛盾过程的结果。

智力的发展显然是借助成人经验的掌握而实现的。但同时,儿童发展中的成就,是以这种经验的掌握本身作为成功的必要条件的。因此,儿童的智力发展是受其所接受的教学所左右的,但另一方面,教学的过程又是受儿童的发展所左右的。这样,儿童的教学、掌握、发展不可分割地联系在一起,同时,又是各自不同的过程。"儿童的心理发展,不是简单化地接受教育的影响,……儿童的发展是其生活经验中生成的一切的选择和内部加工的结果,是心理活动的某些特质的消亡与另一些特质诞生的结果。发展,是作为整体的儿童生活的结果。不同年龄阶段的儿童心理发展的面貌拥有各自的特色,原因就在于此。"[45]

2. 心理发展的原动力与发展的指导。科斯鸠克指出:"不应当像行为主义那样从外部环境和教育的影响中直接引出儿童心理发展的过程。环境与教育是儿童发展的必须条件。然而,同其他任何生物存在的场合一样,构成儿童发展源泉的是其所固有的内在矛盾。辩证唯物论的基本命题之一是,一切现象的发展原本是由其特有的内在矛盾引起的。这个命题同样适用于儿童的心理发展。"[46]儿童发展的原动力,是在儿童的生活之中,在周围环境与儿童的相互关系之中发生的内在矛盾。在任何发展阶段,这些矛盾都带有其独特的具体性。诸如,儿童新的需求、爱好与志向同他可能的发展水准之间的矛盾;社会环境向他提出的、他所接受的要求与实现该要求的必要技能、熟练的水准之间的矛盾;新的课题与业已形成的习惯化了的思考方与行为方式之间的矛盾。此外还有,超越自己的生活方式、正在成长中的儿童与青少年的可能性与他们对混同环境的客观关系之间的矛盾;他们的内在可能性与他们在家庭中、集体中所处地位的矛盾,以及从这些矛盾派生出的大量的矛盾。……阐明这些内在矛盾正是达于儿童心理发展过程以及这种过程的法则性认识的路径。

科斯鸠克在《儿童的发展与教育的相互关系》中明确地指出:(1)教学是儿童发展的最主要的条件之一。(2)儿童发展的原动力是儿童在生活中,在周围生活环境与儿童的相互关系中发生的内在矛盾。(3)应当把人格的发展看作自我运动,看作自发的、内部的、必然的运动,而不是受到毫无关系的外力冲击所产生的某种习惯性过程。(4)把发展理解为自我运动,并不违背"教学在发展中的主导作用"的论断。承认"发展的自发性",并不意味着发展不依赖于任何前提作为条件。反之,"发展的自发性"是在特定条件下产生的,教学是发展的诸条件中的一个。(5)只要儿童的发展是以存在于自身内部的矛盾作为原动力的自我运动的过程,发展就具有其固有的内在法则。而这种法则是不可改变的。因此教学在对发展起促进作用上,可能的途径只能是依据关于发展的自身,巧妙地唤起自我运动,有意识地引导发展过程的进行。[47]

3."发展—自我运动论"的教育学意涵。把人格的心理发展作为"自我运动",作为"自发的、内在必然性的运动"来理解的话,就必然会产生一个疑问——这同心理发展的社会制约性这一同样是辩证唯物论的基本命题之一,岂不是矛盾的吗?作为"自我运动的发展过程",或是"发展的自发性",或是"儿童心理发展中教学的主导作用"这样一些苏联教育科学的基本命题,岂不是矛盾的吗?科斯鸠克回答说,决不是矛盾的。实际上,所谓"发展的自发性"决不是不受任何因素的制约,反之,它是在特定条件下产生的。这种自发性所在的对立物的统一与斗争及其内在矛盾终究是在特定条件下产生的。包括儿童在内的一切存在的发展都是受到其"自身的运动(活动)",同周围现实本身相关的"种种关系的总和"而制约的。否定"自我运动的发展"、"发展的自发性",等等,倘若单纯地停留于主张"教学在发展中的主导作用"这一论断,那就是教育万能论的观点。

科斯鸠克强调,所谓"教育的可能性"是指:"教育愈是更好地把握作为整体的儿童的生活(生命);教育者愈是深刻地认识这些儿童生活的发展现象之实际性质与法则,并且愈是能巧妙地把这种认识运用于自己的实践活动之中,教育的可能性就愈大。……所谓教育的力量,并不是说教育可以不重视或是改变发展法则,而是在于依据发展法则的知识,能够有目的地引领发展过程。"[48]儿童的发展,只要是以儿童自身内在矛盾为原动力的自我运动的过程,只要是自我运动,那就理所当然地拥有自己内在的法则。这种法则是不可变更的。这样看来,教育对发展发挥促进作用的可能的路径,就只能是"巧妙"地唤起自我运动,有意识地驾驭发展过程的进行。从教育的视点看,这种"发展—自我运动论"同皮亚杰学派有若干类似之处。科斯鸠克由此出发,对苏联教育科学的"儿童缺失"展开了批判。他认为,要成功地指导儿童的发展,就得全面地研究儿童——这是以往先进教育学家的基本命题。然而,苏联的教育学家并没有创造性地发展这个命题,而是采取一概摒弃的态度。他们在这个命题中只是看到"儿童中心主义"和儿童学的危险,从而走向了以凯洛夫教育学为代表的"教育学中无儿童"的极端和片面。

(三)"发展—掌握论"与"发展—自我运动论"的拮抗

"心理发展的社会制约性"是马克思主义心理学研究的基本命题。发展是通过社会经验的掌握(习得)为媒介的。亦即,心理发展是借助发展主体的外部的东西的内化来决定的。

"发展—掌握论"强调的关键词是"掌握",即人的心理发展是借助个人掌握人类社会历史发展的产物。在这种发展论中,尽管并不否定依据从外部所"掌握"的东西的"内在逻辑"、"内在法则"进行加工和变形的过程(亦即"自我运动"),却做出了同"发展—自我运动论"相拮抗的姿态。个人能力的形成是通过掌握外化形态下所积累下来的人类能力的发展成就,并把这些成就内化(掌握)为自己的内部成就的结果。列昂节夫说:"如果说在动物的水平上首先应当谈遗传上巩固的结构的形成,那么在人的水平上,这些变化的再现就不是通过生物遗传,而是在上述的掌握过程中实现的,掌握过程组成了社会'遗传'的机制。"[49]就是说,人之所以能够形成人类,是基于社会遗传的机制。如果说,动物的水平是借助生物遗传的作用达成的,那么,人的水平则是借助掌握达成的。这种掌握过程是"儿童心理的人性化的过程"。[50]

"发展—自我运动论"强调的关键词是"自我运动",这种内化过程并不是机械论的反射过程,来自外部的作用是通过发展主体本身的内在过程被曲折地媒介的,是依据其"内在逻辑"、"内在法则"得以自发地加工、变形的。科斯鸠克说:"对生活经验中所产生的一切东西的选择和内部加工的过程,正是自我运动的内涵。"[51]人的能力并不仅仅是借助历史发展过程中所积累下来的产物的习得过程形成的。"基于人类的客观世界创造……的过程,同时也就是他们自身的自然发展。"[52]

由此看来,上述两种理论假设之间存在着显著的差异。尽管如此,两者却都声称各自的理论假设是基于"唯物辩证法"之上的思考。事实上我们可以发现,这种差异终究没有偏离"心理的社会制约性"这一心理发展决定论的框架。就是说,两者都承认如下的命题:(1)人类的社会存在决定了它的意识;(2)人类的意识是社会的产物,人的心理是社会的现象;(3)人类活动的结果——在这个活动中积累起来的产物、习得这些产物——对于人的心理发展而言是必须的条件;(4)人类发展的特性是历史地形成的,其发展是受人类活动的产物制约的。[53]

两种理论假设的拮抗并不是一件坏事。恰恰相反,真诚的学术论争有助于激发新的科学思维,为维果茨基学派的儿童学研究带来不竭的活力。

三、维果茨基学派儿童学研究的现代意义

维果茨基学派在苏联教育科学中具有独特的地位。前文大体梳理了维果茨基学派儿童学研究中关于"教学与发展的关系"的理论建构,这里试从如下几个层面,进一步窥视维果茨基学派儿童学研究的现代意义。

第一，维果茨基学派的儿童学研究，特别是关于"教学与发展的关系"的理论建构，为苏联教育界从"儿童缺失的教育学"转向"现代教育科学"的轨道，提供了舆论准备。

我们可以透过一个历史事实，即从苏联 20 世纪 30 年代的"儿童学批判"到 20 世纪 50 年代末的"发展论争"来进行考察。在 20 世纪 30 年代的"儿童学批判"中扮演主角的是 1936 年 7 月 4 日颁布的联共（布）中央的决定——《关于教育人民委员部系统中的儿童学曲解的决定》。该决定指出，儿童学研究的两个流派——生物遗传学派和社会遗传学派，前者强调人的心理发展的决定性因素是遗传因素，后者强调社会环境的作用，两者都过低地评价了教育和教学在儿童心理发展中的作用。"联共（布）中央认为，所谓儿童学的理论与实践是一种伪科学，是以反马克思主义的命题为基础的。属于这种命题的，首先是现今儿童学的基本法则——儿童的命运是受生物学的、社会学的因素的制约，受遗传和某种不变的社会环境的影响，可以说是宿命论条件下的'法则'。"[54]然而，"决定"在批判了当时儿童学的"遗传决定论"和"环境决定论"的偏向之后，却一概抹杀了维果茨基学派儿童学研究中的唯物辩证法的方法论精华，一概否定了儿童心理法则的年龄特征和个人特质的研究，代之而起的是"教育万能论"。就是说，"儿童不是拥有独特的内在发展法则的活动的主体，而仅仅被视为客体"。[55]因此，无须研究儿童心理的法则——年龄特征和个人特质了。这就造成了苏联教育科学的致命缺陷——"儿童缺失的教育学"。

"儿童缺失的教育学"的基本命题是，其一，儿童的智力发展被归结为单纯知识积累的过程。从"儿童的智力在教学过程中得以形成"这一没有讨论余地的论断出发，心理学家们倾心于研究学生是如何习得语文、数学、历史等的概念的，然而，他们却忘记了另一个侧面的研究——在教学中展开的儿童智力本身的发展、思维的发展、记忆的发展、想象的发展，等等。因此，事实上，儿童的智力发展在诸多的教育科学研究中，完全被视为教师的教授活动所制约的单纯知识的累积过程,以及儿童头脑中这些知识的综合化过程而已。就是说,智力发展的过程事实上混同于知识传授的过程,儿童自身并不是拥有其固有的内在发展法则的活动的主体,其只不过是教育作用的客体而已。这样的结果是,教育学甚至忘却了如下一点——教师的作用是面向一定的学习课题,沿着一定的方向去激发、组织、控制儿童的活动,作为儿童自身的自主活动的成果,从而掌握知识和技能的。其二,教师的教授活动被视为儿童发展的源泉。教条主义的消极影响在儿童发展的研究中表现得格外淋漓尽致。事实上,当时苏联教育科学接受了教条主义的批判,即对儿童学似乎是离开了教育与教学来思考的批判之后,陷入了另一个极端——"教育万能论"。就是说,教育是唯一的人格形成的原动力。"教育为了实现自身的目的,不仅要考虑社会物质生活条件,而且要考虑教育自身所拥有的内在关系与内在矛盾条件下的儿童发展自身的客观法则。"[56]——这种认识是对儿童的智力发展、心理发展的过程(作为儿童人格形成的过程)的一种形而上学的理解。这样,教育科学的视野自然是狭窄了,仅仅把儿童视为学生——仅仅是作为被教育者的学生对教师的影响作用做出机械反应的装置而已。教育科学完全没有认识到,儿童尽管不像成人那样复杂,却也是拥有自己生活的人,学习不过是生活的一部分。在他的生活中不仅有学习态度的学习,也有对周围环境的态度的学习,从而才逐渐地成长起来的。[57]

苏联教育科学为了从"儿童缺失的教育学"中摆脱出来,就得秉持"借助教育变革儿童"的"人类变革的儿童观",把儿童作为"活动的主体"来把握。在斯大林逝世后的第三年,《苏维埃教育学》杂志发表两篇佚名的卷首语——《要全面、深刻地研究儿童》(1956年第8期)与《克服教育学中的个人崇拜的后果》(1956年第9期),接着,又发表科斯鸠克的论文《儿童的发展与教育的相互关系》(1956年第12期),从而开启了苏联"发展论争"的帷幕。在这场论争中,苏联心理学家围绕一系列儿童发展的基本理论问题——促进发展的教学的理论前提(儿童发展的社会制约性、教学与发展的相互依存性与非同一性);

心理发展的原动力;作为原动力的内在矛盾;"发展—自我运动论"并不与"教学的主导作用"相矛盾;教育的可能性与发展的内在法则;教师职业技能的重视;重建课程内容的问题意识欠缺;等等,展开了针锋相对的辩论。通过"发展论争",获得了大体一致的认识:在儿童的心理发展中教学起主导作用;在教育与发展之间存在着复杂的依存关系;儿童的心理发展不仅受到教育机构的影响,而且受到家庭及其他一连串的社会媒体的影响。值得一提的是,凯洛夫本人在这场论争中也做出了"自我检讨",承认自己的教育学是"儿童缺失的教育学",代之而起的是赞科夫的"发展教学论"。赞科夫为这场"发展论争"进行了理论总结,并且提出了"现代教育科学"的研究方向——对儿童的发展展开跨学科的综合研究。

第二,维果茨基学派寻求"理论与实践相统一"的研究风格,不仅为苏联现代学校教育的改革铺就了理论基石,而且打造了实践样本。

维果茨基的"发展—教育论",以及维果茨基学派在"教学与发展的关系"的问题上所秉持的如下论断,[58][59]具有鲜明的现代意义。

1. 儿童的发展是浸润于人类历史的、文化的环境之中的人际交往的产物。就是说,人类的遗传机制不同于动物遗传的机制。人类高级心理机能的发展并不由个人的、遗传的、结构的性向来决定的,而是人类共同行为的调节的产物。

2. 儿童的发展过程决不是凝固不变的过程,而是随着来自社会环境的作用,借助成人的教育影响而变化着的。这就意味着,儿童是一种拥有发展潜能的存在,拥有学习的潜能的存在。正因为如此,也意味着,儿童是一种有教育可能性的存在,一种作为教育实践影响之对象的存在。

3. 心理发展的过程并不是一种单纯地随着时间推移而发生变化的现象,它是一种渗透着发展的必然性与规律性的过程。儿童学的研究应当致力于这种真正意义上的儿童心理发展法则的捕捉。

4. 作为聚焦儿童发展问题的儿童学研究,是一种同教育实践密切相关的研究,可以为儿童学理论的建构积累大量的实证依据。

5. 创造儿童"发展性学习"的"发展性教学"的设计,是教学研究的基本课题。毋宁说"发展性教学"是同儿童自身的"未来"展开对话的创造性过程来组织学习的。从这个意义上可以说,"发展性教学"就是一种多姿多彩的"协同学习"。

维果茨基学派的儿童学研究不仅着力于理论架构的凝练,而且致力于理论的实践验证。赞科夫"发展性教学"的实验研究和达维多夫"智力加速器计划"的课程实验研究,就是典型的实践样本。[60][61]赞科夫从 1957 开始以莫斯科第 172 学校为基地学校,然后扩大至其他共和国,到 1966 年实验班超过 300 所学校实施了赞科夫指导下编制的课程方案。实验研究的中心课题是,阐明在怎样的教学体制下有助于小学低年级(1—4 年级)儿童的整体发展,并根据获得的实验数据,揭示教学体制与儿童发展过程之间的法则性关系。赞科夫的"新教学体制"设计的特点及其方法论基础是:(1)关注儿童的整体发展,仅仅定位于知识、技能的教学,不可能促进儿童的发展。其方法论基础是"发展—自我运动论"。(2)重视儿童智力活动的自主性,其设计方法论是"最近发展区"。(3)在教学内容上,同现行的教学体制有着显著差异,其设计方法论是对"量力性原则"的批判性见解。赞科夫同时提出了"发展性教学"的三大教学原则——高难度水准的教学;高速度的教材习得;引进理论比重高的教材。同样,达维多夫批判了传统学校向儿童传授的知识停留于经验性概念,导致儿童所形成的思维也停留于经验性思维。这种学科编制的基础理论是联结心理学。其片面性就在于,将经验概念的形成绝对化了,而忽略了高级的理论思维。达维多夫提出了新的"概括化理论"——主张推翻"特殊→一般"的图式,代之以"一般→特殊"的概括化路径。达维多夫针对传统的课程编制原则——衔接性原则、量力性原则、意识性原则、直观性原则,针锋相对地提出了他的新原则:科学性原则、发展性原则、活动性原则、对象性原则。他从 1959 年开始在莫斯科第 91 实验学校实施被誉为"智力加速器计划"的数学课程改革,旨在通过教学实验验证其理论假设。

我国的教育科学长期以来受凯洛夫"儿童缺失的教育学"的影响,同样需要有"儿童本位"的思想,需要发展儿童学的研究,需要课堂教学的重建。维果茨基学派独树一帜的儿童学研究,实在值得我们仔细品味。

第三,维果茨基学派基于"社会—心理建构主义"的研究方法论,为新时代教育研究领域的创生,注入了思想养分。

维果茨基学派的"文化—历史论"超越了以皮亚杰为代表的"心理建构主义",可以谓之"社会—心理建构主义"。[62]它摆脱了自然主义和心理主义的束缚,把在真实的社会文化历史的现实中生成的现实的儿童,作为儿童学研究的对象,从而把儿童学研究从"心理建构主义"提升到"社会—心理建构主义"的高度。历来的发展论总是把人的心理发展当作自然的过程(自然的层面)或是个体的过程(个体的层面)来看待的。维果茨基学派则把它视为一种社会历史的过程(社会文化的层面)、一种人类发展的过程(类的层面)来研究。这是一种全新的研究方法论——把儿童研究的视角从"个人主义"转向"社会建构主义",其意义是不可估量的。

维果茨基学派秉持的基于"社会—心理建构主义"的儿童学研究,同21世纪创生的"教育文化论"的研究视角一脉相通。[63]维果茨基学派主张,同人类的生产实践活动以工具为媒介一样,人类的高级心理活动是以一切"精神生产"的工具——符号(语言)——为媒介,并作为其基本特质的,这就为思维及概念的历史发生学研究开拓了道路。"教育文化论"也是从教育文化的现象中产生的研究领域。教育文化的现象本身就是"教育文化论"的出发点,如今,"教育文化论"汇聚着教育哲学思想、教育史、教育社会学等诸多教育学领域积累起来的见识,不仅是教育学,而且通过与哲学、历史学、人类学、民俗学等临近学科的合作,对教育文化展开了多样的研究。"教育文化论"是生成变化之中的人探究同样是生成变化之中的人的研究。为了从人际关系出发捕捉教育文化现象,"教育文化论"设定了三个视角——透过人际关系并使人际关系得以产生的"场";连接两者关系的媒体;通过交互作用所产生的"传承"——展开研究。所谓"教育文化场",就是透过人际关系形成的场,同时也是形成这种关系的场。教育文化也是通过种种的媒介形成的。而所谓的教育文化的传承就是指人们在共同分享的场所里,借助媒体来相互传递、传习的机制的总体。可以说,这些研究视角同维果茨基学派倡导的心理发展的"文化—历史论"是同声相应、同气相求的。维果茨基学派关注的抽象、概括、意志、联想、注意、表象、判断等心理过程,关于外部语言与内部语言关系以及关于生活概念与科学概念发展的论述,关于智力行为的多阶段形成论等的概念系统,都构成了与"教育文化论"息息相关的知识传统和思想养分。

参考文献

[1] К. Левитин.维果茨基学派——苏俄心理学的形成与发展[M].柴田义松,主译.莫斯科:进步出版社,1984:66.

[2] 彼得罗夫斯基.发展·教育心理学[M].柴田义松,译.东京:新读书社,1977:3—16.

[3][6][10][11][12][13][14][15][16][17][19][20][21][22][25] 余震球.维果茨基教育论著选[M].北京:人民教育出版社,2005:388,248,221—232,226,228,385,249,386,387,389,389,390,195—196,260—261,258—259.

[4] 中共中央马克思恩格斯列宁斯大林著作编译局.马克思恩格斯全集(第23卷)[M].北京:人民出版社,1972:202.

[5][8] 维果茨基.儿童的智力发展与教学[M].柴田义松,等,译.东京:明治图书,1975:80,81.

[7] 维果茨基.最近发展区的理论——教学过程中儿童的发展[M].土井捷三,等,译.大津:三学出版公司,2003:35.

[9] 森冈修一.维果茨基理论的社会历史文脉[J].名古屋女子大学纪要,2001,(47):112.

[18][24][30][36][37][38][39][40][41][42][58] 平井久,等.发展理论[M].东京:艺林书房,1982:303,304,306,308,309,309,310,310—311,311,312—313,314—315.

[23][27] 维果茨基.思维与语言(下卷)[M].柴田义松,译.东京:明治图书,1962:142,344.

[26] 维果茨基.青春期心理学[M].柴田义松,等,译.东京:新读书社,2004:146.

[28][29][31][32][33][34][35][49] 列昂节夫,等.苏联心理科学(第一卷)[M].孙晔,

等,译.北京:科学出版社,1962:11,12,14,14,14,14,15,30.
[43][44][45][46][50][51][52][53] 驹林邦男.现代苏俄教学理论[M].东京:明治图书,1975:73—74,74,75,75—76,393,388,396,389—390.
[47][48][61] 钟启泉.现代教学论发展[M].北京:教育科学出版社,1992:303—304,304,370—396.
[54][55][56][57][60] 胜田守一,等.教与学的构造[M].东京:明治图书,1968:59,59,64,64,87—97.
[59] 日本教育方法学会.现代教育方法事典[M].东京:图书文化社,2004:75.
[62] K. J. Gergen.社会建构主义的理论与实践[M].永田素彦,等,译.京都:ナカニシャ出版社,2004:89.
[63] 铃木晶子.教育文化论特论[M].东京:放送大学教育振兴会,2011:11—25.

11

教学实践模式与教师的实践思维
——兼评"特殊教学认识论"

教学实践作为师生的社会文化实践的过程,是政治、经济、社会、文化、伦理的价值的复杂实现的过程。然而,国际心理学的教学实践研究向来是囿于把实验室研究得来的学习理论原原本本地运用于课堂之中,以追求普遍适用的教学方法作为其基本课题的。随着20世纪60年代以来认知科学和质性研究的发展,包括方法论在内的整个教学实践研究的范式发生了根本变革。本文侧重以晚近的教学心理学研究为线索,梳理教学实践模式的演进,考察社会建构主义教学实践模式下教师"实践思维"的意义、特征与课题,同时揭示"特殊教学认识论"囿于行为主义方法论的谬误。

一、教学实践模式的演进:从行为主义到建构主义

世界的课堂在静悄悄地发生变化。正如威尔逊(B. W. Wilson)指出的:"1960年代以降,教学实践的模式从行为主义经信息处理模式再到建构主义模式过渡。从控制学习者行为的行为主义到建构主义——重视学习者自身认识并作用于客观世界,发现其价值与意义,重建客观世界——的转换,对于教育技术产生了莫大的影响。"[1]"课堂革命"的世纪到来了。

(一)行为主义的教学实践模式:课堂无异于"驯兽场"

课堂教学是学校教育的一个核心环节,课堂教学研究自然成为

学校教育研究的一个核心领域。然而,在我国的教学研究中,即便是一些从事教学论研究的学者,直至今日,仍然自觉或不自觉地执迷于传统的行为主义范式的影响,把教学视为狭隘的训练领域。因此,往往直接或间接地把教学单纯地视为仅仅局限于教学内容与教学方法之统一的活动。

在这种行为主义视点支撑之下的课堂教学实践,通常是对照教学目标(而且往往是局限于可以表现为行为的"行为目标")去寻求教学的效率作为其主题的。一个典型的案例就是"特殊教学认识论"①。这种"特殊教学认识论"把儿童的"学习"归结为单纯的在教师指导之下掌握客观知识的特殊认知过程。这样,所谓"特殊教学认识论"的研究也就自然地被矮化为单纯的知识传授技术的追寻了。用某些学者的话来说,无非是探讨如何靠"以教师讲授为主、学生静听"的方式去打开"知识百宝箱"而已。可以说,从早年的"记忆模型"的学习心理研究直至红极一时的"程序教学",都为这种"特殊教学认识论"提供了某种程度上的支撑。正如莫里森(G. R. Morrisond)指出的,"以斯金纳为代表的行为主义学习理论强调外部条件,比如奖赏与惩罚对未来行为的决定作用"。[2]在斯金纳(B. F. Skinner)看来,儿童的学习无非就是"良好的作业习惯"的形成。他从这个观念出发,运用"刺激"、"反应"、"强化"之类的概念建构了"程序教学论",并且不遗余力

---

① 凯洛夫教育学强调:"在教学过程中学生对于现实的认识,具有以下的特征:学生领受既知的、为人类所获得的真理(知识)。学生经常由有经验的教师来领导……在教学工作中,还包括有计划地实现发展每个儿童的智力、道德和体力的工作。"(参见:凯洛夫教育学(上册)[M].沈颖,南致善,等,译.北京:人民教育出版社,1952:60—61.)进入20世纪80年代,凯洛夫教育学在我国进一步精致化,它强调教学在本质上是一种"特殊认识过程",并有了"特殊教学认识论"的称谓。其代表性的解释有:"学生以学习间接经验为主,形成了认识过程的特殊表现形式。"(参见:邹有华.教学认识论[J].课程·教材·教法,1982(1).转载自:瞿葆奎.教育学文集·教学(上册)[M].人民教育出版社,1988:273.)"学生认识的对象(客体)和认识方式都是特殊的,主要是间接经验——学习间接的经验,间接地去经验。"等(参见:王策三.教学论稿[M].北京:人民教育出版社,1985:118.)。这同德国学者克林伯格《现代教授学理论》强调的"教学是科学事实与科学知识的特殊提示形式"同出一辙。(克林伯格.现代教授学理论[M].佐藤正夫,译.东京:明治图书,1978:45.)

地加以倡导。在斯金纳流派的学习理论的影响下,教学研究的重要课题被归结为"提升教学的效率"。这样,构筑普遍适用的教学法之类的假定,长期以来在教学研究与教学实践中大行其道。许多人主张,在学科教学研究中采用知觉和记忆的实验室研究成果,甚至包括以种种强化步骤作为实验变量所进行的动物实验在内的研究成果,是天经地义的。即便在课堂教学实践中也纷纷采用实验室实验所运用的方法论,强调在严密的控制条件下得出一般化的教学法的效果。在这里,依据所谓的自变量与因变量的相关关系来探讨教学行为的效果。到了 20 世纪 50 年代,克龙巴赫(L. J. Cronbach)倡导"能倾处置交互作用"(Aptitude Treatment Interaction,简称 ATI)的概念框架①,从教学最优化的视点出发,去寻求相对有效的教学法的研究。问题在于,克龙巴赫对于其理论本身是否成立缺乏探讨。就是说,对于现实的课堂教学实践是否果真受其假定的学习者的"学习能倾"所制约,是缺乏相应的研究的。这种研究暴露了教学心理学研究的方法论弱点:离开了具体的社会文化情境的分析,离开了同教学内容的关联,仅仅局限于独立的教学方法的寻求。同样在 20 世纪 70 年代,弗兰德斯(N. A. Flanders)旨在通过现实的教学分析借以改进教师教学行为的相互作用分析,也仅仅停留于从量化分析侧面去把握师生的发言,这种教学评价同样离开了学习者学习过程的"质性分析"。

这样,行为主义的训练模式无异于把"驯兽场"当成了课堂教学的理想模式。在这种课堂里,拥有提问权和标准答案的是教师,学习者则依据课堂教学的规则做机械地反应。正如梅汉(Mehan)指出的,在日常会话中,提问是"不懂的人"发出的,对其回答是以"谢谢"作为回礼而终结的。可以说,基本上是以"提问—应答—谢礼"为单

---

① 这是克龙巴赫在 1957 年就任美国心理学会会长演说中倡导的概念,是指每一个儿童都有其学习的"能倾"(aptitude),亦即"学习适应性"。它制约着教材教法等的"处置"(treatment)效果,以及在特定教学条件下学习是否能够形成。由于每个人具有的学习能倾不同,在不同的教材教法处置之下就会造成不同的教学效果。克龙巴赫把这种差异现象,谓之"能倾处置交互作用"。(参见:波多野完治,等.学习心理学手册[M].东京,金子书房,1968:633—648.)

位构成的。但在课堂对话中是颠倒过来的：懂得的人（教师）向"不懂的人"提问，对其回答是以评头品足来回应的。可以说，形成了"提问—回答—评价"的对话结构。而且，这种场合的提问和评价是教师赋有的一种特权。[3]正因为这样，教师要在教学过程中时刻提防有碍师生平等对话的提问。

把教学过程的本质界定为一种特殊的认识过程，势必导致种种的弊端。第一，教学活动被归结为一种单纯的知识传递活动。"教学的主要任务是如何使学生掌握知识、形成技能，发展能力，其他方面都是传授知识过程中的副产品。"[4]第二，教学活动被打上主客二分的烙印。师生之间的关系是"主—客"关系以及塑造与被塑造的关系。"教学的方向、内容、方法、进程、结果和质量等，都主要由教师决定和负责；学生决定不了，也负不了这个责任。"[5]在这种主客对立的思维框架下，师生的地位是没有平等性可言的，学生的主体性和创造性的发挥从根本上受到限制。第三，教学过程被视为一种封闭性的、定型化的系统。在这里，一切按教案的预设展开，教师的职责就是讲解"知识百宝箱"的知识并提供既定的标准答案，学生的义务则是接受并储藏这些现成的知识而已。不管怎样，把教学实践单纯地局限于微观层面的技术论的视点，是站不住脚的。布劳翁（J. S. Brown）等学者抨击"这种课堂活动充其量是一种仿造活动，在这里获得的知识只能适用于制造仿造品。"[6]事实上，早在20世纪60年代，波兰的奥根（W. Okon）就主张用"思维教学论"替代"记忆教学论"了。[7]我国某些学者至今仍然津津乐道的"知识百宝箱论"，跟莱夫（J. Lave）批判的"知识工具箱论"，何其相似乃尔。

（二）社会建构主义的教学实践模式：课堂是社会交互作用的场域

在20世纪50年代后期，认知心理学的研究已从实验室的动物学习转向实验室的人类学习，从过去的记忆研究中所进行的无意义单词的机械记忆,过渡到有意义单词和课文的记忆研究,并且主张学习是一种信息处理或是知识习得的过程。在这里,学习者是信息加工者,教师则是信息分配者。这就是说,认知主义不再强调外显的、可观察的行为,取而代之的是着力探究"知识习得"的内部心理结构。当然,认知主义同行为主义一样,重视环境条件在促进学习中的作用,重视反馈性练习的作用。不过,两者之间的差异在于:认知主义聚焦于学习者的心理活动,强调了学习者的"主动性"。由此,认知主义主张学校与课堂应当成为信息处理的一种渠道。这种渠道具有双重功能:其一,提供学习者掌握信息和知识的方法;其二,筛选"噪音",帮助学习者区分有意义信息和无意义信息。不过,行为主义和认知主义都是基于客观主义的哲学观,主张世界存在于学习者的外部。其教学的目标是将世界的结构与学习者的结构相匹配。如果说,行为主义的教学研究关注外在的可观测的行为,对隐蔽的内部构造的因素避而不谈,基本上是以"刺激—反应"的图式来解释一切的,那么,认知主义则关注了人类心灵的内部构造的丰富性,并且力图借助人工智能的诊断,来积极地展开模型化研究。不过,其认知过程从某种意义上说是无意识的,无法展开主观的内省分析。因此,认知心理学家对上述两种客观主义"学习观"提出了质疑。

从20世纪80年代中叶开始,人们发现信息处理研究有其局限性,出现了心智与脑研究、人工智能研究、情境学习研究。20世纪80年代后半叶以来,基于学习共同体的情境论研究对学校与课堂的文化展开了批判性探讨,提出了学习环境设计的框架。脑科学成果也被应用于读、写、算效果的研究。到了20世纪90年代,出现了把认知科学应用于教育实践的"学习科学"的新领域。学习科学的研究大体可以分为两大潮流。[8] 第一股潮流是从20世纪中叶开始的认知论研究,这种研究着力于阐明个人头脑中封闭的行为——认知变化与知识结构,如何促进儿童既有概念的变化。第二股潮流是从20世纪后半叶开始的社会文化论研究,这种研究着力于动力性交互作用的社会共识的形成,阐明知识是如何建构的。这两股潮流殊途同归。

认知论研究主要围绕如何促进个体的知识建构和问题解决,借助各种手段,使学习者发生概念转变,获得解决问题的心智结构。社会文化论研究主要关注如何借助共同体去促进学习者的学,借助社会性的知识分享、观点碰撞,最后形成对问题解决的多元化、深入理解并生成相应的知识结构。

伴随建构主义和社会建构主义的问世,展开了重新界定"学习"的尝试。建构主义并不否定真实世界的存在,但强调"人们之所以能够把握世界,乃是因为自身的经验能够做出独特的解释。人创造着意义而不是获得意义"。[9] 在社会建构主义看来,儿童和客体并非是彼此孤立的单位,而是包括工具与他者在内的"课堂"这一社会交互作用的开放的场域。他们依据上述视点展开了"知识习得过程"的研究。莱夫和温格(E. Wenger)从情境学习论的立场进一步明确了"知识的社会建构性"。他们在论述共同体的实践活动和学校中的学习时强调了"行为者、世界、活动、意义、认知、学习乃至知识是相互关联、相互依存的";"意义从本质上说是社会交往的产物,而参与活动的人的知与行是不可分割的"。[10] 这就是说,"知"和"行"原本就是不可分割地结合在一起的活动,"知识"基本上是浸润于社会文化的世界之中的。在这种思潮中,杜威的"学习过程即实践活动"的观点得到重新评价。同时,维果茨基(L. S. Vygotsky)的文化历史研究也受到广泛关注。可以说,以往被轻视的"社会文化理论"的视点受到了关注。另一方面,以客体与主体的交互作用为中心设想认知发展的皮亚杰的理论,在"缺乏社会性"的评价之中而丧失了其原有的影响。享誉世界的美国教育心理学家梅耶(R. E. Mayer)梳理了上述行为主义、认知主义、建构主义的三种隐喻——"反应增强"、"知识习得"和"知识建构",并且指出:"我们最看重的还是知识建构隐喻,因为它对改进教育来说潜力最大,也最符合教育心理学的性质。当然,强调知识建构,并不是说就要排斥学习基本技能,而是指基本技能的学习应该在一个更大的学习任务情境下,而不是孤立地教学。"[11] 社会建构主义的教学实践模式把"教学实践"作为"建构意义与关系的实践"

重新加以界定。具体地说,"教与学这一活动是由以下三种对话——同客体世界状况的对话、同课堂内外中他者的对话、同自身的对话——所构成的实践"。"这三个范畴,在现实的教与学中是彼此交织在一起展开的。"[12]佐藤学抨击以往的教学论研究仅限于第一范畴(认知过程),而失落了第二范畴(社会过程)与第三范畴(内省过程)。这正是对我国"特殊教学认识论"的颠覆和一针见血的批判。

二、社会建构主义教学实践模式下教师实践思维的意义、特征与课题

教学实践的过程不是合理技术的应用过程,就教师而言,是在复杂的语境中展开的实践性问题的解决过程;是要求高层次的思考、判断和选择的决策过程。因此,社会建构主义教学实践模式所要求的新型教师专家的成长,不再满足于从工具理性的角度去判断一般原理的运用,而是需要高层次的判断——提供问题框架,在做出教学行为的同时,与问题解决情境展开对话与反思。这是两种专家的形象,舍恩(D. Schon)强调了后者的形象:与其说重视行为一旦停息之后的思考,毋宁说强调行为与思维的不可分割。[13]他区分了"关于行为的反思"与"行为中的反思",强调后者的浸润于行为之中的思考的意义,从而描绘了面对复杂情境进行反思、做出灵活应对的"反思性实践家"的教师形象。

(一)关注教师实践思维的意义

约纳森(D. H. Jonassen)的"知识三阶段论"[14]告诫我们,人的知识习得从初期水准的知识学习开始,经由第二阶段的"高难度结构化"领域中"高级水准"的知识习得,再进入第三阶段的"专业水准"的知识、技能的阶段。在这里重要的是知识习得的结构化程度与教师的实践思维。当初期的知识领域在进一步结构化的场合,像"练习"

那样的行为主义教学技能是可以适应的。例如,日本"教学技术法则化运动"就是基于这种观念的浩大的运动——主张教师的教学技能是可以集约为客观的、可传递的一般性法则的;用这种技术控制的学习者的行为目标是能够加以明示的;谁都能够用同样的技术来控制学习者的行为。可以说,这是适合于初期的知识领域的知识习得的技艺。但是,当知识从这样的初期阶段发展为高难度结构化的领域之时,对于学习者而言,就有必要建构有意义的客观世界了。"脚手架"、"认知性学徒制"等理论表明,学习者自身是在参与客观世界的过程中,凭借其中所体现的多样性关系,来建构世界的意义的。

  上述的逻辑同日本自古以来的技艺习得阶段——"守—破—离"——相类似。"守"是指徒弟亦步亦趋地照搬师傅的阶段。在这里充其量不过是初期的结构化知识。这是一种徒弟的学习。不过,有许多结构上高难度的知识与技能,需要持续地学习师傅的教诲,同时寻求自身的独立性。这就是令人烦恼的"破"的阶段,相当于上述的第二阶段至第三阶段。超越师傅的教诲达到独自的技艺的,是"离"的阶段。不同于以往的"命题的教育"与"技能的教育"相区别的世界,生田久美子以古典艺能与工匠的功夫为对象,论述了"功夫"的世界的过程与界定——在这里,学习者自身置身于"功夫"的世界,潜入世界,从而掌握"功夫"的技术,而且全身心地创造整个"功夫"世界的意义关联。[15]在这里,不是把知识作为实在的概念来把握的,而是视为在工作场所与生活场所中,从关系上来把握无穷无尽的现象的动态的、知性的、综合性的判断力。这种工匠的"功夫",为教师的实践思维的考察提供了重要的视点。这里显示的"功夫"可以视为学校中师生之间动力学的、富于灵活性的、自由度高的复杂的教育过程。这一点,可以从富于经验的熟练教师的实践思维及其教学技能中得到印证。儿童基于学习的成长过程中的实践思维,依存于儿童的成长这一特殊性。儿童的成长,从信息理论而言,可以视为平均信息量的增加。通过学习,新的信息被吸收,儿童的世界进一步拓展(信息量增加),成为不同于此前的"新的儿童"。这种以不断变化的儿童的成长为对象的实践思维,作为一种同儿童的关系性的、默会性的、决定性的实践思维方式,拥有开拓新的世界的特性。教师正是在学习这种"功夫"的见识的过程中,来矫正教育技术、锻造实践思维的。

(二)洞察教师实践思维的特征

教学绝不是照本宣科就能够了事的。有研究表明教师在一节课中有三分之一是用于教学展开的决策的,可见教师实践思维的重要性。那么,教师的实践思维是由哪些知识与技能支撑的呢?

一般所谓的知识往往给人一种逻辑严整的表征的形象。所谓教学实践的知识,至少包含了李·舒尔曼(L. S. Shulman)列举的如下七个领域的知识基础——"教育内容的知识,一般教育学知识,课程知识,教学设计的知识(PCK),关于学习者及其特质的知识,关于教育语脉的知识,关于教育目的、目标、价值及其哲学、历史根基的知识"。[16]这些是师范院校的教师课程明示的知识。然而,作为师范生在大学学习阶段观摩中小学的教学所习得的知识、借助大学教师教育课程中所习得的关于学科知识与教学原理的间接性知识,以及教育实习与初任教师的研修中所习得的知识,不过是教师实践知识的出发点。在现实的教学中,教师总是看着学生的动作与表情,通过亲身感受班级的氛围,直觉地感知的,这是支撑教学实践的重要基础。教师的实践知识是以全身心来体察教学的节律的。从这个意义上说,它是通过直接经验来把握的,而且大部分是作为"默会知识"在发挥作用的。在教师的实践知识中,有显性知识,也有隐性知识,它们并不是相互独立的。

教师的实践知识是基于一定的教育目的,在教学语脉中借助于特定学生的经验,兼容了作为"3C"——特定"内容"(content)、特定"语脉"(context)、特定的儿童"认知"(cognition)——的个别案例的知识,在不断修正、不断精致化之中发展起来的统整的知识。[17]可以说,教师的知识结构具有"多层性"的特征:(1)经验知识——依存于有限语脉的一种知识,同理论知识相比,尽管缺乏严密性与普遍性,却是极其具体生动,是功能性的、弹性的。(2)案例知识——作为特定的儿童认知、特定的教材内容、特定的课堂语脉所规定的"知识"加以记录和传承的。(3)综合知识——不能还原为特定学术领域的知识,是旨在问题解决而综合多种学术领域的知识所获得的。进一步可以说,是超越了既知学术知识的框架、深入探究不确定的状况、求得未知问题解决的知识,是洞察该情境所隐含的多种可能性,探求更好方向的知识。(4)隐性知识——教师的知识不仅作为显性知识,而且作为隐性知识发挥作用。事实上,在教师做出决策的情境之中,在多数场合下,与其说是意识化了的知识与思考,不如说是无意识的思考和默会知识、信念发挥着巨大的作用。(5)个人知识——具有个性,是以每个教师的个人经验为基础的知识。美国和日本的教育学者通过比较初任教师与熟练教师,揭示了熟练教师的实践思维方式的基本特征。第一,不仅在课后进行反思,而且在教学过程中能够即兴地思考丰富的内容。第二,能够积极地、感性地思考教学,亦即在教学中能够对学生的学习过程展开推理,发现并解读教与学的问题与意义。从该问题与意义出发探寻教学的别的可能性,来求得实践性问题的解决。第三,不限于教师的教,而且能够置身于学生的种种立场,来反思教师自身的教学,能够多角度地把握教学事件。第四,能够根据教与学的语境,在教学展开同教材内容的关系、同其他学生思考的关系上来做出相应的思考与判断。第五,能够发现教学中种种事件之间的复杂关系,不断重建教学所固有的问题框架。[18]另外,熟练教师不仅在认知上有丰富的思考,而且在教学中体现出了作为教师的精神与责任感所支撑的无微不至的关怀。正如索克特(H. Sockett)所说的:"对于教学而言,作为本质性的德,就是诚实、勇气、关爱、公平、实践智慧。"[19]

(三)锻造教师实践思维的课题

从认识上说,锻造教师实践思维的课题应当列入教学研究的日程当中。然而事实上,我国的教学研究与教学实践并没有超越上述约纳森所述的第一阶段水准——行为主义水准。倘若把教师视为一种专业职务,却又不能超越这个阶段,或者说,离开了第二阶段(认知主义)、第三阶段(建构主义)的教师实践思维的研究,那么,基于建构主义的教学实践模式不过是一句空话。倘若把教学视为师生教育沟通的形成过程,那么,从教师的视点看,就必须认认真真地探讨在这个过程中表现出来的儿童学习的世界与教师的实践思维。

教学是不断再设计的过程,也是锻造教师实践思维的过程。把教学过程作为实践思维过程加以模型化的沙威尔逊(R. J. Shavelson)和斯特恩(P. Stern)[20]揭示了这样一个事实:在教师基于教学计划展开教学的过程中,发生预料之外事件的场合,需要判断是即时应对还是延宕应对。通常谓之"教学技能"的,就是指认知与决断之后出现的具体的"行为"——提问、板书、指名、比喻、指示等具体的外显的教师行为。教学技能是以达致这种行为的判断过程与决策过程为其特征的,教师的决策由于是针对时刻变化的教学状况即时进行的,其特征是同时性、即时性、连续性、针对性的,是极其复杂的。在教学场里,教师以种种的影响作用于儿童,同时思考其作用的意义,把握儿童的反应。沙威尔逊把教师的这种认知过程作为"决策过程"来把握,基于这个视点,从教师的角度看,教学成为教师的反思与决策的过程,这就是舍恩所说的"行为中的反思"。行为中的反思的实践者谓之反思性实践家。这里的反思具有不同于逻辑思维形态的特征,它是由于在教学实践经验中引发了犹豫、困惑,因而旨在解决这种犹豫、困惑,展开探求、判断,最终以问题解决而告终的一种思维方式。佐藤学从反思性实践家的观点出发,重新界定了教师的实践性知识、思考与认识,认为教师的实践性知识具有作为潜在性知识的功能。潜在性知识是无意识的思考、默会知识、信念等,是基于每一个教师的个人经验的知识。反思性实践家的认识由五个部分构成——活动过程的认识、活动过程的反思、同情境的对话、关于活动过程中的认识与省察的反思、同反思性情境的对话。[21]在这里,"'实践'已不是单纯的'理论'与'技术'的应用领域了"。[22]

教师实践思维的形成不是一蹴而就的。从书本上习得的知识唯有在教学实践中通过尝试，才能转化为自己的有血有肉的知识。轻易地搬用来的知识和概念，与其说是实践知识，毋宁说是比较简单的初步的教育学知识。在教师教育中，历来关于学科内容知识的解读、特定的教学技能、课程标准的解读，或是教师人生论的报告、讲义，对于实践知识的形成而言未必是可靠的。在这里，重要的是直面教学情境的真实体验与模拟体验。因此，体验性学习的引进与实践性课程的开发成为当务之急。从这个意义上可以说，"特殊教学认识论"是教师修炼的大敌。梶田正己比较了初任教师与中坚教师的发展课题表明，[23]初任教师的发展课题是旨在形成教学的课题，中坚教师的课题是转向教学中集体与个体的关系，以及激发儿童兴趣爱好的指导与支援的方式之类的谋求"教学的质"的问题。就是说，中坚教师"考虑班级儿童的实态"、"旨在应对儿童个别差异"的教学创造，进而"提高儿童的参与意识"的指导功夫，拓展实践思维的幅度。再从教师的思考看，熟练教师的实践性思维方式是，"实践情境的即时思考"、"针对情境的积极的深思熟虑的干预"、"从多元视点出发的认识的综合"、"发现性、反思性问题构成的方略"等。[24]这种思维方式由于是在特定的教学实践过程中运用的，倘若离开了该时点的实践性语脉的状况，作为一般性技术来把握是没有意义的，而且这里的知识是重建既知事件之意义的深思熟虑的知识，在这其中，默会知识和无意识的信念发挥着重要的功能。

教师的实践思维与其说是一个人创造的，毋宁说是每一个教师在其所在的学校文化之中与同僚教师一道分享、一道形成的。优秀的教学实践受到教师丰富的实践思维的支撑。这种实践思维是极其个别性的、"主观性"的过程，但同时又是合作性的、"间主观"的过程。[25]如观摩教学就可以成为锻造教师实践思维的一个平台。参与观摩的教师，不仅可以"读"出自己的"主观性"，而且可以把自己的"主观"跟同僚教师的"主观"加以对照，从同僚教师教学认知的差异之中产生出基于"间主观"的教学探讨。知识社会所期待于学校教师的,不仅是同僚之间,而且是在共同体的其他专家和家长之间,结成合作的纽带,形成种种的学习网络。从这个意义上说,每一个教师不仅是反思性实践者,而且是善于与同僚合作、创造共同体智慧的专家。

教师的成长归根结底取决于其实践思维、实践智慧的成长。教师唯有通过实践思维的锻造,才能正确地理解教学知识的基础、教学知识的源泉以及教学过程的复杂性,真正"从技术熟练者走向反思性实践家"。[26]

参考文献

[1] Wilson, B. W. & Cole, P. Cognitive teaching models[A]. Jonassen D. H. Handbook of Research for Educational Communication and Technology[M]. Macmillan, 1996: 601-621.

[2] G. R. Morrisond, 等. 设计有效教学[M]. 严玉萍, 译. 北京: 中国轻工业出版社, 2007: 5.

[3] Mehan, Hugh, Learning Lessons[M]. Massachusetts: Harvard University Press, 1979. 转引自: 佐藤学. 课程与教师[M]. 钟启泉, 译. 北京: 教育科学出版社, 2003: 349.

[4] 瞿葆奎. 教育学文集·教学(中册)[M]. 北京: 人民教育出版社, 1988: 657.

[5] 王策三. 教学论稿[M]. 北京: 人民教育出版社, 1985: 123.

[6] Brown, J. S. & Collins, Aduguid, P. Situated Cognition and the Culture of learning[J]. Educational Researcher. 1989(1): 32-42.

[7] W. Okon. 论思维与行为的自主性[A]//细谷俊夫. 教学理论综览[C]. 东京: 明治图书, 1981: 36.

[8] 高垣真弓. 教学设计的最前线: 创造理论与实践的智慧过程[M]. 京都: 北大路书房, 2010: 3—20.

[9] P. A. Ertmer. 行为主义、认知主义和建构主义[A]//盛群力, 马兰主, 译. 现代教学原理、策略与设计[M]. 杭州: 浙江教育出版社, 2006: 208.

[10] J. Lave & E. Wenger. 情境学习[M]. 佐伯胖, 译. 东京: 产业图书株式会社, 1993: 26.

[11] R. E. Mayer. 学习与教学概说[A]//盛群力, 马兰主, 译. 现代教学原理、策略与设计[M]. 杭州: 浙江教育出版社, 2006: 177.

[12][17][18][21][22] 佐藤学. 课程与教师[M]. 钟启泉, 译. 北京: 教育科学出版社, 2003: 154, 386, 228—229, 242, 229.

[13] D. Schon.专家的智慧:反思性实践家在行为中思考[M].佐藤学,秋田喜代美,译.东京:ゆみる出版公司,2001:147.

[14] Jonassen. D. H. Objectivism versus Constructism: Do we need a new Philosophical paradigm? [J]. Educational Technology Research and Development, 1991(3): 39.

[15] 生田久美子.工匠的功夫传承过程中的"教"与"学"[A]//茂吕雄二.实践本我的构图[C].东京:金子书房,2001:230—246.

[16] Shulman. L. S. Knowledge and Teaching: Foundation of the New Reform [J]. Harvard Educational Review, 1987(1): 1-22.

[19] Sockett, H. The moral base for Teacher Professionalism[M]. New York: Teachers Coleege,1993.转引自梶田正己.教学的智慧[M].东京:有斐阁,2004:190.

[20] Shavelson, R. J. & Stern, P. Research on Teachers, Pedagogical Thoughts, Judgment and Behavior[J]. Review of Educatiobal Research, 1981(4): 455-498.

[23][24][25] 梶田正己.教学的智慧[M].东京:有斐阁,2004:164,162—165,175.

[26] 佐藤学.教育方法[M].东京:左右社,2010:169.

12

为了未来教育家的成长
——论我国教师教育课程创新的课题

　　培养和造就未来教育家是我国教师教育面临的时代课题与严峻挑战。我们需要反思一系列关乎教师教育安身立命的问题,诸如教师教育如何适应(引领)基础教育的发展;教师教育如何扎根本土实践,提升教育学术;教师教育如何与世界教师教育的发展对话与交流,等等。我们应当而且已经从教师教育课程改革切入,回应时代的挑战。

一、教育家的成长与教师教育课程的创新

　　晚近世界各国学校教育改革共同寻求的教师形象,就是作为"反思性教师"专家的成长。这种教师必须兼具"专业性"与"工匠性"。[1] 不过,从我国教师队伍的现状看来,大都偏于其中一种的居多。因此,如何培养一支德才兼备的教师队伍,造就一批杰出的教育家——《国家中长期教育改革和发展规划纲要(2010—2020)》吹响了我国教师教育创新的号角。事实上,早在 2004 年就根据教育部部长的部署、在师范司的直接领导下启动了《教师教育课程标准》[2] 的研制工作,旨在确立能够体现时代特征的、能够适应(引领)我国基础教育发展的现代教师教育课程体系。《教师教育课程标准》力求凸显如下两个创新点。

　　第一个创新点,教师教育课程的目标需要从"教书匠"的训练走向"教育家"的成长,彰显当代理想教师——反思性实践家的专业属

性。这意味着教师角色的转型和职业品格的提升。其具体含意是:

其一,从"定型化教学"转向"情境化教学"。传统的"定型化教学"强调教师按照既定的操作程序将预设的知识、技能教给学生。教师关注的是完成各个教学环节,有效率地达成教学目标。在这种"技术理性"的支配下,教师只重教而不重学,只见知识而不见"人"。它与当今的社会核心价值观和主流教育学说背道而驰。当代教师工作的重心必须从"教会知识"转向"教学生会学知识",即所谓的"授之以渔"。会学知识比掌握知识本身更为重要。教师的职责更多地是为学生创设相适合的教学情境,激发学生的学习兴趣,促使学生主动学习并提供恰当的帮助。这一切没有固定的模式或程序可以依循,必须根据所处情境,在行动中不断选择与思考,这就是所谓的"情境化教学"。在这种场合中,教学计划只是一种预设的行动纲要,教师必须倾听学生的声音,理解学生是怎么思考的。这样,教师才可能发现新的教学方法,开发新的课程资源。

其二,从"技术性实践"转向"反思性实践"。我国教师往往被视为"教书匠",这意味着教师只是用某些技巧加工别人提供的教材,并将这些教材内容传授给学生。在这种技术性实践中,教师的实践被视为是运用科学原理的过程,是从外部控制教学的过程。教师对教学实践的价值与意义的阐释空间越来越小,教学被沦为技能化的工作,最终失去了专业发展的主动性与创造性。但是,在"反思性实践"中,主导教师的教学行为的,不是既定的教育理论或技术,而恰恰是教师在每时每日的教学过程中借助自身实践的反思而形成的实践智慧。实践智慧通常是内隐的,是基于教师的个人经验与个性特征的,它镶嵌在教师日常教育的情境之中,因而是因应具体的教学情境的。教师的实践智慧不仅来源于活动过程中的实践经验的反思,而且也基于在实践情境中对理论概念的重新解读,从而发展自身的实践性知识。教师的实践智慧是教师专业发展的知识基础。

其三,从"理论的实践化"转向"实践的理论化"。实践不是单纯的理论应用领域,它也是实践性理论形成的领域。对于教师而言,

"理论的实践化"固然重要,"实践性理论"或是"实践的理论化"更是必须。当教师扮演的是"教书匠"的角色时,教师的关注点在于追求知识传递"效率"的最大化,却忽视了教师和学生的生活实践与人生意义。教师被知识传授使命所束缚,而很少能对自身教学实践的合理性进行批判地分析和质疑,只是用别人设计好的课程达到预定的目标,忽视甚至放弃自己的体验、感悟和反思对于教学的作用。作为"反思性实践者"的教师所面临的问题是情境性的。这种教师会有意识地运用理论来思考和解决问题,更会从自身的实践经验中"悟"出自己的"行动理论"。这样,教师不再是"教书匠",而是反思者、研究者,是"实践性理论"的创造者。

第二个创新点,教师教育课程的构成需要实现观念与体制的创新,彰显当代教师教育改革的三大原理。《教师教育课程标准(试行)》针对我国教师教育课程的弊端,立足改革开放以来的改革实践,并借鉴国际教师教育的经验,凸显了三大改革原理:

其一,"儿童为本"(教师学习的内容取向)。这是"以人为本"在教育中的具体体现。教师是儿童(0—18岁)发展的促进者。教师工作的出发点和归宿是儿童发展。"儿童本位"的含意是发现儿童、尊重儿童。所谓"发现儿童",是发现在人的生命周期中存在的"儿童",亦即发现儿童期与儿童的特性。这意味着:(1)儿童是人;(2)儿童是儿童,儿童不是小大人;(3)儿童不是静态不变的,他们是"在成长过程中"、"在人际关系中"[3]成长和发展起来的。所谓"尊重儿童",就是保障每一个儿童的"学习权",即保障基本人权。

其二,"实践取向"(教师学习的实践性质)。教师是反思性实践者。教师工作是理论指导下的实践活动,同时又是其在复杂多变的实践情境中通过实践问题的解决和实践经验的反思,而形成教师自身的实践智慧、发展教师的教学风格的过程。教育实践能力是教师专业成长的核心。因此,教师教育课程应当重视个人经验、强化实践意识,关注现实问题,把理论学习与实践反思结合起来。教师的专业成长过程必须是基于每一个教师的具体案例的研究。

其三,"终身学习"(教师学力的持续发展)。联合国教科文组织强调,教师工作是一种"专业",是"学习的专业"、"终身学习的专业"。"学习的专业"需要专业的学习。教师专业的"学习"拥有三个基本定律:其一,越是基于学习者的内在需求就越是有效;其二,越是扎根于学习者的鲜活经验就越是有效;其三,越是细致地反思学习者自身的经验就越是有效。所以,教师的成长需要终身学习。[4]培养"终身学习者"的教师首先必须成为"终身学习者"。

这些创新点的背后意味着教师形象的转型。在舍恩(D. Schon)看来,仅仅把"教师"界定为"技术熟练者"是有专业的局限性的。所谓基于"技术合理性"的"技术熟练者",不过是拥有一定的知识、技能,能够应付某种业已设定的单纯的问题情境,却难以应对多声交响的课堂世界。由此,舍恩提示了"反思性实践家"的模型,特别是看重在行为的瞬间作出判断的"行为的反思"。他强调,在不确定的、不稳定的、独特的以及价值冲突的情境中,构成实践者能够应对的"技法"之核心的,是"行为中的反思"这一过程的整体。教育实践是非常复杂的实践活动,在这种情境中不断进行反思,才能有意识地产生应对复杂状况的技法。

荷兰教育学家柯萨根(F. A. J. Korthagen)把舍恩的"反思性实践家"的教师形象进一步精致化,提炼了教师培育的模型。该模型基于格式塔心理学,形成由六层(环境、行为、能力、信念、个性、使命)构成的"洋葱模型"(onion model)。[5]具体地说,从外层至内层依次为:(1)环境——我遭遇到了什么?(2)行动——我在做什么?(3)能力——我能做什么?(4)信念——我相信什么?(5)个性——我是谁?(6)使命——驱动我的动力是什么?他把最核心的一层定义为"构成人的核心的善",在这一层次进行的反省,谓之"核心反思"。人们通过核心反思,得以发现自己内心深处的善与力。该模型是把人作为一个统一的整体来把握的。比如,自己最受重视的价值倘若受到环境的困扰或者能力难以发挥的场合,就会感受到自己的教育实践所面临的挑战。

二、为我国教师教育课程的创新奠定基石

在教师教育课程改革的过程中,一个重要的问题就是围绕教师教育的知识内容的选择与构成的问题。在作为旨在培养专家型教师的教师教育中,构成教师教育之基础的教育学知识应当是怎样的问题。试考察一下世界各国的教师教育课程的改革,可以发现如下的共同趋势:[6]其一,作为教师教育的"知识基础"的构成,已从传统的基于教育学的分化,转向跨学科的综合性学科的确立。囿于"教育史"、"教育哲学"、"教育心理学"的"教育原理"的课程编制乃是20世纪30年代的产物,固守这种课程编制的教师教育的知识基础的国家,已不复存在。其二,教师教育的知识基础的构成,强调理论与实践的统整,亦即强调整个教师教育课程同问题解决的实践研究相结合,注重案例研究与实践知识的积累,瞄准反思性教学专家的培养目标,重建教师教育课程。其三,伴随着教师教育的改革,教育学研究本身也在发生变化。比如美国在20世纪80年代以前的教育学研究中几乎不存在教师教育的专业研究人员,20世纪80年代以来,教师教育的研究成了教育学研究的中心,并且成为世界各国教育学研究的振兴及其转型的起爆剂。

多年来我国的教育学研究充其量不过是凯洛夫教育学的翻版而已,谈不上适合我国国情的教育学的理论建构,根据"教学论三角形模型",[7]大凡教学总是基于三大要素——儿童、教师、教材——之间的交互作用而形成的。然而,对于三大构成要素的研究恰恰是我国多年来教育研究的最薄弱的环节。师范大学倘若没有儿童学研究、教师学研究、教材学研究的支撑,那是没有任何优势可言的。

(一)儿童学研究

按照联合国教科文组织的界定,所谓"儿童"指的是从0—18岁

的年龄阶段的学前教育和学校教育的对象。儿童研究是一切教育、教学活动的基础。凯洛夫教育学强调教育的阶级性,儿童学是伪科学。这是反教育、反儿童的教育学,早在20世纪50年代末就已经被抛弃了。连凯洛夫本人也在当年苏联的"教育与发展"的大辩论中作了自我检讨,承认自己的教育学是"没有儿童的教育学"。实际上,他是靠反儿童学起家的。但是,凯洛夫教育学的流毒在中国并没有得到清算,但这节课是绕不过去的。不破不立,这是需要补课的。

进入18世纪以后,西方在教育史上对于何谓"儿童"的问题才作出正面回答。以卢梭(J. J. Rousseau)、裴斯泰洛齐(J. Pestalozzi)、福禄贝尔(F. W. Frobel)等人为代表的近代人文主义教育学的主要课题,就是探讨如何尊重儿童的个性或儿童的能动性。从18世纪中叶开始,世界教育界劲吹着以卢梭为代表的"儿童的发现"的思潮。19世纪后半叶,霍尔(G. S. hall)开创了把新兴的科学心理学运用于儿童的研究。从此,在美国兴起了借助观察、问卷调查等科学心理学方法的"儿童研究运动"。1896年,克里斯曼(O. Chrisman)就是基于这个运动倡导了"儿童学"的研究的。到了20世纪20年代,不仅欧美国家,而且在新生的苏维埃政权领导下的20世纪20年代教育改革的浪潮中,这种儿童学研究蔚为壮观,形成了热潮。[8]但是,随着文化专制主义的冒头,苏联20世纪20年代以维果茨基(L. S. Vygotsky)为代表的"儿童学"到了20世纪30年代被贴上"伪科学"的标签,而以凯洛夫教育学为代表的教育思想则用"教育学"和"党的决定",替代了教育研究,特别是儿童研究。这样,无视儿童、排斥儿童研究就成了凯洛夫教育学的基因。令人恐怖的是,这种基因就像SARS、A型流感那样,仍然有形无形地肆虐着中国的教育界。在改革开放的今天,我国的某些凯洛夫迷们居然重提"学习凯洛夫教育学"的口号,仍然把死记硬背型的"应试教育"视为教育发展的"规律",这是中国教育学术界的悲哀。

当代社会中层出不穷的儿童问题不能不令世界各国正视多学科、跨学科的儿童研究。放眼世界,展现在我们面前的是奔腾不息的儿童学研究的思潮。1960年法国历史学家菲利普·阿里耶斯（Philippe Ariès）的《儿童的世纪：家庭生活的社会史》[9]以其近代家庭、儿童观形成历史的开拓性研究，成为当代儿童学研究的经典。阿里耶斯从儿童社会史、儿童文化史的研究角度表明："不存在普遍的实体的'儿童'。我们自以为不言自明的儿童期的形态，不过是历史性的、特殊时代的产物而已。"这就是说，无论是以儿童观为代表的教育思想还是被视为儿童的生物学的特征，都不过是那个时代对于儿童的更潜在、更深层的态度和解释的产物。这种跨学科的儿童学研究有助于我们廓清现代社会中"儿童期"的形成及其机制，破解当代教育的难题。可以说，《儿童的世纪：家庭生活的社会史》（1962年英文版《儿童的诞生》，1980年日文版《儿童的诞生》）给我们带来了关于儿童与儿童教育的哥白尼式的观念转换，开启了世界儿童学研究的新时代。波兹曼（N. Postman）的《童年的消逝》[10]则提出了一个令人触目惊心的论题——一个文明转换的主题：印刷文字创造了"儿童"，现代传媒使"童年"消逝。从"儿童的诞生"到"儿童的消逝"的论题，为我们展示了社会文化视域下世界儿童学研究的基本态势。

如今，世界儿童学研究与大学儿童学专业发展进入到了高潮期。欧、美、日各国的以脑科学为中心的"教育神经科学"的跨学科研究是值得我们关注的。2003年成立的日本儿童学会的使命是："利用学会的研究成果，为解决育儿、教育领域的各种问题提供相关信息和见解，为儿童的成长提供一个良好的环境。"该学会旨在通过综合运用自然科学中生物学的视点和人文社会科学中文化的视点，从身心两个侧面展开跨学科的儿童研究，借以重新认识儿童，确立儿童科学的体系。美国、日本等发达国家的大学构筑了网络研究机构或是大学网络联盟，相当数量的大学设置了儿童学专业。2007年，哈佛等全美29所大学组建了"儿童与家庭政策研究大学联盟"。截至2008年3月，日本已有105所大学新设儿童学系、儿童学专业。日本的儿童学课程涵盖了儿童医学、儿童社会学、儿童文化学的研究领域，形成了诸多模块式课程，诸如儿童与成人、儿童与福利、儿童与社会、儿童与家庭、儿童与风俗、儿童与器乐、儿童与歌唱、儿童与造型、儿童与游戏、儿童与运动、儿童与语言、儿童与表达、儿童与媒体等。这些儿童学研究旨在探寻真实的而不是抽象的儿童世界,而这,正是我国教师教育课程改革的根本诉求。

在学校教育中倡导"儿童本位"是天经地义的。美国教育界奉行的教育信念是,倘若没有儿童学的研究,没有教育现场的教师直面课堂中的儿童的研究,就不可能有优质的学校教育。晚近日本教育界致力于构想并实践新型的教师教育课程——"理解儿童的课程"。这种课程由四个层次构成:(1)通过讲解,提示以理解儿童为轴心的临床教育学的构想,提炼未来教师的问题意识;(2)通过以参与理解儿童的实践为轴心的训练课程,积累理解儿童的体验性学习与研究;(3)通过课堂讨论的文献讲读,展开理解儿童的基本方法与概念(母概念)的理论学习与研究;(4)将自己所关注的问题提炼为研究课题,展开论文写作。[11]这种教师教育课程同我国以"老三门"(教育学、心理学、教学法)为轴心发展起来的"脱离社会现实、脱离儿童实际、脱离教师实践"的教育学科,形成了鲜明的对照。

(二)教师学研究

教师是基于"公共使命"(public mission)的一种专门专业,所谓"教师的公共使命"就是实现每一个儿童的"学习权",给每一个儿童提供挑战高水准学习的机会。[12]教师即课程,有好的教师就会有好的课程;没有好的教师,哪怕有再好的课程文本也是一句空话。从"文本课程"到"实施课程"再到"习得课程",需要教师的一番加工、改造、转化、创生的功夫。关注教师研究是天经地义的。

国际教师学研究思潮形形色色,有学术主义、发展主义、社会效率主义、社会改造主义等的研究,但不同流派的教师研究都是通过对教师的教育实践的特定侧面进行反思而产生的。这里以美国教师教育思潮为例,梳理一下伴随教师教育变迁的教育思潮的特色。

1. 学术探究谱系。这个谱系基于重视学术探究、重视经典知识的习得的所谓"要素主义"（essentialism）的立场。李·舒尔曼（Lee. S. Shulman）受到研究者及教师教育者的批判的刺激——教师缺乏对学科内容的理解，围绕教师的学科内容的理解同教师的教育学科知识是如何交互作用的，进行了调查。其结果是，把教师教育中适当的学科内容的知识称为教师应当具备的新"基础知识"。这就是：(1) 学科内容的知识；(2) 关于班级经营及组织的广义原则和方法的一般教育学知识；(3) 关于教材和教学计划的课程知识；(4) 教学设计的知识（PCK）；(5) 关于学习及其性质的知识；(6) 教育背景的知识；(7) 关于教育目标、目的、价值及哲学历史背景的知识。[13] 关于知识基础的研究有若干，其中主要的是，谋求概念性理解，从认知心理学视点切入的研究，如：密歇根州立大学"学科教学程序"的研究，同类型的研究还有威斯康星大学麦迪逊分校的教师教育计划中引进的"认知诱导教学"。该研究是旨在通过儿童数学认知的研究，建构儿童认知教学的一般原理。

2. 社会效率谱系。20世纪第二个主要的改革是社会效率的谱系。它是从开发科学课程开始的，是面对20世纪初教师教育的目的与计划的界定不明确，旨在决策教师教育的内容而展开的建构必要基础的研究。通过该研究的积累，涌现了20世纪六七十年代的"基于能力、业绩的教师教育"。这种教师教育不仅对美国而且对西方国家都产生了巨大影响。其要义是旨在修得助长儿童学习的教学的特定的且可观察的技能。不过，这种方法修得的教学能力在实践中是否妥当，尚有疑问。"基于能力、业绩的教师教育"的主要特色之一是，教师应当修得的知识与技能，用预先设定的行为术语加以明确地规定，而且明确了测量是否修得了这些知识、技能的标准。在此基础上，还开发了相应的教学系统与评价系统。例如，斯坦福大学开发的微格教学就是系统地掌握特定教学技能的手段。微格教学被纳入了更综合的教师教育的计划——"微型课程"。同这些研究开发相关，数字化教材及仿真教材被开发，学校观察系统、技能训练模型等问世。到了 20 世纪 80 年代,社会效率谱系的"基于研究的教师教育"在教育论争中受到关注。例如,根据霍姆斯小组的教师教育提案,过去 10 年间关于教学的研究形成了教师教育课程的基础——"基本知识"(knowledge base)。接着,作为广义的认知研究的"反思性教学"和基于微型电脑模拟的技能训练方案问世。这样,基于社会效率谱系的研究形形色色,但有一个共同点是,它们都是为教学提供科学研究的根据。

3. 发展主义谱系。这个谱系是以霍尔等人的儿童研究为发端的。这个谱系的特色是学习者的发展阶段是决定学校教学内容的基础。儿童的发展阶段取决于儿童的行为观察与描述的研究,特别是 20 世纪初的发展主义者考虑到儿童的发展阶段与学校环境的计划,开始科学地研究儿童的行为。与此形成鲜明对照的是,进步主义者主张在这种科学根据之上倡导"儿童中心"。这种新儿童中心的教师教育必须是具有创造力与想象力的,反对教师片面的知识灌输的教学方法。根据佩龙(V. Perrone)的研究,[14]教师教育中的发展主义谱系可以分为:作为自然主义者的教师、作为艺术家的教师、作为研究者的教师三类。作为自然主义者的教师重视观察儿童的行为与能力的技术的重要性;作为艺术家的教师重视在理解儿童发展心理学的基础上启发儿童的学习积极性;作为研究者的教师专注于教师关于教育实践的实验性研究。因此,儿童研究成为教师的教学研究的基础。

4. 社会改造主义谱系。社会改造主义强调,由于经济危机与社会不安而加速的美国社会知性改造计划强调了学校的作用。借助社会改造,国民财富的公平分配是可能的。而且,公共利益是能够优先于个人利益的。社会改造主义的代表人物康茨(G. S. Counts)[15]主张推进民主主义教育,旨在基于教育的社会改造的价值及理念。霍姆斯(M. Holmes)则针锋相对地强调培养批判性地思考社会秩序的能力。克伯屈(Kilpatrick)和杜威(J. Dewey)等人也批判离开目标的以技术为重点的教师教育的传统。要求探讨社会教育哲学及改善公共文明的目标。克伯屈是20世纪影响美国教师教育改革最有名的代表性人物之一。进入20世纪40年代以来,斯坦利(William Stanley)、本尼(Kenneth Benne)等人形成了社会基础小组的核心。现代教师教育的社会改造主义者拜尔(Landon Beyer)倡导"作为实践的教师教育"。[16]就是说,拜尔基于民主主义、平等、自治的规范原理,把引申出来的所谓"奠定基础"的研究运用于教师教育之中。基于这种立场,教师教育意味着对于学校与社会的贡献。这些社会改造主义的基本立场,核心是倡导解决社会不安和不公平。尽管如此,这并没有成为教师教育的主流,由于遭到来自右派与左派政党的攻击,对于学校教育的影响也极小。

  5. 反思性教学研究。"反思性教学"(reflective teaching)的概念是舍恩率先提出的。在舍恩看来,所谓"反思性教学"就是教师和学生一起从事反省性思维,即探究活动的教学实践。未来的教师应当"从基于技术合理性的技术熟练者,走向基于行为省察的反思性实践家",[17]因为,"作为反思性实践家的教师比之技术熟练者的教师,能够投身更复杂的语脉,同儿童构筑起现实的平等的关系,寻求文化含义的建构与拥有高度价值之经验的创造"。[18]20世纪80年代中期以来,反思性教学实践的研究在教师教育和教学研究两个方面都有诸多研究者加以推进。例如,日本的佐藤学和秋田喜代美借助教师的实践性思维的实证研究,阐明了教师的"实践性思考方式"的五个基本特征:(1)实践过程中的即兴性思考;(2)对于不确定状况的敏感,主体的参与和对于问题表象的深究态度;(3)实践性问题的表象与解决中多元视点的综合;(4)临床地建构实践情境中所产生的问题现象相互关系的语脉化的思考;(5)基于教学展开的固有性不断地重建问题表象的思考方略。[19]晚近瞄准教师思考的研究抬头,教师教育中反思性教学的研究受到关注,伴随而来的是展开了"指向探究的教师教育",这与前述的发展主义谱系中触及的"作为研究者的教师"的立场是相通的。

  上述作为教育思潮列举的各个谱系,分别聚焦教育实践的特定领域,诸如教材、儿童思维与社会背景、特定的教学法,进行反思性的教学研究,而且是在具体的教育活动之中来展开探讨的。当今声势浩大的"反思性教学研究",倡导教师新的职业品性,即作为"反思性实践家"的成长。日本教育学者主张从如下维度,重建教师"专业性"的概念,这就是:(1)作为协调者支撑儿童的学习与成长的实践能力;(2)学习的合作组织及其改革的管理能力;(3)不断提升、发展实践品质的省察与研究能力;(4)承担作为公共教育学校的专门职业——教师的理念与责任。在此基础上,倡导开发这种专业性的教师教育课程的设计。[20]

国际教师学研究的聚焦点值得我们关注。其一,聚焦教师个人成长的研究。从"新手教师→中坚教师→资深教师"的成长是一个经年累月、伴随磕磕碰碰而又在不断反思和不断摸索中有所发现,才能逐渐臻于熟练化的专业发展过程。其二,聚焦教师团队(教师学习共同体)的研究。这是因为,承担起学生的学习与发展的,从根本上来说,不是每一位教师,而是整个教师团队;不是每一间教室,而是整个学校。教师学习共同体是一种超越了学科、超越了教室、超越了学校的同整个社会乃至整个世界息息相通的共同体。其三,聚焦教育关系的研究。国际教师学强调的是:教育是教师对儿童的影响与指导,从根本上要求教师理解学生。教师需要了解学生的差异,他们各自的需求是什么,然后才能施教。同时教师还要认识到,学生对教师的认识左右着教育的成败。从这个意义上说,所谓"教育"是基于"教师理解学生"与"学生理解教师"[21]这两根支柱形成的。日本近年来着力开发的"临床教育学"就是这样一种旨在倾听儿童的声音,寻求"支撑儿童生存与成长的教育关系"[22]的崭新学科。

在新课程背景下,我国教师角色正在发生变化,主要表现在:教师的能力正在发生着从"传递力"向"创造力"的转变;教师的视野正在发生着从"学科视野"向"课程视野"的转变;教师的角色作用正在发生着从"控制者"向"引领者"的转变。一些学校在新课程改革中形成了"教师学习共同体"的雏形,为每一个教师的专业成长提供了广阔的空间，这是非同小可的。教师角色的转型、教师团队的形成、"课堂革命"的方略以及特色学校的创生，亟待我们去研究和总结。

（三）教材学研究

教材是"教学之本"。在现代教学论中对"教材"作出的广义界定是：第一，作为学生的知识体系所计划的事实、概念、法则、理论。第二，同知识紧密相关，有助于各种能力与熟练的系统掌握的心理作业与实践作业的各种步骤、作业方式与技术。第三，知识体系同能力体系密切结合的，奠定世界观之基础的，表现为信念的、政治的、世界观的、道德的认识、观念和规范。这个定义表明，教材不仅作为活动的媒介物体现教育价值，而且包括活动的内容、活动的质的规定、活动的方法和步骤等旨在实现学习者能动活动的诸特征的条件。这是广义的教材概念。"义务教育教科书"归根结底是体现主流价值观的一个载体、反映公民形象的一个缩影。优秀的教科书需要精细的"教材化"的加工编制的功夫。

教材有其漫长的历史发展及其千姿百态的现代形态。我国南宋以来流行的蒙学教材"三百千"（《三字经》、《百家姓》、《千字文》）已有700多年的历史；在西方国家被誉为"世界上第一本儿童教科书"的夸美纽斯（J. A. Comenius）的《世界图解》（1658年）也有360多年的历史。教材（教科书）在现实的学校教育中的作用和功能，是随着社会形势、教育体制的变化、学术文化的进展以及教育研究的发展而历史地变化的。近代以前的学校，基督教的《圣经》，儒学的四书（《大学》、《中庸》、《论语》、《孟子》）、五经（《易经》、《诗经》、《尚书》、《春秋》、《礼记》）之类的经典原文作为教材，当然也要求对其神圣内容——诸如对儒学的教学内容"六艺"（礼、乐、射、御、书、数）的理解，作为其"教化"的目的，但首先是要求死记硬背。近代教学论创始者夸美纽斯认为，要把成人也难以理解的古典原封不动地教给儿童，而且强迫儿童死记硬背，这种学习只能成为一种"苦差事"。他致力于研究"把一切事物教给一切人类的全部艺术",旨在儿童能够"迅速地、愉快地、彻底地懂得科学,纯于德行,习于虔敬"。近代教材(教科书)就这样或多或少回应了这种"把一定的学科内容教授给儿童、并能快乐地学习"的诉求。

从古代"纸质教材"到今日"电子教材",呈现方式有变化,读写方式有变化,但是,万变不离其宗,其基本的功能——传递知识,即引导学生进行探究、对话、修炼,从而发展素质与能力、传承价值,是不会改变的。[23]传统的纸质教材是"一种印刷品,一种介入学习过程,旨在提高其有效性而有意结构化了的工具"。[24]这种教材(诸如程序教材)本身是一个完整而自足的整体,它囊括了学习所必需的所有要素——信息、方法、练习、评估,但未能顾及学生的真实学习过程和兴趣。当然,同时还具有隐性的承载社会文化价值的功能,这是一种"封闭教材"。晚近有学者倡导"开放教材"——"一种有待于根据具体情境、按照不同方式来加以完善或使用的工具",诸如,一些教材为学生留白,让他们在学习之前能够在上面写出或画出自己对要学习的概念或结构的最初认识;一些则邀请学生对内容进行补充和完善,或者追求参考功能——比如语法书、学生用地图册、文献集锦,等等。[25]这种教材可以满足诸多新的需要,比如培养学生的学习习惯,提出学习方法建议,把习得知识同日常生活结合起来。

教材(教科书)不仅是传承人类文化知识的载体,同时也是一种动态生成的意义开放系统。我们可以从教材的历史发展史中汲取前人教材开发的智慧,发展现代教材编制的技术。现代教材学归纳了教材的三大基本功能。这就是:(1)信息源功能:为学生选择和传递有价值的真实的信息;(2)结构化功能:帮助学生建构并梳理自己知识的结构化功能;(3)指导性功能:使学生学会认知、学会做事、学会做人的指导功能。

教材是随着时代的发展而进化的。不过,预言"纸质教材将被多媒体取代"却是过分简单化的判断。纸质教材由于其拥有"在不同情境中使用的弹性而比多媒体工具表现出更大的一种潜能",在当今时代仍然是"最普及、最有效的学习工具"。[26]不过,另一方面,教育信息和沟通技术(NTIC)可以为我们提供网络学习的可能性。基于NTIC的人际互动关系,学习者可以同众多其他的学习者互动,而不再是孤零零地面对课本或者局限于自己所在的班级,大大拓展了网络学习的空间。这种网络学习可以提供更多的社会认知和合作学习的机会。教材开发的研究有着广阔的天地。

教材学研究是开发新时代教材的前提条件。我国新时代的教材开发面临诸多挑战:从当今世界的教材政策看,无论"一纲多本"、"多纲多本"、"有纲无本",都意味着现代教师必须具备研究教材、开发教材的素质与能力;从教材的国际比较看,我的总体判断是:我国理科教材难度偏高,文科教材难度偏低,但都同样没有解决好教材的内在结构——"学科逻辑"与"心理逻辑"的统一问题。标榜新课程的教材未必是新教材,其深层次的原因也是缺乏教材研究的积累。教材的社会学研究、信息学研究、心理学研究、教学论研究乃至国际比较研究,不是一般出版企业单位能够承担的。教材学研究的主力军当然是拥有多学科、跨学科优势的师范院校。

"为了未来教育家的成长",应当成为我国教师教育课程改革的基本理念。我们期待在若干师范大学建立儿童学、教师学、教材学的国家级研究中心,把儿童学、教师学、教材学作为教师教育课程的核心学科加以开发。现在该是聚焦上述三大研究,为我国教师教育课程的创新奠定基石的时候了。

参考文献

[1] 佐藤学.教师花传书[M].陈静静,译.上海:华东师范大学出版社,2016:7.
[2] 中华人民共和国教育部.教师教育课程标准(试行)[S].2011.
[3] 秋田喜代美,佐藤学.新时代教职入门[M].东京:有斐阁,2006:91—92.
[4] F. A. J. Korthagen.教师教育学[M].武田信子,主译.东京:学文社,2006:65.
[5] 筱原正典,荒木寿友.教育的方法与技术[M].京都:智慧女神书房,2018:

114—115.

[6] 佐藤学.作为专家培育的教师——教师教育改革的宏观设计[M].东京:岩波书店,2015:68.

[7] 吉本均.现代教学研究大事典[M].东京:明治图书,1987:55—56.

[8] 平井久,等.发展理论[M].东京:艺林书房,1983:293—294.

[9] 小笠原道雄.进化的儿童学[M].东京:福村出版公司,2009:14.

[10] 波兹曼.童年的消逝[M].吴燕莛,译.南宁:广西师范大学出版社,2004.

[12] 佐藤学.学校的挑战:创建学习共同体[M].钟启泉,译.上海:华东师范大学出版社,2010:1.

[13][15][19] 佐藤学.课程与教师[M].钟启泉,译.北京:教育科学出版社,2003:389,361,228—229.

[14][16] 沟上泰.作为专业职务的教师素质与学校教育的实践研究[J].兵库教育大学交流资料,1999:17,17.

[17] 舍恩.反思性实践家:专业工作者如何在行动中思考[M].佐藤学,秋田喜代美,译.东京:ゆみる出版公司,2001:7.

[18] 奥田真丈,等.现代学校教育大事典[M]东京:行政出版公司,1993:312.

[11][20] 田中孝彦,寺冈英男,等.在职教师教育课程的教育学探讨[J].教育学研究:2010(3):41,41.

[21] 土歧圭子.教师学入门[M].东京:みくに出版社,2010:20.

[22] 田中孝彦.理解儿童:临床教育学的尝试[M].东京:岩波书店,2000:185.

[23][24][25][26] 弗朗索瓦-玛丽·热拉尔,等.为了学习的教科书[M].汪凌,等,译.上海:华东师范大学出版社,2009:70—78,2,83,1.

原出处一览

1. 《基于核心素养的课程发展：挑战与课题》，原载《全球教育展望》2016年第1期。
2. 《从学习科学看"有效学习"的本质与课题——透视课程理论发展的百年轨迹》，原载《全球教育展望》2019年第1期。
3. 《颠覆"常识"的新常识——学习科学为课堂转型提供实证依据与理论基石》，原载《教育发展研究》2018年《教育发展研究》第24期。
4. 《"学的课程"：寻求学校课程的重建》，原题《为每一个学生的成长而教：基于"学的课程"的教学设计探析》载《北京大学教育评论》2009年第3期。
5. 《学科教学的发展及其课题——把握"学科素养"的一个视角》，原载《全球教育展望》2017年第1期。
6. 《从"纸质教材"到"数字教材"——网络时代教材研究的课题与展望》，原载《教育发展研究》2019年第11期。
7. 《"练习"的再认识：批判与辩护》，原题《让'练习'变得更自由、更快乐、更有趣》载《中国教育报》2014年5月7日版；原题《对练习的批判与辩护》载《中国教育报》2014年7月22日版。
8. 《走向人性化的课程评价》，原载《全球教育展望》2010年第1期。
9. 《凯洛夫教育学批判——兼评"凯洛夫教育学情结"》，原载《全球教育展望》2009年第1期。
10. 《维果茨基学派儿童学研究述评》，原载《全球教育展望》2013年第1期。
11. 《教学实践模式与教师的实践思维——兼评"特殊教学认识论"》，原载《教育研究》2012年第10期。
12. 《为了未来教育家的成长——论我国教师教育课程创新的课题》，原载《教育发展研究》2011年第18期。